财会人员
实务操作丛书

制造业企业会计实操技能

主 编 林 钢 苏景丽

中国人民大学出版社
· 北京 ·

图书在版编目（CIP）数据

制造业企业会计实操技能 / 林钢，苏景丽主编. --北京：中国人民大学出版社，2021.1
（财会人员实务操作丛书）
ISBN 978-7-300-28782-9

Ⅰ.①制… Ⅱ.①林… ②苏… Ⅲ.①制造工业—工业会计 Ⅳ.①F407.406.72

中国版本图书馆 CIP 数据核字（2020）第 225872 号

财会人员实务操作丛书
制造业企业会计实操技能
主 编 林 钢 苏景丽
Zhizaoye Qiye Kuaiji Shicao Jineng

出版发行	中国人民大学出版社		
社 址	北京中关村大街 31 号	邮政编码	100080
电 话	010－62511242（总编室）		010－62511770（质管部）
	010－82501766（邮购部）		010－62514148（门市部）
	010－62515195（发行公司）		010－62515275（盗版举报）
网 址	http://www.crup.com.cn		
经 销	新华书店		
印 刷	北京鑫丰华彩印有限公司		
规 格	185 mm×260 mm 16 开本	版 次	2021 年 1 月第 1 版
印 张	15.25	印 次	2021 年 1 月第 1 次印刷
字 数	355 000	定 价	42.00 元

前 言

企业的会计工作烦琐而复杂，不同行业的经济业务又各有特点，我国《企业会计准则》虽然统一了企业的一般性、共同性会计核算的标准和规范，但对于不同行业、不同的经济业务，则需要会计工作者根据具体业务，按照《企业会计准则》的要求做出专业的职业判断和会计处理。为了方便读者了解不同行业的业务特点，快速熟悉不同行业会计核算的业务内容，编制分行业企业会计实训教材就显得尤为必要。

本书具有以下特点：

1. 以提高职业能力为主线，强化执业能力的培养

本书以制造业（化工）为主导，反映了制造业（化工）业务会计核算的基本内容。通过学习，读者可以掌握制造业（化工）会计核算的相关知识点，提高会计执业能力。

2. 突出制造业（化工）会计核算特点，实训步骤清晰，可操作性强

本书的案例采集于制造业（化工）企业经常发生的典型经济业务，反映了制造业（化工）直接材料的归集与分配、直接人工费用的归集与分配、燃料及动力费用的归集与分配、专项储备核算、制造费用的归集与分配、副产品的核算、产品成本的核算、销售收入的核算等会计核算的特点。通过学习，读者可以了解制造业（化工）经济业务的内容，在实训中熟悉不同类型的制造业（化工）业务会计核算及其工作步骤，增强感性认知。通过模拟练习，为读者营造真实的会计核算工作环境，为上岗工作奠定基础。

本书共分为上下两篇。上篇中的项目一“化工制造业会计核算概述”，主要介绍化工企业的类型及会计核算；项目二“化工制造业会计核算”，主要介绍供应过程、生产过程、销售过程的会计处理。下篇中的项目三“企业期初基本资料”，主要介绍企业基本情况、企业上月末有关账户余额表、企业上年末有关报表资料及企业科目设置；项目四“第一季度经济业务的会计处理”，主要介绍制造业企业一般的会计业务处理事项、固定资产的核算和上年企业所得税汇算清缴等；项目五“第二季度经济业务的会计处理”，主要介绍燃料及动力费用的归集与分配、专项储备的核算、预缴第一季度所得税等；项目六“第三季度经济业务的会计处理”，主要介绍制造费用的归集与分配、固定资产的核算及副产品的核算等；项目七“第四季度经济业务的会计处理”，主要介绍产品成本的核算、销售收入的处理、年终奖的业务处理等；项目八“企业所得税汇算清缴”，主要介绍企业纳税申报、纳税调整的方法及报表的填报方法等；附录“制造业（化工）行业税务问题汇编”，主要介绍制造业（化工）行业税务问题，如企业如何应对税务稽查和风险管控等。

本书编写人员及分工如下，项目一、项目二由李青、韩贤共同编写，项目三、项目四由李宇竹、张娜编写，项目五、项目六由蒋泽生编写，项目七、项目八由林钢编写，附录由张文惠编写。苏景丽负责本书的校对，林钢统撰并负责本书的编排，蒋泽生审定。

本书可作为高职高专会计专业的配套实训教学用书，也可作为会计培训机构的实训教材，还可作为企业会计上岗培训的教学用书。

由于我们的时间和精力有限，教材中难免存在缺点乃至谬误，恳请广大读者批评指正。

编者

目　录

上篇　概述

下篇　实训技能训练

上篇　概述

项目一

化工制造业会计核算概述

制造业是指对制造资源按照市场要求，通过制造过程转化为可供人们使用和利用的大型工具工业品与生活消费产品的行业。它直接体现了一个国家的生产力水平，是区别发展中国家和发达国家的重要因素。制造业在世界发达国家的国民经济中占有重要份额。

制造业包括产品制造、设计、原料采购、仓储运输、订单处理、批发经营、零售等环节。在主要从事产品制造的企业（单位）中，为产品销售而进行的机械与设备的组装与安装活动，根据在生产中使用的物质形态，可划分为离散型制造业和流程型制造业。

2009 年，国家制定了石油化工产业调整与振兴规划。规划提出，随着国内石化产业规模不断扩大，需要进一步创新和发展新材料体系，重点发展环保节能材料、高性能结构材料、特种功能材料、复合材料等十大产业群。工程塑料属于十大产业中鼓励发展的项目，聚甲醛在工程塑料产业中排行第三，除了在汽车、电子、机械等方面应用外，聚甲醛产品在医疗技术领域、运动器械等方面，也表现出强劲的需求增长态势。

化工制造业从其制造方式上讲，属于典型的流程型制造行业，它的生产经营特点如下：

（1）生产过程具有密闭性。生产原料在不同工段进行反应时，都是在密闭的专用设备内实现的。各工段之间原料的传递也是通过专用管道进行的，整个生产过程密闭联结。车间还配有高精度的自动检测报警装置，确保安全。

（2）生产过程具有连续性。现代化工生产不像手工小作坊，它是诸多大型反应装置按特定工艺组装而成的一整套生产设备，生产原料投入设备之后，经过一系列自动化生产工序，直接产出成品。整个生产线是同时、连续工作的。

（3）生产过程自动化程度高。随着技术改进和工艺更新，化工生产过程的自动化程度越来越高，生产流程主要通过电脑程序控制，自动进行，员工体力劳动强度大大降低。现代化工企业已经属于技术密集型企业。

（4）化工生产岗位的专业技能要求较高。由于化工生产所具有的现代化特征，生产过程要求操作人员必须具备相应的专业知识和专业技能。

任务一

认识化工企业类型

化工制造业是从事化学工业生产和开发的企业与单位的总称，包含化工、炼油、冶金、能源、轻工、石化、环境、医药、环保和军工等部门从事工程设计、精细与日用化工、能源及动力、技术开发、生产技术管理和科学研究等方面的行业。

我们将化工制造业分为三大类：石油化工，基础化工，精细化工和高分子材料三大类。

一、石油化工

石油化工主要指石油炼制生产的汽油、煤油、柴油、重油以及天然气。石油化工是当前主要能源的主要供应者。

石油化工是材料工业的支柱之一。全世界石油化工提供的高分子合成材料目前产量约为1.45亿吨。除合成材料外，石油化工还提供了绝大多数的有机化工原料，在属于化工领域的范畴内，除化学矿物提供的化工产品外，石油化工生产的原料，在各个部门大显身手。

石油化工促进了农业的发展。石化工业提供的氮肥占化肥总量的80%，农用塑料薄膜的推广使用，加上农药的合理使用以及大量农业机械所需的各类燃料，形成了石化工业支援农业的主力军。

各工业部门离不开石化产品。现代交通工业的发展与燃料供应息息相关，毫不夸张地说，没有燃料，就没有现代交通工业。金属加工、各类机械毫无例外地需要各类润滑材料及其他配套材料，消耗了大量石化产品。

二、基础化工

基础化工主要包括有机化工和无机化工。

有机化工产品的用途可概括为三个主要方面：(1) 生产合成橡胶、合成纤维、塑料和其他高分子化工产品的原料，即聚合反应的单体；(2) 其他有机化学工业，包括精细化工产品的原料；(3) 按产品所具性质用于某些直接消费，例如用作溶剂、冷冻剂、防冻剂、载热体、气体吸收剂，以及直接用于医药的麻醉剂、消毒剂等。有机化工产品是发展各种有机化学品生产的基础，是现代工业结构中的主要组成部分。

无机化工产品是基础原料——材料工业产品，用途广、需求量大，其用途涉及造纸、橡胶、塑料、农药、饲料添加剂、微量元素肥料、空间技术、采矿、采油、航海、高新技术领域中的信息产业、电子工业以及各种材料工业，又与日常生活中人们的衣、食、住、行以及轻工、环保、交通等息息相关。

三、精细化工和高分子材料

精细化工为生产精细化学品工业的总称，国际上精细化工已有 40～50 个门类，10 万多个品种。精细化工生产过程由化学合成（或从天然物质中分离、提取）、制剂加工和商品化等 3 个部分组成。大多是用灵活性强、功能性全的生产装置，以间歇或半间歇方式进行小批量生产。精细化工的特点是技术密集度高，保密性、商业性强，市场竞争激烈。同时也具有投资较少，利润率和附加值高的特征。工业发达国家都将精细化工视为“生财之道”“聚财之宝”的重要来源。

多年来，世界各国化学工业产业都将精细化工作为石油和化学工业的发展战略重点，同时也将精细化工发展作为衡量国家综合国力与综合技术水平的标志。目前，国外化学工业结构中精细化工的比重（精细化率）上升的速度非常快，到 20 世纪 90 年代末，精细化工在发达国家中的比重已达 55%～60%。美国 20 世纪 70 年代是 40%，80 年代上升为 45%，90 年代已达 55%左右；日本也由 20 世纪 70 年代的 35%上升到目前的 50%以上；德国由 20 世纪 70 年代的 39%上升到目前的 65%左右。

根据国民经济发展的需要，我国将精细化学品分为农药、染料、涂料、颜料、试剂和高纯物、信息用化学品、食品和饲料添加剂、粘合剂、催化剂和各种助剂、化学药品和日用化学品、高分子聚合物中的功能高分子等 11 大类。同时，把那些未形成产业的精细化工门类总称为新领域精细化工，诸如：表面活性剂、水处理化学品、造纸化学品、皮革化学品、油田化学品、胶粘剂、生物化工、电子化学品等。

由于精细化工，特别是新领域精细化工能为国民经济各部门以及人民生活提供高质量、多品种、专用或多功能的精细化学品，并通过提供配套的应用技术，起到增加功能、提高质量、节能降耗、减少污染等作用，因此，在我国的“六五”规划一直到“十一五”规划中，都把精细化工作为化学工业发展的战略重点之一。通过政策和投资上的倾斜，至今已建成 100 多个精细化工重点研究与改造项目，建成一批精细化工大基地与中小城市精细化工基地。

精细化工的特点是“新、精、特、专”，其批量小、品种多、科技含量高，精细化工生产企业要积极学习和借鉴国外科学的成本控制和管理法规，了解并运用国内外企业研究成果。如创新和改革存货管理制度，降低库存材料所占的资金数量；设置科学有效的产品消耗指标，运用科学的定额用料制度，全面控制人工成本、燃料动力成本和材料成本。同时，要重视并大胆进行成本预测，提高预测水平，制订科学的成本计划，合理进行成本分配与分析，从而提高企业和社会的经济效益。

在此期间，我国精细化工取得了许多重大成果。例如，上海农药研究所采用气升式发酵培养易沉降的产酶细胞和游离细胞水合催化工艺，使我国现有的生物法丙烯酰胺生产获得了重大突破，具有产酶率高、转化率高、产品质量好、单耗低等优点，已明显居于世界领先地位，预期将迅速推广，对我国石油三次开采以及污水处理等领域产生巨大影响。再如，我国生物法长链二元酸生产技术也获得了重大进展，其生产量居世界第一位，生产技术远比国外先进。继十二碳、十三碳二元酸产业化成功之后，十五、十六碳二元酸也已开发成功，这是极有前途的精细化工产品，在加大下游产品开发力度的基础上，将发展成为重要的精细化工领域。在稀土深加工利用方面，新的成果不断涌现。其中长余晖稀土荧光材料是一种新型光能储备材料，在白天吸收太阳光或夜晚吸收其他光照如日光灯光、紫外光后，可以在暗处或夜晚自动放出明亮的荧光，并可循环使用。所用稀土材料比传统的硫化物材料的发射波性能优异，余晖时间达 15 小时以上或更长，具有化学稳定性高、无放射性、耐候性好、亮度强等特点。

精细化学品和高分子材料，主要包括有机硅化学品、水处理技术及水处理剂、油田化学品、特种蜡制品、通用塑料、工程塑料和聚氨酯。

所谓精细化工产品（即精细化学品）是指那些具有特定的应用功能，技术密集、商品性强、产品附加值较高的化工产品。

高分子材料也称为聚合物材料，是以高分子化合物为基体，再配有其他添加剂（助剂）所构成的材料。

高分子材料按来源分为天然高分子材料和合成高分子材料。

高分子材料按特性分为橡胶、纤维、塑料、高分子胶粘剂、高分子涂料和高分子基复合材料等。

任务二

了解化工制造业会计核算

一、化工制造业的核算对象

（一）油气产品成本核算对象

油气产品成本核算以油气产品为核算对象，通常包括原油、天然气、凝析油和液化气等油气产品。

（1）原油，是指在采至地面后的正常压力和温度下，未经加工的、已脱气的呈液态或半固体状态的石油。对于原油的产品成本核算，一般按照密度进行分类。原油按照密度可以划分为轻质原油、中质原油、重质原油（稠油）、超重原油（沥青）等；按照硫含量可以划分为微含硫原油、低硫原油、中含硫原油、高硫原油等；按照含蜡量可以划分为低蜡原油、含蜡原油、高蜡原油等。

（2）天然气，是指以气态碳氢化合物为主的各种气体组成的混合物。天然气按其来源不同分为气层气、溶解气等常规天然气和煤层气、页岩气、致密气等非常规天然气。

（3）其他主要油气产品，主要包括液化气和凝析油等。液化气，主要成分是甲烷，含有少量的乙烷、丙烷、氮或天然气中常见的其他组分。凝析油，是指在地层条件下的气态烃类物质，在采出到地面的过程中，随着温度和压力的降低，从气相中析出的由戊烷和以上重烃组分组成的液态混合物。

（二）炼化产品成本核算对象

炼化产品成本核算以炼化产品为核算对象，通常包括石油燃料类产品、石油溶剂类产品、化工原料类产品等炼化产品。

（1）石油燃料类产品，主要包括原油经减压蒸馏在一定温度条件下切割或二次加工调和取得的汽油、煤油、柴油、重油、液化石油气等产品。

（2）石油溶剂类产品，主要包括以原油经蒸馏所得的直馏汽油馏分，或以催化重整的抽余油为原料，经精制、分馏、切割出一定馏分取得的溶剂油、航空洗涤汽油等。

（3）化工原料类产品，主要包括原油经初馏、常压蒸馏在一定温度条件下蒸出的轻馏分，或二次加工而得到的石脑油、轻烃、加氢尾油、直馏柴油等化工原料。

（4）润滑油类产品，主要包括润滑油基础油以及加入适当添加剂调制的润滑油，按照其用途主要分为齿轮油、内燃机用油、汽轮机用油、液压系统用油四大类。

（5）石蜡类产品，主要包括半精炼石蜡、全精炼石蜡、粗石蜡、皂化蜡、食品用石蜡等。

（6）石油焦类产品。

（7）石油沥青类产品，主要包括以原油经蒸馏等不同工序生产的建筑石油沥青、道路石油沥青、重交道路石油沥青、电缆沥青、橡胶沥青、防腐沥青等。

（8）有机化工原料类产品，主要包括以石脑油、加氢裂化尾油、炼厂轻烃、油田液化气、油田轻烃等为原料的乙烯、丙烯、混合碳四、裂解汽油、氢气等裂解产物，及其后续加工生产的甲烷、碳四、乙炔、丁二烯、丁烯、裂解汽油、苯、甲苯、二甲苯、甲基叔丁基醚、丙酮、丁醇、辛醇、苯乙烯等液体化工产品。

（9）合成树脂类产品，主要包括以乙烯、丙烯等为原料，在引发剂或催化剂的作用下，发生聚合反应而生成的高压低密度聚乙烯、低压高密度聚乙烯、线性低密度聚乙烯、聚丙烯、聚苯乙烯等高分子聚合物产品。

（10）合成纤维原料类产品，主要包括以丙烯、液氨为原料生产的丙烯腈及以苯二甲酸二甲酯、乙二醇、精对苯二甲酸为原料生产的聚酯切片等产品。

（11）合成纤维类产品，主要包括通过对聚酯、丙烯腈、丙烯等合成纤维原料进行深加工，生产相应的高分子聚合物，经纺丝等后加工而制得的纤维，合成纤维根据其化学组成可分为涤纶、腈纶、丙纶、锦纶、氨纶等。

(12) 合成橡胶类产品，主要包括以丁二烯、苯乙烯、丙烯腈等为原料，在引发剂所提供的自由基和乳化剂的作用下发生聚合反应生成的丁苯橡胶、顺丁橡胶、丁腈橡胶、乙丙橡胶等产品。

(13) 化肥类产品，主要包括以天然气、石脑油、重油、煤、硝酸、硫酸等为原料生产的液氨、尿素、硫酸铵、硝酸铵等产品。

(14) 动力类产品，主要包括为保证炼油化工生产需要，由辅助生产装置生产供基本生产装置（部门）消耗或对外销售的新鲜水、循环水、脱盐水、除氧水、软化水、冷凝水、电、蒸汽、氮气、氧气、风等产品。

(15) 辅助劳务类产品，主要包括为保证炼油化工生产需要，由辅助生产装置（部门）为基本生产和辅助生产装置提供或对外提供的排污、化验、仓储、运输等辅助劳务。

（三）供产销过程的核算

根据图 1-1 企业资金的运动过程可以看出，企业会计需要核算的对象主要包括三部分：供应过程、生产过程和销售过程。

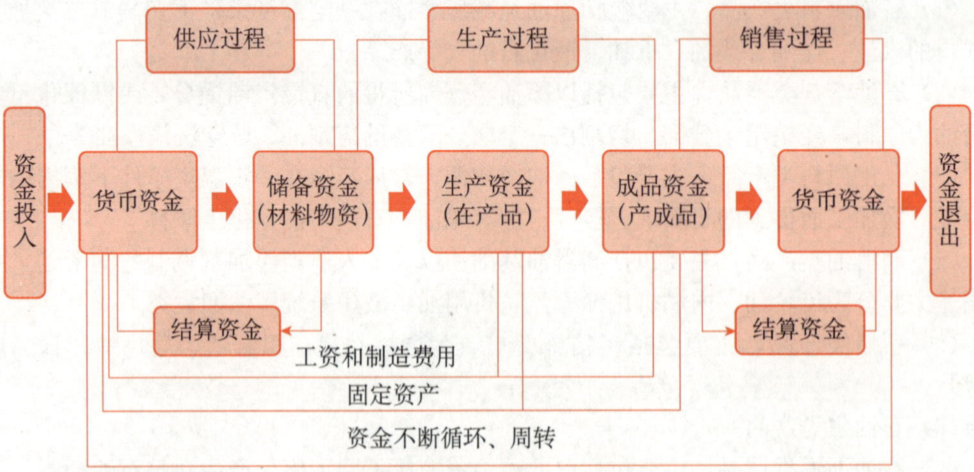

图 1-1　企业资金的运动过程

二、化工制造业会计科目设置

涉及工业会计业务特点的会计科目有：自制半成品、库存商品、生产成本、制造费用、包装物和低值易耗品等科目。

（一）自制半成品

自制半成品的基本含义是完成一定生产过程、验收入库的、尚未制成成品的中间产品（介于在产品与成品之间）。其用途是用于继续加工。自制半成品不包括车间之间直接转移的自制半成品、外购半成品和加工完成并验收入库准备出售的自制半成品。车间之间直接转移的自制半成品视同在产品，应列入“生产成本”账户；外购半成品应列为“原材料”

处理；加工完成并验收入库准备出售的自制半成品应列为“库存商品”处理。

企业自制半成品一般应设置“生产成本——自制半成品”账户进行核算。该账户，应按类别或品种设置明细账。

自制半成品的账务处理：

(1) 生产完成并验收入库的自制半成品：

借：生产成本——自制半成品（类别或品种）

　贷：生产成本——基本生产成本（×××）

(2) 生产车间领用自制半成品用于继续加工的，应按月汇总。

借：生产成本——基本生产成本（×××）

　贷：生产成本——自制半成品（类别或品种）

企业外单位委托加工的自制半成品，应在“生产成本——自制半成品”账户下单独设置“委托加工半成品”账户进行核算。委托加工自制半成品的成本包括发出半成品的成本、加工费（不含可以抵扣的增值税）和往返运杂费。

化工企业的色浆等半成品在“自制半成品”科目核算，半成品应按规定分配直接人工、燃料及动力、制造费用等费用。半成品完工入库通过《半成品入仓单》办理相关完工入库手续，生产领用半成品通过《半成品领用出仓单》办理领用出库手续，半成品出售则需要销售部门填开发货单。半成品比照原材料管理，建立半成品出入库台账和报表，健全生产、仓库、财务三方每月对账机制。

（二）库存商品

库存商品，又称“成品”，是指企业已经完成全部生产过程并已验收入库合乎标准规格和技术条件，可以按照合同规定的条件送交订货单位，或者可以作为商品对外销售的产品。“库存商品”账户属于资产类账户，核算企业库存的各种产成品的实际成本，借方登记已验收入库的产成品实际成本；贷方登记发出的成品实际成本；期末借方余额反映企业库存的成品实际成本。

存放在企业所属门市部准备销售的成品、交展览会展出的成品以及已经发出但尚未办理托收手续的成品仍属于企业成品核算范围，一般应单独设置明细账进行核算。

库存商品的主要会计处理有：

(1) 库存商品的收、发、存按实际成本计价账务处理。

库存商品入库时：

借：库存商品——××产品

　贷：生产成本——基本生产

库存商品发出时：

借：主营业务成本

　贷：库存商品——××产品

(2) 分期收款发出商品的账务处理。

发出库存商品时：

借：分期收款发出商品

　贷：库存商品——××产品

（三）生产成本

“生产成本”科目核算企业进行生产所发生的各项生产费用，包括生产各种成品、自制半成品，提供劳务、自制材料和自制工具以及自有设备等所发生的各项费用。该科目应设置“生产成本——基本生产成本”和“生产成本——辅助生产成本”两个二级科目。

在“生产成本——基本生产成本”科目下面，再按产品种类（或成本计算对象）设置明细账，也叫“产品成本计算单”。其格式一般都用多栏式账页，按成本项目进行明细核算，也可以自行设计。

需要单独核算“废品损失”“燃料及动力”明细科目。

“生产成本——辅助生产成本”科目，用来核算为基本生产服务而发生的生产费用。由于辅助生产车间提供服务的不同，核算也就不同，如工具车间生产的工具模具，辅助生产为专项工程制造的机器设备，它的核算方式与基本生产相同，可单独设立成本计算单计算成本。而供水、供电、蒸汽、机修和运输等车间，以提供劳务为主。辅助生产发生的费用计入该科目的借方，完工产品的成本或提供的劳务费用从该科目的贷方转出，月末余额在借方，也属于在产品成本。

（四）制造费用

制造费用是企业为生产产品和提供劳务而发生的各项间接成本。制造费用包括产品生产成本中除直接材料和直接工资以外的其余一切生产成本，主要包括企业各个生产单位（车间、分厂）为组织和管理生产所发生的一切费用，以及各个生产单位所发生的固定资产使用费和维修费，具体有以下项目：各个生产单位管理人员的工资、职工福利费、房屋建筑费、劳动保护费、季节性生产和修理期间的停工损失等。制造费用一般是间接计入成本，当制造费用发生时一般无法直接判定它所归属的成本计算对象，因而不能直接计入所生产的产品成本中去，而须按费用发生的地点先行归集，月终时再采用一定的方法在各成本计算对象间进行分配，计入各成本计算对象的成本中。

（五）包装物和低值易耗品

化工企业“包装物”主要是指包装桶，包装桶在领用时一次性摊销，生产领用的包装桶，则直接计入“生产成本——包装物”。“低值易耗品”包括未达固定资产标准的各种仪器、用具、修理用配件、劳保用品及其他用于辅助生产的零星消耗用品（如过滤网、碎布）等。

为了反映和监督低值易耗品的增减变动及其结存情况，企业应当设置“周转材料——低值易耗品”科目。低值易耗品可采用一次转销法或分次摊销法进行核算。低值易耗品领用时一次性摊销。

（1）购入时：统一先在“低值易耗品”科目归集。

借：低值易耗品

  贷：银行存款

（2）领用时：根据不同的用途，进行合理的分类。

借：生产成本、管理（销售）费用

  贷：低值易耗品

（3）期末结存。

期末结存金额，为已购入但未使用的低值易耗品金额。

（4）低值易耗品的管理。

低值易耗品可根据各公司的不同情况进行管理，例如，低值易耗品领用应有领用单；低值易耗品分类别进行管理，则管理时应根据类别不同，建立合适的分类编码体系；低值易耗品的领用，根据核算的具体要求，可分部门或分项目、分产品进行核算，在领用时要明确领用的具体用途；低值易耗品较多的单位，可以借助小型进销存软件或用 Excel 建立数据库，进行辅助管理，从而降低日常的统计工作量。低值易耗品的保管和记账应分开，保管人员和财务人员应根据公司的具体情况，不定期进行盘点对账。

（六）特殊科目的使用

1. 专项储备

“专项储备”是一个权益类会计科目和报表科目，适用于执行我国《企业会计准则》的企业。专项储备用于核算高危行业企业按照规定提取的安全生产费以及维持简单再生产费用等具有类似性质的费用。按照财政部 2009 年 6 月发布的《企业会计准则解释第 3 号》的规定，高危行业企业按照国家规定提取的安全生产费，应当计入相关产品的成本或当期损益，同时记入“专项储备”科目。企业使用提取的安全生产费时，属于费用性支出的，直接冲减专项储备。企业使用提取的安全生产费形成固定资产的，应当通过“在建工程”科目归集所发生的支出，待安全项目完工达到预定可使用状态时确认为固定资产；同时，按照形成固定资产的成本冲减专项储备，并确认相同金额的累计折旧。

2. 待处理财产损溢

“待处理财产损溢”是仅限于存货或固定资产盘盈、盘亏等待处理前的过渡性科目，不允许随意扩大该科目的使用范围，将一些重大会计差错或无法查清原因的损失放入该科目核算。记入“待处理财产损溢”科目的盘盈、盘亏数应有充分的凭据（如手续完善的盘点表），且后续应由相关责任部门清查盘盈、盘亏原因并呈交书面报告，按既定程序上报处理。财务根据授权领导批复的处理意见将“待处理财产损溢”科目金额转入有关科目。“待处理财产损溢”科目每个季度集中清理一次，年底进行全面清理，年度报表该科目余额应清零。

3. 以前年度损益调整

“以前年度损益调整”科目必须慎用，执行考核的连续两个年度，不能因为涉及以前年度损益调整而导致该项费用出现两头考核落空现象。“以前年度损益调整”应在利润表中单独反映，并在计算当期考核时予以剔除。发生以前年度损益调整的企业在上报集团报表时需单独列明“以前年度损益调整”明细。

4. 利润分配

“利润分配”科目除了本年利润结转过来外，其余情况均不允许擅自使用。发放的年终奖金、调整的以前年度损益均不得直接通过“利润分配”科目核算。进入“利润分配”科目核算应获取集团书面确认或相关决议文件。

三、化工制造业会计核算特点

（一）化工制造业的成本会计核算

化工企业近年来蓬勃发展，是我国发展国民经济的重要产业，并在我国经济发展过程中发挥了重要的作用。然而随着行业的不断发展以及外部经济大环境的持续低迷，化工企业市场环境日趋紧张，而自身存在的一系列问题也严重影响了企业发展。因为无法在现有经济基础上全面落实“开源”，企业想要获得长久的发展，就必须将眼光投向“节流”方面，也就是说化工企业必须采取有效的措施控制生产管理的成本费用，用全面成本管理提高企业的财务管理水平，提高企业的成本利润率，继而提升企业的经济效益，为企业的稳健发展夯实基础。

1. 化工企业成本核算

在化工企业的成本核算过程中，石化产品的生产、经营、原材料购置、销售、企业行政管理等费用都是其成本核算的一部分，而对化工企业的成本进行会计核算的结果综合反映了企业在一定时期内的生产经营成果，是计算石化产业市场发展速度及市场整体需求的基础数据。化工企业的成本核算是确定企业资金投入有效性以及生产经营效益的主要方式，现代化工企业的成本核算主要包括以下内容：

（1）直接成本核算。

化工企业的直接成本主要是指其生产与经营的直接费用支出，它是支撑化工企业正常运转、获取经济利益所必须投入的费用。

化工企业的直接成本费用包括：

1）生产成本。化工企业生产成本是指原油开采、运输、石油加工、化工产品生产等费用，它是支撑整个化工企业正常运转的基础性费用。

2）经营成本。化工企业必须积极参与市场竞争才能够将原材料以及工业成本、半成品转化为实实在在的经济利益。一般来说，化工企业的经营成品主要包括销售成本以及市场运营成本两大类。销售成本是指石化产品本身的市场成本以及在销售过程中所支付的包装、运输、损益等费用，而市场经营成本则主要包括石化产品各市场营销网点的建设、运营渠道的开发以及市场宣传管理费用等。

3）管理成本。化工企业的资产规模以及市场规模都较为庞大，为了维持企业生产经营组织的正常、高效运转，企业必须支付庞大的管理费用及管理成本。

4）环保费用。化工企业的生产对环境具有一定的破坏性，甚至对人体也有一定的伤害，对此，企业必须在环保设备购置与机体保障等方面投入充足的费用。

（2）人力资源成本核算。

人力资源是企业运转的基础，人力资源成本则是用来反映企业在生产经营过程中，对直接、间接从事企业管理、生产、运营等方面工人与管理人员的工资、奖金、津贴、补贴、提成等费用，属于企业员工的基础性福利费用和劳动力费用。

（3）额外损益成本核算。

化工企业的额外损益成本既不属于化工企业的直接费用，也不属于人工费用的支出项目，但是其在化工企业的生产过程中仍然占据相对重要的地位。其主要包括矿产无效勘探费用成本、企业接待费用成本、生产安全事故支出成本等。

化工企业财务成本核算的目的主要有两方面：实现内部财务控制；实现补偿。

由于财务成本核算目的的不同，企业财会人员的成本计算程序与对象也有所差异。但是，为了实现化工企业财务管理上述两大基本目的，企业必须做到：

正确划分企业产品成本及期间费用之间的界限。划分成本与期间费用的界限有助于控制企业人为地调节成本、避免获益虚增。

强化对各项支出费用的审核与控制。化工企业财会人员要对已产生的费用进行认真审核，严格执行各项会计计量标准，以便减少化工企业的真实成本与会计报表信息之间的误差，从而降低企业的成本。

化工企业成本核算具有如下特征：

（1）规模庞大。化工企业的规模大不仅体现在设施建设与资金方面，还体现在其市场规模的庞大上，生产规模对资产组合与成本结构有着重大的影响。

（2）资金成本高。化工企业属于资本密集型行业，其建设周期长、投资额度较大，其所承担的利息也相对较高，因而，其资金成本较高。

（3）产品库存大、资金占用成本高。化工企业为了确保生产装置的连续性，必须备足各项损耗元件以及生产原料，导致企业备品备件库存大。

（4）环保成本高。由于国家对石化产业三废排放的严格限制，化工企业必须支付较高的环保成本，确保生产的可持续性。

➢ 2. 化工企业成本财务核算现状

（1）成本会计核算内容不全面。

随着科技的迅速发展，化工企业在生产经营过程中所面临的外部环境与政策也发生了较大的变化，目前，仍然有一部分化工企业的生产工艺落后、设备陈旧，其主要依靠有形的资产消耗来生产产品，生产浪费现象十分严重，并且对环境的污染较大，清理成本负担较高。化工企业在进行成本核算时，对于企业内部的知识资源、高尖端人才资源等无形资产并未计入产品的成本，此外，化工企业在成本核算时忽视了生产对环境所造成的污染，并未将污染治理以及保护成本纳入成本核算的范畴之中。

（2）会计报表粉饰现象严重。

会计报表是企业成本信息最直观的反映，也是进行财务核算的基本依据，然而，当前化工企业财务会计报表粉饰现象十分严重，直接影响到了成本核算数据的准确性。

（3）成本核算轻无形资产、重有形资产。

在传统的会计形式下，无形资产对企业的制约性不突出。化工企业的生产与发展主要依靠物质资料，因而，化工企业的成本核算也主要以有形的资产为主，而对于企业管理成本、信息成本、人才资源成本、科技创新成本等都未纳入成本重点核算范畴。部分化工企业对无形资产仍未及时登记入账，无形资本并未实现资产化运作，导致对产品的成本核算不完整，同时也容易造成产权交易过程中无形资产的流失或价值低估。

（4）成本核算方法不科学。

当前，我国化工企业的成本会计核算大多沿用传统的核算方式，而合适的核算方法会使企业成本核算更加准确。就化工企业而言，传统的成本核算较为注重对直接成本的核算，即重视产品的生产制造成本，而忽视产前预估以及产后评估，并且，会计成本核算对产品生产与制造全过程（包括产前、产中、产后）重视不足。同时，化工企业对日益上升的环保成本重视不到位，传统的企业会计标准已难以为企业提供较为准确、真实的成本信息。现阶段，我国化工企业的成本核算主要采用收付实现制，企业会计信息主要反映某一阶段的收支现金流，而对于跨阶段、长期性的资产支出成本却不能全面、客观地反映出来，也不能真实地反映出化工企业的资产负债信息，模糊了企业资产性和资本性支出界限，造成成本核算混乱。

3. 化工企业如何进行有效的成本核算

（1）树立全面成本管理理念，全面核算企业会计成本。加强对人力成本的核算，将逐年上升的人力成本纳入会计核算体系之内，以提高化工企业对企业人力资源的利用效率，降低人力成本。

（2）加强成本信息的会计核算确认与计量。会计确认是会计核算的前提，而会计计量则是核算的具体方式，化工企业的会计确认需建立在对各项资产以及相关权益的确认基础上，对此，企业必须注重对固定资产、无形资产的确认，并且加强对无效益性成本的审核确认。在会计计量时，可依据具体情况选用完全成本法或者成果法，其计量内容包括矿区勘探、开发、生产成本，化工产品的营销、市场成本计量等，对固定资产要注重资产折旧的递耗资产折耗计提。

（3）强化会计成本核算监督力度，注重成本核算的科学性。由于石化行业的特殊性，其会计成本核算的结果也必须准确、客观地反映企业的实际情况，对此，我们必须从内外两个方面加强对企业会计成本核算的监督力度。一方面，企业要建立相应的内部财务会计监督制度，严格核查相关报表信息以及财务支出信息；另一方面，政府部门要发挥其监督与服务职能，不断完善相关会计法规体系，建立外部监督制度。以此来实现内外合力监督，增加化工企业财务成本核算的透明度。

（4）加强对化工企业会计人员的素质建设。化工企业的财务会计人员不仅是成本核算的执行者，也是内部会计信息的提供者，会计人员素质的高低直接影响着会计成本核算的质量。因此，企业不仅要定期对其进行相关业务知识培训，增强其专业素养和道德素养，还要建立多级责任制，根据财务成本核算任务划分不同的模块任务，将核算责任落实到每一位会计人员身上，以增强其责任意识以及核算风险意识，从而确保核算工作的准确性及真实性。

（二）化工企业货币资金的核算

为规范化工企业的财务核算，加强财务管理，发挥财务在公司经营管理过程中的服务和监督职能，根据《中华人民共和国会计法》《企业会计准则》等有关法律、法规，并结合化工企业的实际情况，特制定了《化工企业货币资金管理办法》。各化工企业应当设置“现金日记账”“银行日记账”，由出纳人员按照业务发生顺序逐笔登记，并注明凭证号。

每日终了，应当计算当日的现金收入合计额、现金支出合计额和结余额，并将现金结余额与实际库存额核对，做到账款相符。每日终了，应结出银行存款账面余额。“银行存款日记账”应定期与“银行对账单”核对，至少每月核对一次，月末财务企业银行存款账面余额与银行对账单余额之间如有差额，应按月编制“银行存款余额调节表”调节相符。每个月月末，出纳还应将个人银行卡（存折）账单打印交由财务经理核对一致。

货币资金的管理严格按照要求执行。各化工企业应在遵循集团货币资金管理规定的前提下，结合自身实际情况制定具体管理办法，应涵盖但不限于费用报销、借款、采购付款、销售收款、库存现金管理等方面。库存现金实行定期、不定期盘点。每周六和每月的最后一个工作日下班前，财务经理应对现金进行盘点。要求盘点的现金包括保险柜现金和个人银行卡（存折）现金，盘点前应事先打印出纸质的“现金盘点表”，参盘的出纳和财务经理签字确认作为盘点依据留存审计备查，盘点结束后出纳将盘点结果录成“现金盘点表”电子表格，随同“资金日报表”上报财务经理，财务经理审核确认后上报所在企业总经理和集团相关领导。

（三）化工企业环保税的核算

2016 年 12 月，第十二届全国人民代表大会常务委员会第二十五次会议表决通过了《环境保护税法》。作为我国第一部推进生态文明建设的单行税法，《环境保护税法》于 2018 年 1 月 1 日起施行。环境保护税（以下简称“环保税”）开征后，预计每年征收规模可达 500 亿元。此次开征环境保护税，征税对象和范围与现行排污费基本相同，明确征税范围为直接向环境排放的大气、水、固体和噪声等污染物。以现行排污费收费标准为基础，设置环境保护税的税额标准。如大气污染物税额为每污染当量 1.2～12 元；水污染物税额为每污染当量 1.4～14 元；固体废物按不同种类，税额为每吨 5～1 000 元；噪声按超标分贝数，税额为每月 350～11 200 元。此外，为防止排污企业认为缴税后就可肆意排放，环保税法明确直接向环境排放应税污染物的企业事业单位和其他生产经营者，除依照本法规定缴纳环境保护税外，应当对所造成的损害依法承担责任。据行业人士分析：以年产值 5 000 万元为基准的中型化工企业为例：每年度需缴纳大气污染物税额，累计约 6 万元～12 万元；需缴纳水污染物税额，累计约 8 万元～15 万元；需缴纳锯末、粉尘、化工垃圾等固体废物税额，累计约 15 万元～30 万元；需缴纳噪声税额，累计约为每月 5 000～20 000 元。

综上所述，一家中型化工生产企业的年度环保税额，应该在 30 万元～70 万元。

项目二

化工制造业会计核算

在会计上，制造与生产、加工具有相似的含义，是把原材料加工成适用的产品。一般意义上讲，制成品与原材料之间在外形及功能上应存在明显区别。商业企业的组装和分装行为因未根本改变物品的外形及功能，不属于制造。

产品制造的一般作业流程为领用原材料、半成品及辅料→投入人工、动力、机器等进行制造作业→半成品、成品完工入库。会计核算流程与上述流程密切对应。

任务一

供应过程的会计处理

化工企业存货项目统一设置“原材料”“自制半成品”“库存商品”“包装物”“低值易耗品”科目进行核算。存货应按照产品类别、名称等开展明细核算，并进行数量核算（原则上要求财务软件启用数量核算；财务软件未启用的，必须建立手工辅助台账进行数量金额核算），存货发出计价采用加权平均法，价格相差较大的存货不应合并核算，以免影响存货发出计价成本。

各化工企业应加强存货的管理，规范存货出入库单据管理，建立存货出入库台账，健全生产、仓库、财务、采购、销售相互之间的对账机制，以确保存货的安全和完整。

一、原材料的核算及管理

“原材料”科目应按照材料类别设置二级科目，按照材料名称设置三级科目。

（一）原材料验收入库

所有原材料都必须经原材料仓库管理员办理验收手续后方能入库。原材料采购应有申购手续，经核准后的请购单由采购部门下达订单，货到验收，由仓管员负责。仓管员根据请购单、送货单（或发货单，应有供应商印章）办理原材料验收（原材料需要事先进行质检的，质检合格后办理验收），原材料验收时要求仓管员务必认真核对送货数量与请购数量是否一致，严格按请购数量办理验收，仓管员不得擅自验收超过请购数量的到货。经验收无误后，由仓管员在供应商送货单（或发货单）上签收并加盖仓库专用章，留下一联盖有供应商印章的送货单（或发货单），并据此填写原材料入仓单，为方便管理，应按材料类别分开填制入仓单。

（二）原材料采购验收流程

使用部门根据需求或仓库根据库存要求填制请购单，经所在部门负责人签名核准后报请采购部门，采购部门据此向供应商下达订单，注明预计达货时间并经部门负责人签名确认后将请购单传递原材料仓库，仓库管理员根据请购单、供应商的送货单（或发货单）办理验收手续，验收无误后由仓管员填制原材料入仓单，并将相应的单据及时传递给相应部门。

（1）原材料验收内部单据：

请购单：一式三联，第一联仓库联，第二联财务联，第三联采购联。

原材料入仓单：一式三联，第一联仓库联，第二联财务联，第三联采购联。

（2）原材料入库对账流程：

原材料仓库与采购部对账，按月核对入仓数量是否准确；

原材料仓库与财务部对账，按月核对入仓数量是否一致；

采购部与供应商对账，按月核对入仓数量和金额是否准确；

财务部与采购部对账，按月核对入仓数量和金额是否一致。

（三）原材料领用和退库

原材料的领用必须办理领用出仓手续。原材料的领用部门主要是生产部门，生产部门根据生产需求填制《原材料领用出仓单》，经生产部门负责人签名后向原材料仓库办理领料，原材料仓库管理员据此发料。申领及发料出仓均为同一张单，生产部门填写申领数量，仓库填写实发数量。主要材料和辅助材料应分开填制《原材料领用出仓单》。其他部门（如技术部、品管部等）因工作需要领用原材料的，同样按照以上程序办理。

生产部门已领未用完的原材料应及时办理退库手续，日常余料退库或月末生产假退料，均填制红字《原材料领用出仓单》。

原材料领用出仓流程：生产部门根据生产需求填制《原材料领用出仓单》，准确填写申领数量，经所在部门负责人签名核准后凭单前往原材料仓库领料，原材料仓库管理员据此发料，发料后在《原材料领用出仓单》上据实填写实发数量，并将相应的单据及时传递给相应部门。

原材料领用内部单据：原材料领用出仓单，一式三联，第一联仓库联，第二联财务联，第三联存根联（生产部门或其他领用部门）。

原材料领用出仓对账流程：原材料仓库与生产部门对账，按月核对领用出仓数量是否一致；原材料仓库与财务部对账，按月核对领用出仓数量是否一致；财务部与生产部门对账，按月核对领用出仓数量是否一致。

（四）按实际成本计价的会计处理

制造业企业材料的实际成本可分为外购材料的实际成本、自制材料的实际成本和委托外单位加工材料的实际成本。按实际成本核算，应设置“在途物资”和“原材料”等科目。制造业企业外购材料时，如果发票和账单已收到，材料尚未验收入库，根据采购部门交来的采购单或采购合同、发票和报销单等单据，按采购材料的实际成本，借记“在途物资”科目，按应交的增值税，借记“应交税费——应交增值税”科目。按已付的全部价款，贷记“银行存款”科目。材料验收入库时，根据入库单按实际成本，借记“原材料”科目，贷记“在途物资”科目。

企业外购材料时，如果材料已到达入库，按采购材料的实际成本，直接借记“原材料”科目；按应交的增值税，借记“应交税费——应交增值税”科目；按应付的全部价款，贷记“应付账款”、“其他货币资金”和“银行存款”等科目。

实际成本法下发出材料的核算：

1. 发出材料的计价方法

由于各种材料都是分批购进，而每次购进的材料单位成本可能不一样，因而对领发材料的价格，就存在计价问题。发出材料实际成本的确定，可以由企业从先进先出法、加权平均法、个别计价法等方法中选择。计价方法一经确定，不得随意变更。如需变更，应在财务报表附注中予以说明。

（1）先进先出法。

先进先出法是以先购入的存货先发出这样一种存货实物流转假设为前提，对发出存货进行计价的方法。采用这种方法，先购入的存货成本在后购入的存货成本之前转出，据此确定发出存货和期末存货的成本。

先进先出法是指根据先购进的存货先发出的成本流转假设对存货的发出和结存进行计价的方法。市场经济环境下，各种商品的价格总是有所波动的，在物价上涨过快的前提下，由于物价快速上涨，先购进的存货其成本相对较低，而后购进的存货成本就偏高。这样发出存货的价值就低于市场价值，产品销售的成本偏低，而期末存货成本偏高。但因商品的售价是按近期市价计算的，因而收入较多，销售收入和销售成本不符合配比原则，以此计算出来的利润就偏高，形成虚增利润，实质为“存货利润”。

因为虚增了利润，就会加重企业所得税负担，以及向投资人分红增加，从而导致企业现金流出量增加。但是从筹资角度来看，较多的利润、较高的存货价值、较高的流动比率意味着企业财务状况良好，这有利于博取社会公众对企业的信任，增强投资人的投资信心。利润的大小往往是评价一个企业负责人政绩的重要标尺。不少企业按利润水平的高低来评价企业管理人员的业绩，并根据评价结果来奖励管理人员。此时，管理人员往往乐于采用先进先出法，因为，这样做会高估任职期间的利润水平，从而多得眼前利益。

(2) 加权平均法。

加权平均法是指以本月全部进货数量加上月初数量作为分母，本月全部进货成本加上月初存货成本作为分子，计算出货的加权平均单位成本，以此为基础计算本月出货的成本和期末存货的成本的一种方法。计算公式如下：

加权平均单价=(期初结存存货实际成本+本期收入存货实际成本)÷(期初结存货数量+本期收入存货数量)

本期发出存货成本=加权平均单价×本期发出存货数量

期末结存存货成本=加权平均单价×期末结存存货数量

如果计算出的加权平均单价不是整数，为了保持账面数字之间的平衡关系，可以采用倒挤法计算发出存货的成本。计算公式如下：

期末结存存货成本=加权平均单价×期末结存存货数量

本期发出存货成本=期初结存存货成本+本期收入存货成本-期末结存存货成本

采用这种计价方法，发出存货的单价只在月末计算一次，可以大大地简化平时的核算工作量，且方法简单。但是，这种方法平时从账上无法提供发出及结存存货的单价和金额，因而，不利于加强对存货的管理。因此，这种方法适用于存货品种较少且前后收入存货单位成本相差较大的企业采用。

(3) 个别计价法。

个别计价法是以每一批商品的实际进价作为计算销售成本的一种方法。采用这一方法是假设存货的成本流转与实物流转相一致，按照各种存货，逐一辨认各批发出存货和期末存货所属的购进批别或生产批别，分别按其购入或生产时所确定的单位成本作为计算各批发出存货和期末存货成本的方法。

个别计价法计算公式如下：

每批商品销售成本=每批商品销售数量×该批商品实际进货单价

采用个别计价法，会计部门应按进货批次设置商品明细账；业务部门应在发货单上注明进货批次；仓库部门应按进货批次分别堆放商品。

这种方法便于逐笔结转商品销售成本，计算比较正确，但工作量较大，容易使管理人员任意操作本年利润，适用于直运商品和进货批次少、销售能分清进货批次的商品。

制造业企业产品生产过程中，材料的领发业务频繁，一般只根据领发料凭证登记明细账，按照前述计价方法（只能固定采用一种方法），计算出领发材料的实际成本，然后将领发材料凭证按照领用部门和用途，进行分类、整理，编制“发料凭证汇总表”，汇总期限可按业务情况分为5天、10天或1个月两次，在月末时编制会计分录。

2. 发出材料的账务处理

原材料发出的情形，一般包括生产领用原材料和出售原材料。

（1）企业生产经营领用原材料，按实际成本或计划成本：

借：生产成本
　　制造费用
　　销售费用
　　管理费用
　贷：原材料

企业发生委托外单位加工的原材料：

借：委托加工物资
　贷：原材料

基建工程领用的原材料，按实际成本加上不予抵扣的增值税税额等：

借：在建工程
　贷：原材料
　　　应交税费——应交增值税（进项税额转出）

（注：按不予抵扣的增值税税额）

（2）出售原材料的核算。

出售原材料，按已收或应收的价款：

借：银行存款/应收账款
　贷：其他业务收入
　　　应交税费——应交增值税（销项税额）

月度终了，按出售原材料的实际成本：

借：其他业务成本
　贷：原材料

（五）按计划成本计价的会计处理

材料采用计划成本核算时，材料的收发及结存，无论总分类核算还是明细分类核算，均按照计划成本计价，期末通过“材料成本差异”调整为实际成本。计划成本计价可以提示原材料采购成本的节约和支出。

1. 计划成本法下科目的设置

采用计划成本计价核算，对材料核算设置的会计科目有“原材料”科目、“材料采购”科目和“材料成本差异”科目。“原材料”科目借方表示已验收入库的原材料的计划价格，贷方表示发出材料的计划价格，余额一般在借方。“原材料”一级科目下，还可设置“直接材料”“辅助材料”“备品备件”“外购半成品”“燃料”“包装材料”“废料”等明细科目，进行明细分类核算。

“材料成本差异”科目用来核算企业各种材料的实际成本与计划成本的差异，属于资产成本类科目，借方反映购入材料实际成本大于计划成本的超支额，贷方表示购入材料计划成本大于实际成本的节约额，期末借方余额为实际成本大于计划成本的超支差异额，贷方余额为实际成本小于计划成本的节约差异额。

2. 计划成本法下材料收发的核算

按计划成本计价进行的材料核算，材料的收入、发出和结余都按照企业事先对每项材料制定的计划单价进行计价。核算步骤包括如下四步：

(1) 采购时，按实际成本付款，记入“材料采购”科目借方。

(2) 验收入库时，按计划成本记入“原材料”的借方，按实际成本记入“材料成本差异”的借方，节约差记入“材料成本差异”的贷方。

(3) 平时发出材料时，一律用计划成本。

(4) 期末计算材料成本差异率，结转发出材料应负担的差异额。

计算公式如下：

$$\text{本期材料成本差异率}=\left(\text{期初结存材料的成本差异}+\text{本期验收入库材料的成本差异}\right)\div\left(\text{期初结存材料的计划成本}+\text{本期验收入库材料的计划成本}\right)\times 100\%$$

$$\text{期初材料成本差异率}=\text{期初结存材料的成本差异}\div\text{期初结存材料的计划成本}\times 100\%$$

$$\text{发出材料应负担的成本差异}=\text{发出材料的计划成本}\times\text{本期材料的成本差异率}$$

$$\text{原材料实际成本}=\text{“原材料”科目借方余额}+\text{“材料成本差异”科目借方余额}-\text{“材料成本差异”科目贷方余额}$$

3. 计划成本法下采购材料的核算

在企业的生产经营活动中，经常发生大量的材料采购业务。这些业务都必须按照材料采购计划，严格办理请购、检验和入库等手续，认真填制收料凭证，登记账簿，进行材料采购的总分类核算和明细分类核算。

(1) 收到原材料，按实际成本计价计入“材料采购”，分录如下：

借：材料采购（实际成本）

　　应交税费——应交增值税（进项税额）

　贷：应付账款

(2) 验收入库，按计划记入“原材料”，按实际成本记入“材料采购”。二者差额记入“材料成本差异”，分录如下：

借：原材料（计划成本）

　　材料成本差异（超支差）

　贷：材料采购（实际成本）

借：原材料（计划成本）

　贷：材料采购（实际成本）

　　　材料成本差异（节约差）

4. 计划成本法下发出材料的核算

由于企业材料的日常领发业务频繁，为了简化日常核算工作，平时一般只登记材料明细账，反映各种材料的收发和结存金额，月末根据发料凭证，按领用部门和用途，汇总编制“发料凭证汇总表”，据此按发出材料的计划成本分别计入“生产成本”“制造费用”“管理费用”等科目。

（六）原材料结存和盘点

原材料的入仓和出仓均需按要求办理相关手续和及时核对账务，以确保原材料结存账实相符。原材料仓库应建立定期盘点机制，月末盘点、季末盘点、年末盘点相结合，及时发现仓库结存的异常情况。财务部人员应参与原材料仓库每月组织的定期盘点，除此之外，还应不定期派人抽查仓库结存情况。抽查或盘点发现的异常情况，必须及时上报处理。

二、半成品的核算及管理

化工企业的色浆等半成品在“自制半成品”科目核算，半成品应按规定分配直接人工、燃料及动力、制造费用等费用。半成品完工入库通过半成品入仓单办理相关完工入库手续，生产领用半成品通过半成品领用出仓单办理领用出库手续，半成品出售则需要销售部门填开发货单。半成品比照原材料管理，建立半成品出入库台账和报表，健全生产、仓库、财务三方每月对账机制。

半成品流转内部单据：半成品入仓单，一式三联，第一联仓库联，第二联财务联，第三联交生产部门；半成品领用出仓单，一式三联，第一联仓库联，第二联财务联，第三联交生产部门。

三、产成品的核算及管理

产成品通过“库存商品”科目核算，按照产成品类别和名称进行明细核算。超产产生的剩余成品完工入库时视同正品一并在本科目核算。

（一）产成品完工入库

生产完工的产成品经质检合格后由生产部门填制成品入仓单，连同产成品移交成品仓库办理完工入库手续。成品入仓单须由生产人员和仓库管理员共同签字。

产成品完工入库单据：成品入仓单，一式三联，第一联仓库联，第二联财务联，第三联生产联。

产成品入库对账流程：成品仓库与生产部门对账，按月核对入仓数量是否准确；成品仓库与财务部对账，按月核对入仓数量是否一致。

（二）产成品销售出库

产成品销售先由销售部门开具发货单，经财务部确认销售价格后再交由成品仓库办理成品出库手续。

产成品销售出库单据：发货单，一式五联，第一联仓库联，第二联财务联，第三联客户联，第四联业务联，第五联随货同行。

产成品销售出库对账流程：成品仓库与销售部对账，按月核对出仓数量是否准确；成品仓库与财务部对账，按月核对出仓数量是否一致；销售部与客户对账，按月核对出仓数量和金额是否准确；销售部与财务部对账，按月核对销售数量与销售金额是否一致。

产成品的成本分配和结转：根据炼化生产装置连续生产、顺序加工的特点，产品成本计算一般采用“逐步结转分步法”，先计算上游装置产品成本，然后根据下游装置的消耗量按照实际成本逐步结转半成品、产成品成本。自制半成品按照实际成本或固定成本结转。炼油企业也可将整个炼厂作为一个整体，采用综合系数法核算产品成本。产成品，是指炼化产品生产企业完成炼化生产过程并已验收合格入库，可供出售的产品；在产品，是指炼化产品生产企业月末尚未完工或虽已完工但由于尚需检验等原因，不具备入库条件的产品；自制半成品，是指炼化产品生产企业在一个生产装置已经加工完毕，待转入下一生产装置继续加工或暂时入库的产品，包括可供出售的自制半成品。基本生产成本费用归集后，根据计划统计部门提供的盘点资料，确认产成品和半成品的产量，计算商品产品总成本和各品种单位成本。

本期商品产品总成本＝原料及主要材料成本＋制造加工费＋期初半成品成本－期末半成品成本－(自用燃料油、燃料气、生产装置自产蒸汽＋供其他专业系统自用产品＋来料加工费用等)

确定各品种产品成本时，对于单一产品装置采用“品种法”，对联产品采用“系数法”。“系数法”计算方法如下：

某产品成本积数＝某产品成本系数×产品产量

某产品总成本＝某产品成本积数÷全部产品成本积数和×全部商品产品总成本

某产品单位成本＝某产品总成本÷某产品产量

联产品系数的确定，一般以产品生产工艺流程、产品结构、产品收率和市场价值为基础，采用经济比值法、产品总成本法、产品比重法等确定。联产品系数的确定方法一经确定，不得随意改变。期末，将产成品成本分品种结转至“库存商品”科目。

四、周转材料的核算及管理

化工企业“包装物”主要是指包装桶，包装桶在领用时一次性摊销，生产领用的包装桶则直接计入“生产成本——包装物”。“低值易耗品”包括未达固定资产标准的各种仪器、用具、修理用配件、劳保用品及其他用于辅助生产的零星消耗用品等。低值易耗品领用时一次性摊销。包装物和低值易耗品应比照原材料进行管理，即入库要办理验收手续，出库要办理领用手续。月末终了，仓管员将本月入库和领用包装物及低值易耗品的统计报表连同相关单据报送财务部。

包装物和低值易耗品验收内部单据：请购单，一式三联，第一联仓库联，第二联财务联，第三联采购联；物品入仓单，一式三联，第一联仓库联，第二联财务联，第三联采购联。

包装物和低值易耗品领用内部单据：物品出仓单，一式三联，第一联仓库联，第二联财务联，第三联存根联。

五、固定资产的核算

化工行业是以高腐蚀性的化学品为生产原料的高风险行业，生产设备常年处于高强度、高腐蚀性的环境中，损坏严重，企业须不断进行维护和更新。针对这种状况，财务部门如何协助设备部门管理好固定资产，并对固定资产进行准确的核算，是化工行业每一位财务人员所面临的实际问题。

新会计准则规定：

处于修理、更新改造过程而停止使用的固定资产符合本准则第四条规定的确认条件的，应当转入在建工程，停止计提折旧；不符合本准则第四条规定的确认条件的，不应转入在建工程，照计提折旧。

固定资产发生的更新改造支出、房屋装修费用等，及在使用过程中发生的日常修理费、大修理费用符合本准则第四条规定的确认条件的，应当计入固定资产成本，同时应当终止确认被替换部分的账面价值。

企业计提固定资产折旧时，必须用固定资产原价扣除其预计的净残值和已计提的固定资产减值准备累计金额。

化工企业产品成本核算的基本程序，即确定成本计算对象、确定成本项目、确定成本计算期、生产费用的审核和控制、生产费用的归集和分配、计算完工产品成本和月末在产品成本。

精细化工企业的固定资产种类繁多、管理困难，常发生固定资产使用期满后仍计提折旧的情况，装置设备技术改造、大修频繁，跟踪记录固定资产变化过程的工作量巨大。保证设备长期稳定运行是精细化工企业设备管理的关键，因此需要将主要装置设备进行集成管理。通过对主要设备的运行情况、备品状态、检修要求等方面进行动态管理，从而合理安排检修计划，延长大修周期，减少大修开支。

（一）固定资产增加的会计处理

1. 外购固定资产的会计处理

制造业企业外购固定资产的成本，包括购买价款、相关税费和使固定资产达到预定可使用状态前所发生的可归属于该资产的运输费、装卸费、安装费和专业人员服务费等。2009 年 1 月 1 日增值税转型改革后，制造业企业构建生产用固定资产发生的增值税进项税额可以从销项税额中抵扣，因此相关税费不包含允许抵扣的增值税进项税额。

外购固定资产是否达到预定可使用状态，需要根据具体情况进行分析判断。如果购入不需安装的固定资产，购入后即可发挥作用，因此，购入后即可达到预定可使用状态。如果购入需要安装的固定资产，只有安装调试后达到设计要求或合同规定的标准，该项固定资产才可发挥作用，达到预定可使用状态。

制造业企业外购固定资产分为购入不需要安装的固定资产和购入需要安装的固定资产两种：购入不需要安装的固定资产，借记“固定资产”，贷记“银行存款”。购入需要安装的固定资产，应先记入“在建工程”科目，安装完毕交付使用时再转入“固定资产”科目。

2. 自建固定资产的处理

制造业企业自建固定资产要先通过“在建工程”科目核算，达到预定使用状态后再转入“固定资产”科目，自建固定资产包含自营工程和分包工程。

（1）自营工程。

自营工程包括固定资产新建工程、自行安装工程、技术改造工程、大修理工程和引进设备补偿贸易工程等。自营工程是企业自己采购工程物资，企业组织人员自行安装。企业为自营工程准备的各种物资，包括为工程准备的材料、需要安装的设备和为工程进行期间准备的各种物资（包括为工程准备的材料、需要安装的设备和为工程进行期间准备的工具及器具等）。在会计核算上设置“工程物资”科目，具体会计处理如下：

自营工程领用工程物料时：

借：在建工程

　贷：工程物资

自营工程领用本公司原材料：

借：在建工程

　贷：原材料

自营工程领用本公司生产的商品：

借：在建工程

　贷：库存商品

　　应交税费——应交增值税（销项税额）

分配自营工程人员工资时：

借：自建工程

　贷：应付职工薪酬

自营工程的其他费用：

借：在建工程

　贷：银行存款

工程达到预定可使用状态：

借：固定资产

　贷：在建工程

如果在建工程发生报废或毁损，在扣除残料价值和过失人或保险公司的赔款后的净损失，计入未完工工程支出。单项工程报废或毁损的净损失，在筹建期间发生的，计入开办费；在投入使用后发生的，计入营业外支出。

（2）分包工程。

分包工程是指制造业企业通过招标方式将工程发包给建造承包商。在建工程反映了制造业企业与建造承包商之间的工程进度情况，制造业企业按工程进度及合同要求结算进度款及尾款要通过“在建工程”科目核算，等工程达到预定可使用状态，将“在建工程”科目转到“固定资产”科目。制造业企业自行建造的固定资产多采用分包方式进行。会计分录如下：

分包工程结算进度款：

借：在建工程

　贷：银行存款

分包工程结算尾款：

借：在建工程

贷：银行存款

工程达到预定可使用状态时：

借：固定资产

贷：在建工程

(3) 其他固定资产增加方式的处理。

1）投资者投入固定资产的会计处理。

企业成立时，投资者常常会以固定资产作为出资额，公司运营期，投资者也可能以固定资产来增加注册资本，总之投资者投入的固定资产，按投资各方确认的价值：

借：固定资产

贷：实收资本（或“股本”）

2）融资租入固定资产的会计处理。

制造业企业以融资方式租入的机器设备，在租赁期内，应视企业自有固定资产进行管理。在“固定资产”科目下设置“融资租入固定资产”明细科目。企业应在租赁开始时，按租赁资产的原账面价值与最低租赁付款额的现值两者中较低者，作为融资租入固定资产的入账价值。具体会计处理如下；

租入融资租赁固定资产时：

借：固定资产——融资租入固定资产

贷：长期应付款——应付融资租赁款（未确认融资费用）

合同期满，将机器设备的所有权转归企业：

借：固定资产——生产经营用固定资产

贷：固定资产——融资租入固定资产

3）接受捐赠固定资产的会计处理。

制造业企业接受捐赠的固定资产，按捐赠者提供的发票、报关单等有关凭证入账。如果接受的是没有明确的价目账单，应按照同类资产当前的市场价格包括增值税税额入账。接受固定资产时发生的各项费用应计入固定资产原值。会计处理如下：

借：固定资产

贷：递延所得税负债

资本公积

4）盘盈的固定资产的处理。

盘盈的固定资产，按同类或类似固定资产的市场价格减去按该项资产的新旧程度的价值损耗后的余额，作为入账价值。根据《企业会计准则第 4 号——固定资产》的有关规定，固定资产盘盈应作为前期差错记入“以前年度损益调整”科目。

具体会计处理如下：

企业在盘盈固定资产时：

借：固定资产

贷：累计折旧

以前年度损益调整：

借：固定资产

　　贷：以前年度损益调整

计算应补缴的所得税费：

借：以前年度损益调整

　　贷：应交税费——应交所得税

计提盈余公积：

借：以前年度损益调整

　　贷：盈余公积

调整利润分配：

借：以前年度损益调整

　　贷：利润分配——未分配利润

（二）制造业企业固定资产折旧的核算

制造业企业固定资产折旧是指固定资产在使用过程中由于损耗转移到产品中去的那部分价值。对固定资产折旧的计算可在月初进行，以简化核算手续，均衡核算工作。以月初计提折旧的固定资产原价为依据，来计算该月应计提的折旧费用。这样对月份内增加的固定资产就不提折旧，月份内减少的固定资产照提折旧。

固定资产折旧的核算是通过“累计折旧”科目反映的，按月提取时，按固定资产的使用部门分别借记“制造费用”“管理费用”等科目，贷记“累计折旧”科目。

1. 固定资产折旧应考虑的因素

对制造业企业固定资产计提折旧应考虑的因素包括以下三个方面：

（1）固定资产原值。固定资产金额原值的大小是影响折旧额的重要因素。

（2）固定资产折旧额的大小取决于可以使用的年限。固定资产的可使用年限，通常设备生产单位出厂时都有说明。但是由于使用单位的特点不同，使用年限也要随之改变。

（3）残值收入。固定资产残值是指固定资产不能继续使用，报废清理是剩下的残料或零部件等的残余价值。

2. 固定资产折旧最低年限

《中华人民共和国企业所得税法实施条例》第六十条规定：除国务院财政、税务主管部门另有规定外，固定资产计提折旧的最低年限如下：

（1）房屋、建筑物为二十年。

（2）飞机、火车、轮船、机器、机械和其他生产设备为十年。

（3）与生产经营活动有关的器具、工具、家具等为五年。

（4）飞机、火车、轮船以外的运输工具为四年。

（5）电子设备为三年。

3. 固定资产折旧费的归集

折旧费的归集是通过编制各车间、部门“折旧计算明细表”而汇总编制全厂的“折旧计算汇总表”进行的。

各车间、部门“折旧计算明细表”应根据月初计提折旧固定资产的有关资料和确定的折旧计算方法编制。根据规定：月份内开始使用的固定资产，当月不计提折旧，从下月起计提折旧；月份内减少或者停用的固定资产，当月仍计提折旧，从下月起停止计提折旧。

除已经提足折旧仍继续使用的固定资产和按规定单独计价作为固定资产入账的土地不计提折旧外，其余所有固定资产均需要计提折旧。

4. 固定资产折旧费的分配

对于按规定计提的折旧费，应根据固定资产的使用地点和用途进行分配，分别列入不同的科目中。对于生产车间计提的折旧，应记入“制造费用”科目中；行政管理部门计提的折旧费，应记入“管理费用”科目中；租出固定资产计提的折旧费，应列入“其他业务支出”科目中；销售部门应计提的折旧费，应列入“销售费用”科目。根据上述原则，基本会计分录如下：

借：制造费用——基本生产车间
　　　　　　——辅助生产车间
　　管理费用
　　销售费用
　贷：累计折旧

5. 化工企业固定资产的折旧方法

固定资产折旧的方法包括直线法、双倍余额递减法、年数总和法、工作量法等。固定资产的折旧方法一经确定，不得随意变更。

（1）直线法。

直线法又称平均年限法，是最简单并且常用的一种方法。此法是以固定资产的原价减去预计净残值除以预计使用年限，求得每年的折旧费用。在各使用年限中，固定资产转移到产品成本中的价值均是相等的，折旧的累计额呈直线上升的趋势。这种方法具有易懂和易操作的优点。

直线法计提折旧的计算公式如下：

固定资产年折旧额=[固定资产原价－（预计残值收入－预计清理费用）]/固定资产预计使用年限

固定资产月折旧额=固定资产年折旧额/12

（2）双倍余额递减法。

我国会计准则规定，企业可以根据实际情况及其与固定资产有关的经济利益预期实现方式，合理选择折旧方法。在固定资产比重较高的如化工、汽车等行业，机器设备原值一般都在几千万元乃至上亿元，不同折旧方法的选择有明显的杠杆作用，折旧率的少许变动会引起折旧费的较大变动。我国化工类企业行业的特性是固定资产规模较大且存在相当量的闲置资产，传统采用的平均年限法和工作量法不能真实地与企业经济效益密切联系，制约着化工类企业的长远发展。所以从石油化工类企业的特点出发，化工企业应采用固定资产加速折旧法为佳。

《中华人民共和国企业所得税法》第三十二条规定，企业的固定资产由于技术进步等原因，确需加速折旧的，可以缩短折旧年限或者采取加速折旧的方法。加速折旧法，是一种使用前期提取折旧较多，固定资产成本在使用年限内尽早得到价值补偿的折旧方法。《中华人民共和国企业所得税法实施条例》第九十八条进一步明确，采取加速折旧方法的，可以采取双倍余额递减法或者年数总和法。

双倍余额递减法是在不考虑固定资产残值的情况下，用直线法折旧率的两倍作为固定的折旧率乘以逐年递减的固定资产期初净值，得出各年应提折旧额的方法。双倍余额递减法是加速折旧法的一种，是假设固定资产的服务潜力在前期消耗较大，在后期消耗较少，为此，在使用前期多提折旧，后期少提折旧，从而相对加速折旧。

双倍余额递减法的特点：不考虑残值；同一折旧年度内（存在跨财务年度/会计年度），月折旧金额相同；到期前最后两年（24 个月），需要将折旧方法改为直线法，以剩余净值扣减残值后，平均在 24 个月进行折旧摊销。

双倍余额递减法的计算公式如下：

年折旧率＝2/预计的折旧年限×100％

年折旧额＝固定资产期初账面净值×年折旧率

月折旧率＝年折旧率/12

月折旧额＝固定资产期初账面净值×月折旧率

固定资产期初账面净值＝固定资产原值－累计折旧－固定资产减值准备

实行双倍余额递减法计提的固定资产，应当在固定资产折旧年限到期以前两年内，将固定资产账面净值扣除预计净残值后的余额平均摊销。

（3）年数总和法。

年数总和法又称折旧年限积数法、年数比率法、级数递减法或年限合计法，是将固定资产的原值减去预计净残值后的净额乘以一个逐年递减的分数计算每年的折旧额。

其折旧的计算公式如下：

年折旧率＝(折旧年限－已使用年数)/[折旧年限×(折旧年限＋1)÷2]×100％

年折旧额＝(固定资产原值－预计残值)×年折旧率

月折旧率＝年折旧率/12

月折旧额＝(固定资产原值－预计净残值)×月折旧率

（4）工作量法。

工作量法是根据实际工作量计提折旧的一种方法。这种方法弥补了年限平均法只重使用时间不考虑使用强度的缺点，其基本计算公式为：

每单位工作量折旧额＝固定资产原值×(1－净残值率)/预计总工作量

某项固定资产月折旧额＝该项固定资产当月工作量×每单位工作量折旧额

（三）固定资产减少的会计处理

1. 出售、报废、毁损的固定资产的处理

制造业企业因出售、报废和毁损等原因减少的固定资产，应按固定资产净值，借记“固定资产清理”科目，按已提折旧，借记“累计折旧”科目，按固定资产原值，贷记“固定资产”科目。清理过程中发生的费用，记入“银行存款”等科目；收回出售固定资产的价款、残料价值和变价收入等，记入“原材料”“银行存款”等科目。固定资产清理

后的净收益，出售时记入“资产处置损益”科目，毁损报废时记入“营业外收入”科目。清理后的净损失，如果是由于自然灾害等非正常原因造成的，记入“营业外支出”（非正常损失部分）科目；由于正常原因造成的，出售时记入“资产处置损益”科目，毁损报废时记入“营业外支出”（处理固定资产净损失部分）科目。

财政部、国家税务总局《关于全国实施增值税转型改革若干问题的通知》（财税〔2008〕170号）第四条规定，自2009年1月1日起，纳税人销售自己使用过的固定资产，应区分不同情形征收增值税：一是12月31日之前，未纳入扩大增值税抵扣范围试点的纳税人，销售自己使用过的2008年12月31日以前购进或者自制的固定资产，按照4%的征收率减半征税。二是2008年12月31日以前，已纳入扩大增值税抵扣试点以前购进或者自制的固定资产，按照4%的征收率减半征收增值税；销售自己使用过的在本地区扩大增值税抵扣范围试点以后购进或者自制的固定资产，按照适用税率征收增值税。

2. 出租固定资产的处理

企业按规定出租给外单位使用的固定资产，应从明细账科目“不需用固定资产”明细分类科目转入“租出固定资产”明细分类科目。租入固定资产的企业，应在辅助记录上登记，累计折旧不做反映，会计分录如下：

出租加工设备时：

借：固定资产——租出固定资产

　贷：固定资产——不需用的固定资产

取得月租金收入时：

借：银行存款

　贷：其他业务收入——固定资产出租收入

　　　应交税费——应交增值税（销项税额）

按月计提折旧：

借：其他业务成本——出租固定资产折旧

　贷：累计折旧

3. 固定资产盘亏的处理

为了保证固定资产核算的真实性，保护固定资产的安全完整，企业应定期或不定期地对固定资产进行盘点清查，有的企业规定一个月盘点一次、半年盘点一次，有的是一年盘点一次。在编制年度财务报表以前，应进行一次全面清查，盘点实物，进行账实核对。发现盘盈、盘亏的固定资产，均应查明原因，编制固定资产盘盈、盘亏报告表，作为清查核算的依据。

在财产清查中，如果发现固定资产盘亏，属于管理不善所致，应吸取教训加强管理。清查中发现盘亏，在未经批准之前，应先登记在“待处理财产损溢”科目和“待处理固定资产损溢”明细科目的借方进行核算，待批准后再从该科目的贷方转入“营业外支出”的借方，作减少本期盈利处理。

(四)燃料及动力的归集与分配

燃料及动力指直接用于产品生产的外购和自制的燃料和动力，包括用水、用电、用油和用气。每月水电费应明确划分生产用水用电、生活用水用电和办公用水用电，不同用途应争取分表。生产工艺过程直接耗用的燃料及动力费用，应直接计入“燃料及动力”成本项目；车间办公耗用如照明用电等费用，应当计入“制造费用”的有关项目。用于分配计入产品成本的燃料及动力费用应依据来自每月机器设备所用水表、电表、油表和气表的实际抄表数计算。为准确核算该费用，应按每月抄表后的费用预提。燃料及动力按照机器工时乘以表系数进行分配。

对于能分产品领用的材料、人工费用，直接记入产品成本的“直接材料”“直接人工”等项目。

对于不能分产品领用的材料、人工费用，分配记入各相关成本的“直接材料”“直接人工”等项目。

对于不能分产品领用的材料，如生产中为几种产品共同耗用的材料，需要采用适当的分配方法，分配计入各相关产品成本的“直接材料”成本项目。

分配时的通用公式：

$$\text{材料、燃料、动力费用分配率}=\text{材料、燃料、动力实际消耗总额}\Big/\text{分配标准（重量、耗用的原材料、生产工时等）}$$

$$\text{某种产品应负担的材料、燃料、动力费用}=\text{该产品的重量、耗用的原材料、工时等}\times\text{分配率}$$

直接材料费用在不同产品间的分配核算，通常采用按产品的材料定额消耗量比例法或定额费用比例法进行分配。计算方法如下：

1. 定额消耗量比例法

定额消耗量比例法是指以定额耗用量作为分配标准的一种费用分配方法。

按材料定额消耗量比例分配材料费用的计算公式：

某种产品材料定额消耗量＝该种产品实际产量×单位产品材料消耗定额

分配率＝材料实际总消耗量/各种产品材料定额消耗量之和

$$\text{某种产品应分配的材料费用}=\text{该种产品的材料定额消耗量}\times\text{材料消耗量分配率}\times\text{材料单价}$$

2. 定额费用比例分配法

定额费用比例分配法是指以定额费用作为分配标准的一种费用分配方法。

在各种产品共同耗用原材料种类较多的情况下，为进一步简化分配计算工作，也可以按照各种材料的定额费用比例分配实际材料费用，公式如下：

$$\begin{aligned}\text{某种产品某种材料定额费用}&=\text{该种产品实际产量}\times\text{单位产品该种材料费用定额}\\&=\text{该种产品实际产量}\times\text{单位产品该种材料消耗定额}\times\text{该种材料计划单价}\end{aligned}$$

材料费用分配率＝各种材料实际费用总额/某种产品各种材料定额费用之和

某种产品应分配的材料费用＝该种产品各种材料定额费用之和×材料费用分配率

炼化生产使用的外购燃料按照实际成本进行核算，本装置自产自用的燃料按照固定价格或其他合理方式进行核算，其他装置耗用的自用燃料按照实际成本核算，采用加权平均等方法进行结转。

任务二 生产过程的会计处理

一、直接人工费用的归集与分配

直接人工费用指除生产管理人员外的生产人员工资、奖金、福利费和社保费用。化工企业应建立健全生产作业工时记录，以生产工时作为分配直接人工的标准。为准确计算产品成本，直接人工应按月预提，保持费用月份和产量月份时间口径的一致。直接人工根据计时工资和计件工资的不同，能直接计入产品成本的计件工资直接计入相关产品成本（如调色工非底薪部分的调色计件工资），其余无法直接计入的人工费用按照生产工时进行分摊。

企业的工资核算主要通过“应付职工薪酬”账户进行。按照规定，凡直接从事产品生产的生产工人工资费用，应直接记入“生产成本”的直接人工项目。实行计件工资的企业，计件工资应按照规定直接计入有关的成本计算对象中。如果企业生产多种产品，生产工人工资则应采用适当方法在各产品之间分配。工资费用的分配标准一般有按实际工时比例分配和按定额工时比例分配等，其计算公式如下：

某产品应负担的工资费用＝该产品的实际（或定额）工时×工资费用分配率

工资费用分配率＝生产工人工资总额/各产品的实际工时（或定额）之和

基本生产车间管理人员的工资，应记入“制造费用”账户；辅助生产车间人员的工资，应记入“生产成本——辅助生产成本”账户；企业行政管理部门人员的工资，应记入“管理费用”账户。在实际工作中，人工费用通过编制“工资费用分配汇总表”进行分配，并据以进行账务处理。

企业实际发生的各项直接人工费用，分录如下：

借：生产成本——基本生产成本
　　生产成本——辅助生产成本
　　制造费用
　　管理费用
　　销售费用
　贷：应付职工薪酬

二、辅助生产费用的归集与分配

化工产品的成本核算主要是生产成本的归集和分配，主要包括直接材料、直接人工、直接燃料、动力等直接费用的归集和分配。

(一) 辅助生产费用的归集

企业的辅助生产主要是为基本生产服务的。有的辅助生产只生产一种产品或提供一种劳务，如供电、供气、运输等；有的辅助生产则生产多种产品或提供多种劳务，如工具、模型、备件的制造以及机器设备的修理等。辅助生产提供的生产或劳务有时也对外销售，但这不是辅助生产的主要目的。

辅助生产费用的归集和分配是通过“生产成本——辅助生产成本”科目进行的。该科目应按车间和产品品种设置明细账，进行明细核算。核算时，对于辅助生产发生的直接材料、直接人工费，应分别根据“材料费用分配表”“工资及福利费用分配汇总表”和有关凭证，记入该科目及其明细账的借方；对于辅助生产发生的间接费用，应记入“制造费用”科目的借方进行归集，然后再从该科目的贷方直接转入或分配转入“生产成本——辅助生产成本”科目及其明细账的借方。辅助生产车间完工的产品或劳务成本，应从“生产成本——辅助生产成本”科目及其明细账的贷方转出。“生产成本——辅助生产成本”科目的借方余额表示辅助生产的在产品成本。

(二) 辅助生产费用的分配

对于归集在“生产成本——辅助生产成本”科目及其明细账借方的辅助生产费用，由于所生产的产品和提供的劳务不同，其所发生的费用分配转出的程序方法也不一样。

制造工具、模型、备件等产品所发生的费用，应计入完工工具、模型、备件等产品的成本。完工时，作为自制工具或材料入库，从“生产成本——辅助生产成本”科目及其明细账的贷方转入“低值易耗品”或“原材料”科目的借方；领用时，按其用途和使用部门，一次或分期摊入成本。

提供水、电、气和运输、修理等劳务所发生的辅助生产成本，多按受益单位耗用的劳务数量在各单位之间进行分配。分配时，借记“制造费用”或“管理费用”等科目，贷记“生产成本——辅助生产成本”科目及其他明细。

在结算辅助生产成本明细账之前，还应将各辅助车间的制造费用分配转入各辅助生产成本账，归集辅助生产成本。

辅助生产提供的产品和劳务，主要是为基本生产车间和管理部门使用和服务的，但在某些辅助生产车间之间，也有相互提供产品和劳务的情况。例如，锅炉车间为供电车间供气取暖，供电车间也为锅炉车间提供电力，这样一来，为了计算供气成本，就要确定供电成本；为了计算供电成本，又要确定供气成本。这里就存在一个辅助生产费用在各辅助车间交互分配的问题。

辅助生产费用的分配通常采用直接分配法、一次交互分配法和计划成本分配法等。

1. 直接分配法

采用直接分配法时，不考虑辅助生产内部相互提供的劳务量，即不经过辅助生产费用的交互分配，直接将各辅助生产车间发生的费用分配给辅助生产以外的各个收益单位或产品。分配公式计算如下：

辅助生产的单位成本＝辅助生产费用总额/辅助生产的产品或劳务总量（不包括对辅助生产各车间提供的产品或劳务量）

各受益车间、产品或各部门应分配的费用＝辅助生产的单位成本×该车间、产品或部门的耗用量

2. 一次交互分配法

有些企业为了基本生产服务，设有几个辅助车间，而这些辅助生产车间之间，也往往有交互产品和劳务，如机修车间为供电车间修理设备，供电车间也为机修车间提供电力。这样，为了计算修理成本，就要转入供电成本；为了计算供电成本，就要转入修理成本。因此，为了正确计算辅助生产产品和劳务的成本，并将辅助生产费用正确计入基本生产的产品成本，在分配辅助生产费用时，就要在各种辅助生产车间内部进行一次费用的交互分配。

一次交互分配法简称交互分配法，它是将辅助生产车间的费用分两步进行分配。

第一步，根据各辅助车间相互提供产品或劳务的数量和交互分配前的单位成本，在辅助生产部门之间进行一次交互分配。

第二步，将各辅助生产车间交互分配后的费用（即交互分配前的费用，加上交互分配转入的费用，减去交互分配转出的费用）再按提供产品或劳务的数量在辅助生产以外各受益单位之间进行分配。

3. 计划成本分配法

计划成本分配法是指在分配辅助生产费用时，按辅助生产车间提供的产品或劳务的计划单位成本和各受益单位的实际耗用量计算各受益单位应负担的辅助生产费用的一种辅助生产费用分配方法。根据辅助生产车间提供的产品、劳务数量及其计划单位成本，计算为各车间、部门提供服务的产品和劳务数量应分配的费用。对辅助生产车间发生的实际成本与按计划成本计算的分配额之间的差额，为了简化核算，可不再按受益比例进行分摊，而直接增加或冲减制造费用或管理费用。

计划成本分配法的特点：辅助生产为各受益单位提供的劳务，都是按劳务的计划成本进行分配的，辅助生产车间实际发生的费用（包括辅助生产内部交互转入的费用）与按计划单位成本分配转出的费用之间的差额采用简化计算方法全部记入“管理费用”。

这种方法便于考核和分析各受益单位的成本，有利于分清各单位的经济责任。但成本分配不够准确，适用于辅助生产劳务计划单位成本比较准确的企业。

计划成本分配法的计算公式：

受益单位应负担的（产品）劳务成本＝耗用（产品）劳务的数量×该（产品）劳务计划单位成本

某辅助生产车间成本差异＝该辅助生产车间实际总成本－该辅助生产车间计划总成本

辅助生产车间分配给某受益单位辅助生产费用＝该受益单位耗用辅助生产车间产品或劳务的数量×计划单位成本

辅助生产车间实际成本＝该辅助生产车间归集入账的费用＋该辅助生产车间耗用其他辅助生产车间产品或劳务数量×其他辅助生产车间计划单位成本

$$辅助生产车间计划成本=\frac{该辅助生产车间提供}{产品或劳务总数}\times\frac{该辅助生产车间的}{计划单位成本}$$

辅助生产车间成本差异=辅助生产车间实际成本－辅助生产车间计划成本

采用这种方法，应以企业、车间辅助生产费用实际成本比较稳定，计划成本比较准确为前提条件，否则就会影响分配结果的准确性。

三、制造费用的归集与分配

制造费用指生产车间为管理和组织本车间生产所发生的各项费用。主要包括生产车间管理人员的职工薪酬、差旅费、租赁费、水电费、劳动保护费、固定资产折旧费、无形资产摊销费、污水费用、季节性和停车检修期间的停工损失、检测费等。制造费用发生时按照发生的项目在“制造费用”科目归集，月末全额转入“生产成本——制造费用”，按一定的合理比例分配计入各产品成本。

（一）制造费用的归集

根据管理需要，“制造费用”科目应按照支付凭证或成本分配表来归集，可以按生产车间开设明细账，账内按照费用项目开设专栏进行明细核算。它们的核算内容包括以下 19 项：

（1）车间管理人员工资。车间管理人员工资是指生产车间管理人员、辅助后勤人员等非一线直接从事生产的人员工资；一线直接生产人员非生产旗舰店工资也计入本项目。非一线生产员工提供直接生产时，其相应的工资应从本项目转入生产成本中的直接工资项目。

（2）交通费。交通费是指企业为车间职工上下班而支付的交通车辆费用，主要指汽油费、养路费等。

（3）劳动保护费。劳动保护费指按照规定标准和范围给车间职工的劳动保护用品，如防暑降温、保健饮食品的费用和劳动保护宣传费用。

（4）折旧费。折旧费是指车间所使用的固定资产按规定计提的折旧费用。

（5）修理费。修理费是指生产车间所用固定资产的修理费用，包括大修理费用支出。

（6）租赁费。租赁费是指车间使用的从外部租入的各种固定资产和用具等按规定列支的租金。

（7）物料消耗。物料消耗是指车间管理部门耗用的一般消耗材料，不包括固定资产修理和劳务保护用材料。

（8）低值易耗品摊销。低值易耗品摊销是指车间所使用的低值易耗品的摊销。

（9）生产用工具费。生产用工具费是指车间生产耗用的生产用工具费。

（10）试验检验费。试验检验费是指车间发生的对材料、半成品、成品和仪器仪表灯试验、检验费。

（11）季节性修理期间的停工损失。季节性修理期间的停工损失是指因生产的季节性需要而必须停工，生产车间停工期间所发生的各项费用。

（12）取暖费。取暖费是指车间管理部门所支付的取暖费，包括取暖用燃料、蒸汽、热水和炉具等支出。

(13) 水电费。水电费是指车间管理部门由于消耗水、电和照明用材料等而支付的非直接生产费用。

(14) 办公费。办公费是指车间生产管理部门的通信费用，以及文具、印刷和办公用品等办公费用；政府部门的宣传经费，包括学习资料、照相洗印费以及按规定开支的报刊订阅费等。

(15) 差旅费。差旅费是指按照规定报销生产车间职工因公外出的各种差旅费、住宿费和通勤费；市内交通费和午餐补贴；按规定给职工及其家属的调转、搬家费；按规定支付给患职业病的职工去外地就医的交通费、住宿费和伙食补贴等。

(16) 运输费。运输费是指生产应负担的场内运输部门和厂外运输机构所提供的运输费用，包括其办公用车辆的养路费、管理费、耗用燃料及其他材料等费用。

(17) 保险费。保险费是指应由车间负担的财产保险费用。

(18) 技术组织措施费。技术组织措施费是指因生产工艺布局调整等原因发生的费用。

(19) 其他制造费用。其他制造费用是指除了上述所列，零星发生的其他由车间负担的费用。如果有因季节性生产和大修理期间而停工发生的损失，可另设“季节性、修理期间的停工损失”项目。

(二) 制造费用的分配

制造费用的分配方法有以下四种。

1. 生产工人工时比例法

生产工人工时比例法简称生产工时比例法，是按照各种产品所耗用生产工人工时的比例而进行分配制造费用的一种方法。生产工时一般是指实际工时，也可以用定额工时计算。

$$制造费用分配率=制造费用总额÷各种产品实际生产工时总数或定额工时总数$$

$$该种产品应分配的制造费用=\frac{该种产品的实际生产工时}{总数或定额工时总数}\times制造费用分配率$$

2. 生产工人工资比例法

生产工人工资比例法是按照计入各种产品生产成本的生产工人实际工资的比例而分配制造费用的一种方法。

$$制造费用分配率=制造费用总额÷各种产品生产工人工资总额$$

$$某种产品分配的制造费用=该种产品的生产工人工资\times制造费用分配率$$

3. 机器工时比例法

机器工时比例法是按照各种产品生产所用机器设备运转时间的比例分配制造费用的方法。这种方法适用于产品生产的机械化程度较高的车间。因为在这种车间的制造费用中，与机器设备使用有关的费用比重比较大，而这一部分费用与机器设备运转的时间有着密切的联系。采用这种方法，必须具备各种产品所用机器工时的原始记录。

由于制造费用包括各种性质和用途的费用，为了提高分配结果的合理性，在增加核算工作量不多的情况下，也可以将制造费用加以分类。例如分为与机器设备使用有关的费用和由于管理、组织生产而发生的费用两类，分别采用适当的分配方法进行分配。前者可按机器工时比例分配，后者可按生产工时比例分配。

采用机器工时分配法分配制造费用的程序如下：

(1) 分别按生产单位归集本期发生的制造费用。

(2) 确定各生产单位耗用机器工时的总量。

(3) 根据各生产单位归集的制造费用和耗用的机器工时总量，分别计算出各生产单位的制造费用分配率。

(4) 根据各产品耗用的机器工时和制造费用分配率计算出各产品应负担的制造费用数额。

计算公式如下：

$$\text{某生产单位制造费用分配率}=\text{该生产单位本期归集的制造费用总额}\Big/\text{该生产单位本期耗用的机器总工时}$$

$$\text{某产品应负担的制造费用}=\text{该种产品耗用的机器工时}\times\text{该生产单位制造费用分配率}$$

4. 年度计划分配率分配法

年度计划分配率分配法是指分配制造费用时不论各月实际发生的制造费用为多少，均按各种产品实际产量的定额工时和年度计划分配率，计算各种产品应分配的制造费用的一种方法。其计算公式如下：

$$\text{制造费用年度计划分配率}=\text{年度制造费用计划总额}\Big/\text{年度各种产品计划产量的定额工时之和}$$

$$\text{某种产品应分配的制造费用}=\text{该月该种产品实际产量的定额工时数}\times\text{制造费用年度计划分配率}$$

按照年度计划分配率分配制造费用时，年度内各月实际发生的制造费用与按计划分配率计算分配的制造费用会出现一定的差额，即“制造费用”账户月末可能有余额。年终时，应将差额调整计入 12 月份的产品成本。调整时，如果制造费用实际发生额大于计划分配额，用蓝字补记；如果实际发生额小于计划分配额，则用红字冲减。

按计划分配率分配制造费用，手续简便，特别适用于季节性生产的企业或车间，但要求企业或车间具有较高的计划管理水平。否则，计划分配额与实际发生数差异过大，就会影响分配结果的准确性，最终导致产品成本的数据不实。

采用计划分配率法分配制造费用的程序如下：首先，根据企业正常生产经营条件下的各生产单位制造费用的年度预算和年度计划产量的定额直接人工工时计算确定计划分配率；其次，根据各月的实际产量的标准直接人工工时和计划分配率分配当月制造费用；最后，采用适当的方法调整按计划分配率计算分配的制造费用和实际发生的制造费用的差额。

（三）制造费用的主要账务处理

(1) 生产车间发生的机物料消耗：

借：制造费用

　贷：原材料等科目

(2) 发生的生产车间管理人员的工资等职工薪酬：

借：制造费用

　贷：应付职工薪酬

(3) 生产车间计提的固定资产折旧：

借：制造费用

　贷：累计折旧

(4) 生产车间支付的办公费、修理费、水电费等：

借：制造费用

　贷：银行存款/库存现金等科目

(5) 发生季节性的停工损失：

借：制造费用

　贷：原材料/应付职工薪酬/银行存款等科目

(6) 将制造费用分配计入有关的成本核算对象：

借：生产成本——基本生产成本

　　生产成本——辅助生产成本

　　劳务成本

　贷：制造费用

(7) 季节性生产企业制造费用全年实际发生数与分配数的差额，除其中属于为下一年开工生产做准备的可留待下一年分配外，其余部分实际发生额大于分配额的差额。

借：生产成本——基本生产成本

　贷：制造费用

实际发生额小于分配额的差额，做相反的会计分录。

四、生产费用在完工产品和在产品之间的归集与分配

通过各项费用的归集和分配，制造业企业基本车间在生产过程中发生的各项费用，已经集中反映在“生产成本——基本生产成本”等科目及明细账的借方，这些费用都是本月发生的产品费用，并不是本月完工产成品成本。要计算出本月产成品成本，还要将本月发生的产品费用，加上月初在产品成本，然后再将其在本月完工产品和月末在产品之间进行划分，以求得本月产成品成本。

本月完工产品和在产品之间的关系可以用下列公式表达：

本月完工产品成本＝本月发生成本＋月初在产品成本－月末在产品成本

凡是属于直接费用应直接计入产品成本；属于间接费用经归集与分配后，分配计入产品成本。在生产一种品种的企业，应计入产品成本的全部费用，都是直接费用，应直接计入产品成本。在生产多品种的企业，应计入产品成本要素，有的是为某种产品所耗用，有的是为几种产品共同耗用。这就要根据实际情况，按上述费用要素分配的一般原则区别对待。对于能确定为某种产品所耗用的直接费用直接计入，为几种产品共同耗用的间接费用，要采用一定的方法分配计入。

生产费用在完工产品与在产品之间分配的方法包括以下几种：

（一）不计算在产品成本法

不计算在产品成本法，是指虽然月末有结存的在产品，但月末在产品数量很少，价值很低，并且各月份在产品数量比较稳定，从而可对月末在产品成本忽略不计的一种分配方法。

为简化产品成本计算工作，根据重要性原则，可以不计算月末在产品成本，本月生产费用全部视为完工产品成本，将本月各产品发生的生产消耗全部由完工产品负担。

（二）在产品按年初数固定计算法

按年初数固定计算在产品成本法，是对各月在产品按年初在产品成本计价的一种方法。这种方法适用于各月月末在产品结存数量较少，或者虽然在产品结存数量较多，单个月月末在产品数量稳定、起伏不大的产品。

采用在产品按年初数固定计算的方法，对于每年年末在产品，则需要根据实际盘存资料，采用其他方法计算在产品成本，以免在产品以固定不变的成本计价延续时间太长，使在产品成本与实际出入过大而影响产品成本计算的正确性和导致存货资产反映失实。

（三）在产品按原材料费用计价法

在产品按原材料费用计价，就是月末在产品只计算所耗用的原材料费用，不计算工资及福利费等加工费用，产品的加工费用全部由完工产品负担。

$$\text{完工产品成本}=\begin{matrix}\text{期初在产品的}\\\text{原材料费用}\end{matrix}+\text{本期生产费用}-\begin{matrix}\text{期末在产品所}\\\text{耗用的原材料费用}\end{matrix}$$

这种方法适用于各月在产品数量多，各月在产品数量变化较大，且原材料费用在产品成本中所占比重较大的产品。

（四）约当产量比例法

约当产量比例法属于按完工产品与月末在产品之间某一分配标准的比例同时计算完工产品成本和月末在产品成本的一种方法。它是将月末结存在产品的数量按其完工程度折算为相当于完工产品的数量，即约当产量，然后按照完工产品产量（也就是完工程度为100%的约当产量）与月末在产品约当产量的比例划分完工产品与月末在产品成本的一种方法。本月完工产品产量加上月末在产品约当产量，称为约当总产量，简称为约当产量。

约当产量比例划分完工产品成本与月末在产品成本时，由于在产品在生产加工过程中，加工程度和投料情况的不同，必须分别成本项目计算在产品的约当产量。

（1）直接材料费用项目约当产量的确定，取决于产品生产过程中的投料情况。

1）如果材料是在生产开始时一次投入的，在这种情况下，每件完工产品与每件月末在产品所耗用的直接材料费用成本是一样（即相等）的，因此，不论在产品完工程度如何，其直接材料费用可按完工产品和在产品的数量平均分配。

2）如果原材料在生产过程中是陆续投入的，则需分别按其投料所在工序的加工程度计算约当产量。

（2）在产品加工费用取决于加工程度，不同加工程度的在产品所应承担的费用也是不相同的。因此，完工产品与月末在产品的各项加工费用，一般都不能按它们的数量比例直接分配，而是要按约当产量（折合量）比例进行计算分配。

计算公式如下：

月末在产品约当产量＝月末在产品结存数量×在产品完工百分比（或投料程度）

$$费用分配率=(期初在产品成本+本期生产费用)/\left(\begin{matrix}完工产品\\产量\end{matrix}+\begin{matrix}期末在产品\\约当量\end{matrix}\right)$$

月末在产品成本＝在产品约当产量×费用分配率

测定在产品完工程度的方法：

一种是平均计算，即一律按50%作为各工序在产品的完工程度。这是在各工序在产品数量和单位产品在各工序的加工量都相差不多的情况下，后面各工序在产品多加工的程度可以抵补前面各工序少加工的程度。

另一种是各工序分别测定完工率。为了提高成本计算的正确性，加速成本的计算工作，可以按照各工序的累计工时定额占完工产品工时定额的比率计算，事前确定各工序在产品的完工率。计算公式如下：

$$\begin{matrix}某工序在\\产品完工率\end{matrix}=\left(\begin{matrix}前面各工序\\工时定额之和\end{matrix}+\begin{matrix}本工序\\工时定额\end{matrix}\times 50\%\right)/产品工时定额$$

式中，本工序工时定额之所以乘以50%，是因为该工序中各种在产品的完工程度不同，为简化完工率的测算工作，在本工序一律按平均完工率的50%计算。在产品在上一道工序转入下一道工序时，因为上一道工序已完工，所以前面各工序的工时按100%计算。

（五）在产品按完工产品计算法

在产品按完工产品计算法是将在产品视同完工产品计算，分配生产费用。这种分配方法适用于月末在产品已接近完工，或产品已经加工完毕但尚未验收或包装入库的产品。这是因为在这种情况下，在产品已接近完工产品成本，为了简化产品成本计算工作，可将在产品视同完工产品，按两者数量比例分配生产费用。

（六）在产品按定额成本计价法

定额成本计价法是企业为了及时地反映和监督生产费用和产品成本脱离定额的差异，加强定额管理和成本控制而采用的一种成本计算方法。在前面所讲的成本计算方法中，生产费用的日常核算，都是按照生产费用的实际发生额进行的，产品的成本也都是按照实际生产费用计算的实际成本。这样，生产费用和产品成本脱离定额的差异及其发生的原因，只有在月末时通过实际资料与定额资料的对比、分析，才能得到反映，而不能在费用发生的当时反映出来，因而不能很好地加强成本控制。定额成本计价法正是针对以上方法的不足所采用的一种成本计算辅助方法。

采用定额成本计价法一般应具备以下两个条件：

（1）企业的定额管理制度比较健全，定额管理工作基础较好。

（2）产品已经定型，各项消耗都已制定了较为准确、稳定的数量定额和费用定额。大量大批生产的产品，特别是机械制造、耐用家电、建筑材料等生产企业以及一些标准件加工企业比较容易具备这些条件，因此这些企业最适合采用定额法计算其产品成本。

定额成本计价法的特点：

（1）事前制定产品的消耗定额、费用定额和定额成本作为降低成本的目标。

（2）在生产费用发生的当时将符合定额的费用和发生的差异分别核算，加强对成本差异的日常核算、分析和控制。

（3）月末在定额成本的基础上加减各种成本差异，计算产品的实际成本，为成本的定期分析和考核提供数据。

在产品定额成本的计算公式为：

在产品直接材料定额成本＝在产品数量×材料消耗定额×材料计划单价

在产品直接人工定额成本＝在产品数量×工时定额×计划小时工资率

在产品制造费用定额成本＝在产品数量×工时定额×计划小时费用率

（七）定额比例法

定额比例法是指企业分别成本项目，按照完工产品与月末在产品定额耗用量或定额费用的比例分配成本费用的一种方法。

定额比例法是产品的生产费用按照完工产品和月末在产品的定额消耗量或定额费用的比例，分配计算完工产品成本和月末在产品成本的方法。其中，原材料费用按照原材料定额消耗量或原材料定额费用比例分配；职工薪酬费、制造费用等各项加工费，可以按定额工时的比例分配，也可以按定额费用的比例分配。

这种分配方法适用于定额管理基础较好，各项消耗定额或费用定额比较准确、稳定，各月末在产品数量变动较大的产品。

定额比例法的计算公式如下：

消耗量分配率＝(月初在产品实际消耗量＋本月实际消耗量)/(完工产品定额消耗量＋月末在产品定额消耗量)

完工产品实际消耗量＝完工产品定额消耗量×消耗量分配率

完工产品费用＝完工产品实际消耗量×原材料单价(或单位工时的工资、费用)

月末在产品实际消耗量＝月末在产品定额消耗量×消耗量分配率

月末在产品费用＝月末在产品实际消耗量×原材料单价(或单位工时的工资、费用)

定额比例法的应用：

用定额比例法分配产品费用，区别计算完工产品成本和月末在产品成本。

以定额资料为标准，将应由产品负担的费用按照完工产品与月末在产品定额消耗量或定额成本的比例进行划分。它适用于各项消耗定额比较健全、稳定，定额管理基础比较好的，各月末在产品数量变动较大的产品。

采用定额比例划分完工产品成本与月末在产品成本时，实际成本的分配率，可以根据月初在产品和本月投产产品的定额资料计算，也可以根据本月完工和月末在产品的定额资料计算。不论按哪种定额为标准进行划分，都必须分别成本项目进行。直接材料成本可以按材料的定额消耗量或定额成本进行划分。直接人工和间接制造费用可以按照工时和定额消耗量（即定额工时）进行划分。

各成本项目费用分配率和分配额的计算公式如下：

（1）分配率公式：

费用分配率＝(月初在产品费用＋本月生产费用)/(月初在产品定额耗用量或定额成本＋本月投产产品定额耗用量或定额成本)

(2) 分配额公式：

$$\text{完工产品某项目实际成本}=\text{该项目费用分配率}\times\text{完工产品该项目定额消耗量或定额成本}$$

$$\text{月末在产品某项目实际成本}=\text{该项目费用分配率}\times\text{月末在产品该项目定额消耗量或定额成本}$$

定额比例法分配费用与在产品按定额成本计价的区别在于，在产品按定额成本计价，其实际成本与定额成本的差异全部由完工产品成本负担；而采用定额比例法分配的情况下，产品实际成本脱离定额成本的差异，则按完工产品和月末在产品的定额消耗量或定额成本的比例分摊。因此，按定额比例法划分完工产品与在产品的总成本，可以减少由于月初、月末在产品数量波动对完工产品成本准确性的影响。

五、联产品和副产品的核算

制造业企业特别是化工企业，在生产过程中对同一原材料进行加工，可以生产出几种主要产品。例如，原油经过提炼，可以生产出汽油、煤油和柴油等产品，这些产品成为联产品。联产品所用的原料和工艺过程相同，因而也只能归为一类，采用分类法计算成本。此外，企业可能生产出一些零星产品，例如，为协作单位生产少量的零部件，或自制少量材料和工具等。这些零星产品，虽然所用原材料和工艺过程不一定完全相近，但其品种规格多、数量少、费用比重小，为了简化核算工作，也可以将它们归为几类，采用分类法计算成本。

(一) 联产品成本的分配

联产品，是指使用同种原料，经过同一生产过程同时生产出来的两种或两种以上的主要产品。

联产品的生产特点是：副产品是伴随主要产品的生产而产生的，一般价值低、数量少。可采用可变现净值、固定价格等方法确定成本，从主产品成本中扣除。基本生产装置产出的燃料及动力，按照副产品核算。

在生产开始时，各产品尚未分离，在同一加工过程中是对联产品的联合加工。当生产过程进行到一定生产步骤，产品才会分离。在分离点以前发生的生产成本，称为联合成本。分离点，是指在联产品生产中，投入相同原料，经过同一生产过程，分离为各种联产品的时点。分离后的联产品，有的可以直接销售，有的还需要进一步加工才可供销售。

联产品成本的计算，通常分为两个阶段进行：

一是联产品分离前发生的生产成本即联合成本，可按一个成本核算对象设置一个成本明细账进行归集，然后将其总额按一定分配方法，如售价法（相对价格分配法）、实物数量法等，在各联产品之间进行分配；

二是分离后按各种产品分别设置明细账，归集其分离后所发生的加工成本。

联产品成本计算的一般程序为：

第一，将联产品作为成本核算对象，设置成本明细账。

第二，归集联产品成本，计算联合成本。

第三，计算各种产品的成本。联产品的联合成本在分离点后，可按一定分配方法，如售价法（相对销售价格分配法）、实物数量法和系数分配法等，在各联产品之间进行分配，分别确定各种产品的成本。

第四，计算联产品分离后的加工成本。联产品分离后继续加工的，按各种产品分别设置明细账，归集其分离后所发生的加工成本。

1. 售价法（销售价格分配法）

在该方法下，联合成本是按分离点上每种产品的销售价格比例进行分配的。采用这种方法，要求每种产品在分离点时的销售价格有可靠的计量。

2. 实物数量法

采用实物数量法时，联合成本是以产品的实物数量为基础分配。这里的“实物数量”可以是数量或重量。实物数量法通常适用于所生产的产品的价格很不稳定或无法直接确定。

3. 系数法

确定各品种产品成本时，对于单一产品装置采用“品种法”，对联产品采用“系数法”。“系数法”的计算方法如下：

某产品成本积数＝某产品成本系数×产品产量

某产品总成本＝某产品成本积数÷全部产品成本积数和×全部商品产品总成本

某产品单位成本＝某产品总成本÷某产品产量

联产品系数的确定，一般以产品生产工艺流程、产品结构、产品收益率和市场价值为基础，采用经济比值法、产品总成本法、产品比重法等确定。联产品系数的确定方法一经确定，不得随意改变。期末，将产成品成本分品种结转至“库存商品”科目。

（二）副产品成本的分配

副产品是指企业在生产主要产品过程中附带生产出来的一些非主要产品。副产品虽然不是企业的主要产品，但它们却有一定的价值和用途，根据市场情况平衡副产品与主要产品的生产，可以实现企业效益最大化。《企业产品成本核算制度（试行）》指出，制造业企业可以根据生产经营的实际特点和联产品、副产品的工艺要求，选择系数分配法、实物量分配法、相对销售价格分配法等合理的方法对联合生产成本进行分配。

计算公式：

副产品成本＝副产品预计收入/(副产品预计收入＋主产品收入)×主产品生产成本

副产品成本计算：

由于副产品是耗用相同的原材料，经过同一生产过程生产出来的，故可将副产品与主产品合为一类设立成本明细账，归集生产费用、计算成本，然后将副产品按一定的方法计价，从总成本中扣除（一般在总成本的“直接材料”项目中扣除），以扣除后的成本作为主产品的成本。

产品成本计算通常分为两个阶段进行：

（1）联产品分离前发生的生产费用即联合成本，可按一个成本核算对象设置一个成本明细账进行归集，然后将其总额按一定分配方法在各联产品之间进行分配。

(2) 分离后按照各种产品分别设置明细账，归集其分离后所发生的加工成本。

在分配主产品和副产品的生产成本时，通常先确定副产品的生产成本，然后确定主产品的生产成本。

确定副产品成本的方法有：不计算副产品扣除成本法；副产品成本按固定价格或计划价格计算法；副产品只负担继续加工成本法；联合成本在主副产品之间分配法；副产品作价扣除法等。

副产品作价扣除法需要从产品售价中扣除继续加工成本、销售费用、销售税金及相应的利润。

副产品扣除单价＝单位售价－(继续加工单位成本＋单位销售费用＋单位销售税金＋合理的单位利润)

如果副产品与主产品分离以后，还需要进一步加工，才能形成市场需要的产品，企业应根据副产品进一步加工生产的特点和管理要求，采用适当的方法单独计算副产品的成本。

为了简化核算工作，可以将副产品与主产品作为一类，采用分类法计算成本。

通常将副产品按一定标准作价，从分离前的联合成本中扣除。副产品在分离后，有的可作为成品直接销售，有的可以继续加工以后再销售，这样就产生了无须进一步加工的副产品计价和需要进一步加工的副产品计价问题。无须进一步加工的副产品可能价值较低，也可能价值较高，这种情况下，应按销售价格减去销售费用和销售税金的差额计价。需要进一步加工的副产品，可能价值一般，也可能是经济价值较高。对于一般价格，按销售价格减去销售费用和销售税金再减去分离后加工成本之差计价。对于经济价值相对较高的副产品，按销售价格减去销售费用、销售税金以及分离后的加工成本后再减去按固定销售利润率计算的销售利润之差计价。

1) 生产成本：领用原材料、半成品时。

借：生产成本——基本生产成本、辅助生产成本等科目

　贷：原材料

其中，直接为生产产品投入的原材料、人工等计入基本生产成本；向辅助生产车间投入的原材料、人工等计入辅助生产成本。

2) 制造费用：生产车间发生的机物料消耗、固定资产修理费、车间管理人员工资薪金、车间固定资产折旧费、车间办公费、水电费、季节性停工损失等。

借：制造费用

　贷：原材料、应付职工薪酬、银行存款等科目

月末，将制造费用分配计入有关的成本核算对象。

借：生产成本——基本生产成本、辅助生产成本等科目

　贷：制造费用

3) 辅助生产成本：月末，需将辅助生产成本按照一定的分配标准分配给各受益对象。

借：生产成本——基本生产成本、销售费用、管理费用、其他业务成本、在建工程等

　贷：生产成本——辅助生产成本

4）完工入库：月末，生产完成并已验收入库的产成品及自制半成品。

借：库存商品、原材料等科目

　贷：生产成本——基本生产成本

5）销售商品：会计处理同商业企业。

借：银行存款、应收账款等科目

　贷：主营业务收入

　　应交税金——应交增值税（销项税额）

6）销售成本：销售成本是指当期销售商品所对应的购进货物采购价款及价外费用。由于购销的不平衡以及前期存货的影响，当期购进货物的价款及价外费用往往不能直接作为当期的销售成本。

借：主营业务成本

　贷：库存商品

7）产品试制费用：试制产品属研发范畴，发生的费用支出应记入“研发支出”科目。会计凭相关原材料领用单、生产成本分配单等。

借：研发支出

　贷：银行存款、生产成本等

月末，应将研发支出中试制费用部分转入“管理费用”科目。

借：管理费用

　贷：研发支出

8）停工损失：企业发生季节性和修理期间的停工损失。

借：制造费用

　贷：原材料、应付职工薪酬、银行存款等科目。

制造业涉及的主要税费：增值税、消费税等税种。

六、生产损失的处理

（一）停工损失的处理

企业发生停工的原因多种多样，如停电、待料、机械故障、机器设备修理、发生非常灾害以及计划压缩产量等，都可能引起停工。企业在停工期间所发生的计划内停工损失应由开工生产的产品负担，计入产品生产成本；计划外的停工损失，计入当期损益，即管理费用或营业外支出。

由于非常灾害造成的停工损失和由于计划压缩产量而使主要生产车间连续停产一个月以上或整个企业连续停产十天以上所造成的停工损失，按制度规定由营业外支出列支。

停工计算损失的时间和空间界限，一般由企业主管部门规定，因而一定时间和一定范围内的停工不计算损失，只有超过一定时间和范围的停工才计算损失。

停工损失主要包括在停工期间所支付的生产工人工资，按工资额计提的职工福利费，以及应负担的制造费用等。停工可分为计划内停工和计划外停工损失，计划内停工是计划规定停工、计划外停工是各种事故意外造成的，因而将这种停工损失的费用列入制造费用。

对停工损失的归集，是在“基本生产”账户下设置“停工损失明细账”来进行核算的。企业发生停工时，应填列“停工报告单”，在报告单上写明停工的原因、时间和过失单位或个人等事项。经财会部门审核后的“停工报告单”作为登记“停工损失明细账”借方各项费用的依据。通过登账，停工损失都归集起来了。但由于企业发生停工的时间有长有短，停工的原因多种多样，因此，对其发生的停工损失，应根据不同情况进行分配处理。

（1）由非常灾害造成的停工损失和因计划压缩产量而使主要生产车间连续停产一个月以上的停工损失。

借：营业外支出

　贷：基本生产——停工损失

（2）对计划压缩产量而使主要生产车间连续停产不满一个月，而下个月准备连续停工的，其停工损失本月可以不予结转，留到下月根据实际情况进行结转。

1）上月和本月累计仍然不满规定期限的全部停工损失：

借：基本生产——××产品

　贷：基本生产——停工损失

2）上月和本月累计已超过规定期限的全部停工损失：

借：营业外支出

　贷：基本生产——停工损失

应由当月产品负担的停工损失，应全部计入当月生产成本，并按一定的分配方法和分配标准分配记入各种产品成本中的“停工损失”项目。

注意：属于季节性停工的，在停工期间内发生的费用，不作为停工损失进行核算，而在“制造费用”账户进行核算。

（二）废品损失的处理

废品损失是指在生产过程中发生的和入库后发现的不可修复废品的生产成本，以及可修复废品的修复费用，扣除回收的废品残料价值和应收赔款以后的损失。经质量检验部门鉴定不需要返修、可以降价出售的不合格品，以及产品入库后由于保管不善等原因而损坏变质的产品和实行“三包”的企业在产品出售后发现的废品均不包括在废品损失内。为单独核算废品损失，应增设“废品损失”科目，在成本项目中增设“废品损失”项目。废品损失也可不单独核算，相应费用等体现在“生产成本”“原材料”等科目中。辅助生产一般不单独核算废品损失。

具体来说，企业在生产过程中所产生的废品应单独设立“废品损失”科目来核算。

废品损失的种类包括不可修复的废品损失和可修复的废品损失两种，具体处理如下所述。

1. 不可修复废品的处理

不可修复废品，只能当作废料处理。因此，其原来的生产成本应从各项目中一一转出，转入该产品的“废品损失”项目。如果有残余废料可以回收的，其回收价值应从“废品损失”项目转入“废料”。

由于不可修复废品的生产成本应从合格品成本中分离出来。因此，存在着合格产品和不可修复废品之间的费用分配。

不可修复废品的损失，也可按照定额费用从各成本项目转入“废品损失”项目。

产品成本中的“废品损失”，全部应由该月的完工产品成本负担，月末在产品成本不负担“废品损失”。

不可修复废品损失的账务处理：

借：废品损失——不可修复废品损失

　贷：生产成本——基本生产成本

2. 可修复废品的处理

可修复废品，修复后仍当作合格品入库待售。因此，对其原来的生产成本仍应留在该产品的各成本项目中，不需要转入“废品损失”项目；只需将原来的修复费用记入“废品损失”项目。

可修复废品有可能发生修复费用，其账务处理为：

借：生产成本——基本生产成本——某产品（废品损失）

　贷：原材料

根据实耗工时或定额工时比率，分配修复时的人工费用、职工福利费和制造费用，做会计分录：

借：生产成本——基本生产成本——某产品

　贷：应付职工薪酬

　　制造费用

七、专项储备的处理

化工企业成本会计除了要核算生产化工产品所需的料工费以外，还要注意计提安全生产费用。危险品生产企业以本年度实际销售收入为计提依据，采取超额累退方式按照以下标准逐月提取：

（1）全年实际销售收入在1 000万元及以下的，按照4%提取。

（2）全年实际销售收入在1 000万元至10 000万元（含）的部分，按照2%提取。

（3）全年实际销售收入在10 000万元至100 000万元（含）的部分，按照0.5%提取。

（4）全年实际销售收入在100 000万元以上的部分，按照0.2%提取。

《企业会计准则解释第3号》要求，企业依照国家有关规定提取的安全生产费用以及具有类似性质的各项费用，应当在所有者权益中的“盈余公积”项下，以“专项储备”项目单独反映，即借记“利润分配——提取专项储备”，贷记“盈余公积——专项储备”。不同于旧规中要求安全生产费用在提取时直接计入负债，即借记“制造费用——提取安全生产费用”，贷记“长期应付款——应付安全生产费用”。

《企业会计准则解释第3号》要求安全生产费用从利润分配中提取，主要是想通过这样的形式来核算安全生产费用总额和使用额的数量，并不会对损益造成实质性影响。而旧规中在计提时就计入费用，主要采取先计提后支出的形式，煤炭公司等高危行业有可能大量计提安全生产费用，但实际支出却远小于计提额。《企业会计准则解释第3号》能够使这些企业的报表业绩与实际业绩更吻合，也降低了其利用安全生产费用调节利润的空间。在安全生产费用使用方面，主要有两点需要会计人员关注：

一是新规定要求企业按照安全生产费用实际使用的金额在所有者权益内部进行结转，结转金额以“盈余公积——专项储备”科目余额冲减至零为限。这不同于旧规中在相关费用实际发生时直接冲减“长期应付款”的处理方法。

二是安全生产费用使用形成固定资产时，新规定要求企业应当按正常购建的固定资产计提折旧，计入有关成本费用；在形成费用性支出时，计入当期损益。而旧规中在安全生产费用使用形成固定资产时，一次性全额计提折旧，在资产以后使用期间不再计提，并且在形成费用性支出时，也并不计入损益科目。

具体处理变化见如下分录：

形成固定资产时（新规）：

借：固定资产

　贷：银行存款

借：制造费用

　贷：累计折旧（注：按相关规定逐年计提折旧）

借：盈余公积——专项储备

　贷：利润分配——提取专项储备（注：按实际使用金额进行结转）

依据新会计准则，企业依照国家有关规定提取的安全生产费用以及具有类似性质的各项费用，应当在所有者权益中单独反映；按规定范围使用安全生产储备购建安全防护设备、设施等资产时，直接将发生金额计入相关资产成本，并按规定计提折旧；按规定范围使用安全生产储备支付安全生产检查和评价支出、安全技能培训及进行应急救援演练支出等费用性支出时，应当计入当期损益。另外，企业按上述规定使用安全生产费用时，还应当按照实际发生的金额在所有者权益内部进行结转。

需要特别注意的是，“盈余公积——专项储备”按照实际使用金额在所有者权益内部进行结转时，结转金额以科目余额冲减至零为限。

此外，执行新规定时，会计人员还要注意以下三个方面：

一是新规定并没有改变企业所得税计税基础，依据企业所得税计税方法的规定，企业计提的安全生产费用可以全额计入成本，允许税前扣除。

二是安全生产费用的计提标准并没有发生改变。

三是新规定下，倘若企业未按照实际使用金额在所有者权益内部进行结转，则应当进行追溯调整。

新准则讲解对安全生产费用的计提和使用，无论是会计处理原则还是具体操作方法，都更加科学合理。它的实施有望改变企业安全投入不足的状况，提升企业的安全生产水平；将调增企业账面利润总额，有助于提高行业业绩。

八、产品成本计算方法

产品成本计算的基本方法有三种：品种法、分步法和分批法。

目前，生产制造型企业在进行成本核算时，一般采用品种法、订单法、分步法等。例如，对于新材料化工企业，通过对聚甲醛装置和乙二酸装置生产流程的分析，采用分品种、分步骤进行成本核算，即按照产品加工的顺序，分装置逐步计算并结转半成品成本，直到最后计算出成品成本。例如，核算聚甲醛产品成本时，先计算甲醛装置中半成品甲醛的生产成本，然后结转给三聚甲醛装置。这时，甲醛装置转来的半成品成本加上三聚甲醛装置耗用的材料和加工费用，即可求得三聚甲醛的半成品成本，如此顺序逐步转移累计，直到最后一个加工步骤计算出聚甲醛产品成本。核算乙二酸产品成本时，先计算硝酸装置中半成品硝酸的生产成本，然后计算环乙醇装置中半成品环乙醇的生产成本，硝酸装置转来的半成品成本加上环乙醇装置转来的半成品成本，加上乙二酸装置耗用的材料和加工费用，即可求得乙二酸的产品成本。

（一）品种法

品种法是以产品品种为产品计算对象，归集生产费用，计算产品成本的一种方法。

产品成本计算方法中品种法是一种计算工作比较简单的方法，一般运用于大量大批的简单生产（单步骤生产）。例如发电、自来水生产、原煤原油的开采等。这类生产往往品种单一，封闭式生产，月末一般没有在产品存在。即使有在产品，数量也很少，所以一般不需要将生产费用在完工产品与在产品之间进行划分。当期发生的生产费用总和就是该种完工产品的总成本，除以产量，就可以计算出产品的单位成本。在品种法下，生产中发生的一切费用都属于直接费用，可以直接计入该种产品成本。由于品种法不存在完工产品与在产品成本划分的问题，计算方法比较简单，故称之为简单法。

1. 品种法的特点

成本计算对象：品种法以产品品种作为成本计算对象，并据以设置产品成本明细账归集生产费用和计算产品成本。如果企业生产的产品不止一种，就需要以每一种产品作为成本计算对象，分别设置产品成本明细账。

成本计算期：由于大量大批的生产是不间断的连续生产，无法按照产品的生产周期来归集生产费用，计算产品成本，因而只能定期按月计算产品成本，从而将本月的销售收入与产品生产成本配比，计算本月损益。因此，产品成本是定期按月计算的，与报告期一致，与产品生产周期不一致。

生产费用是否需要在完工产品和在产品之间进行分配：如果是大量大批的简单生产采用品种法计算产品成本，由于简单生产是一个生产步骤就完成了整个生产过程，月末（或者任何时点）一般没有在产品，因此，计算产品成本时不需要将生产费用在完工产品和在产品之间进行分配；如果是管理上不要求分步骤计算产品成本的大量大批的复杂生产采用品种法计算产品成本，由于复杂生产是需要经过多个生产步骤的生产，月末（或者任何时点）一般生产线上都会有在产品，因此，计算产品成本时就需要将生产费用在完工产品和在产品之间进行分配。可分析具体情况，生产费用在完工产品和在产品之间进行分配的各种方法，选择合适的方法进行分配。

2. 品种法的适用范围

（1）品种法主要适用于大量大批的单步骤生产企业。

（2）在大量大批的多步骤生产的企业中，如果企业规模较小，而且管理上又不要求提供各步骤的成本资料，也可以采用品种法计算产品成本。

（3）企业的辅助生产车间也可以采用品种法计算产品成本。

3. 品种法的计算程序

（1）开设成本明细账。按产品品种设置产品成本明细账或成本计算单、辅助生产成本明细账、制造费用明细账，并按成本项目或费用项目设置专栏。

（2）分配各种要素费用。

1）根据货币资金支出业务，按用途分类汇总各种付款凭证，登记各项费用，据以登记有关明细账。

借：制造费用
　　生产成本——辅助生产成本
　贷：银行存款

2）根据领退料凭证及有关分配标准，编制材料费用分配表，分配材料费用，据以登记有关明细账。

借：生产成本——基本生产成本
　　生产成本——辅助生产成本
　　制造费用
　贷：原材料

借：生产成本——基本生产成本
　　生产成本——辅助生产成本
　　制造费用
　贷：材料成本差异

3）根据电费付款凭证和实际耗用量，编制外购动力费用分配表，据以登记有关明细账。

借：生产成本——基本生产成本（辅助生产成本、制造费用）
　贷：应付账款

4）根据工资结算凭证和福利费提取标准，编制工资及福利费分配表，分配工资及福利费，据以登记有关明细账。

借：生产成本——基本生产成本
　　生产成本——辅助生产成本
　　制造费用
　贷：应付工资

借：生产成本——基本生产成本
　　生产成本——辅助生产成本
　　制造费用
　贷：应付福利费

5）根据固定资产使用情况及折旧办法，编制固定资产折旧费用分配表，分配固定资产折旧费，据以登记有关明细账。

借：制造费用

　　生产成本——辅助生产成本

　贷：累计折旧

6）根据“待摊费用明细账”和“预提费用明细账”记录，编制待摊费用和预提费用分配表，分配待摊费用和预提费用，据以登记有关明细账。

借：制造费用

　　生产成本——辅助生产成本

　贷：待摊费用

借：制造费用

　　生产成本——辅助生产成本

　贷：预提费用

7）分配辅助生产费用时，根据“辅助生产成本明细账”上归集的生产费用，编制辅助生产费用分配表，采用适当的分配方法，进行辅助生产费用分配，据以登记有关明细账。

借：制造费用

　　管理费用

　贷：生产成本——辅助生产成本

8）分配基本生产车间制造费用时，根据基本生产车间“制造费用明细账”上归集的生产费用，编制制造费用分配表，采用适当的分配方法，分配制造费用，据以登记“基本生产成本明细账”和“成本计算单”。

借：生产成本——基本生产成本

　贷：制造费用

9）计算各种产品的完工产品成本和在产品成本时，根据“基本生产成本明细账”和“成本计算单”上归集的生产费用，月末，采用适当的计算方法，计算各种产品的完工产品成本和在产品成本。如果月末没有在产品，则本月生产费用总额就全部是完工产品成本。结转产成品生产成本时，根据“基本生产成本明细账”和“成本计算单”计算的各种产品完工产品成本，编制“完工产品成本汇总表”，计算完工产品和在产品的成本和单位成本，据以结转产成品生产成本。

借：库存商品

　贷：生产成本——基本生产成本

（二）分步法

分步法是产品成本计算分步法的简称，是指按照生产过程中各个加工步骤为成本计算对象，归集生产费用，计算各步骤半成品和最后产成品成本的一种方法，适用于连续加工式生产的企业和车间，如冶金、纺织等。在这类企业中，生产的工艺过程是由一系列连续加工步骤所构成，从原材料投入生产，每经过一个加工步骤都要形成一种半成品，这些半成品是下一步骤的加工对象，直至最后一步才生产出完工产成品。

在分步法下，连续加工式的生产，生产过程较长，过程中的各个步骤可以间断，月终计算成本时，各步骤均有在产品，因此要将费用在半成品（最终步骤为产成品）和在产品之间进行分配，各步骤的半成品及其成本是连续不断地向下一步骤移动的，各步骤成本的结转采用逐步结转和平行结转两种方法。逐步结转法还可分为综合结转和分项结转，综合结转需要进行成本还原，分项结转则不必进行成本还原。平行结转法适用于不需要分步计算半成品成本的企业。在连续式复杂生产的企业中，半成品具有独立经济利益的情况下，成本计算不宜选择平行结转分步法，应采用逐步结转分步法。

分步法具有以下特点：

以各种产品生产步骤为成本计算对象，设置成本明细账。分步法成本计算对象是各个加工步骤的各种或各类产品，也就是说该种方法是以产品的生产步骤和产品品种作为成本计算对象。成本明细账按每个加工步骤的各种或各类产品设置。如果只生产一种产品，成本计算对象就是该种成品及其所经过的各个生产步骤，产品成本明细账应该按照产品的生产步骤设置。如果生产多种产品，成本计算对象则应是各种产品及其所经过的各个生产步骤。产品成本明细账应该按照各种产品的各个步骤设置。

在实际工作中，产品成本计算的分步与产品实际的生产步骤的划分并不一定完全一致，计算产品成本时，可以只对管理上有必要分步计算成本的生产步骤单独设立产品成本明细账，单独计算成本；管理上不要求单独计算成本的生产步骤，则可以与其他生产步骤合并设立产品成本明细账，合并计算成本。

计算产品成本一般是按月定期进行。在大量大批生产的企业里，原材料连续投入，产品连续不断地转移到下一生产步骤，生产过程中始终有一定数量的在产品，成本计算一般在月末进行。所以，成本计算是定期的，成本计算期与产品的生产周期不一致，但与报告期一致。

生产费用需要在完工产品与在产品之间分配。在大量、大批的多步骤生产中，由于生产过程较长，而且往往都是跨月陆续完工，因此，在月终计算成本时各步骤都有在产品，因此，要将生产费用采用适当的方法，在完工产品与在产品之间进行分配。

各步骤之间的成本需要结转。由于产品生产分步进行，上一步骤生产的半成品是下一步的加工对象。因此，为了计算各种产品的产成品成本，还需要按照产品的品种，结转各步骤成本。也就是说，与其他成本计算方法的不同之处在于，采用分步法计算产品成本时，在各个步骤之间还有个成本结转问题，这是分步法的一个重要特点。

分步法适用于连续、大量、多步骤生产的工业企业，如冶金、水泥、纺织、酿酒、砖瓦等企业。这些企业，从原材料投入到产品完工，要经过若干连续的生产步骤，除最后一个步骤生产的是成品外，其他步骤生产的都是完工程度不同的半成品。这些半成品，除少数可能出售外，都是下一步骤加工的对象。因此，应按步骤、按产品品种设置产品成本明细账，分别成本项目归集生产费用。凡能直接计入某一步骤某种产品的生产费用，都应直接记入其成本明细账；不能直接计入的，先按生产步骤归集，然后按照一定标准在该步骤各种产品之间分配记入。由于连续生产，要定期计算产品成本，同时一般在各个生产步骤都有在产品，因此要按月将各步骤、各产品所归集的生产费用在完工产品（半成品或成品）和在产品之间按约当产量、定额耗用量等标准进行划分，然后计算出产成品成本。如各步骤按产品类别归集生产费用，还须进一步按规定的系数、定额成本等标准，按各类成本在同类中各种产品间分配，计算各种产品成本。

1. 平行结转分步法

平行结转分步法指半成品成本并不随半成品实物的转移而结转，而是在哪一步骤发生就留在该步骤的成本明细账内，直到最后加工成产成品，才将其成本从各步骤的成本明细账转出的方法。平行结转分步法适用于不需要分步计算半成品成本的企业。平行结转分步法对上一步骤的半成品成本不进行结转，只计算每一步骤中应由最终完工产品成本负担的那部分份额，然后平行相加即可求得最终完工产品的成本。

平行结转分步法也称为不计算半成品成本法，主要用在大量大批多步骤生产，如机械制造业半成品的种类较多、管理上不要求提供半成品成本资料的情况下采用。该方法对连续加工方式和平等加工方式都适用，尤其适用于平行装配加工方式生产的产品成本计算，如眼镜、家用电器、机床、制鞋和轮胎等制造业生产，也可以用于连续加工方式生产的产品成本计算。其特点如下：

各步骤完工半成品成本不需要在步骤之间进行结转，因此不需要计算“转出完工半成品成本”。

各步骤的成本计算单中，只登记本步骤发生的生产费用。期末在产品成本应为广义在产品成本，也就是正在加工中的在产品成本（狭义生产费用）和尚未最后加工成成品的半成品成本，包括存放在仓库的半成品、存放在以后各步骤的半成品和在后面各步骤的费用和用于尚未最后加工成成品部分的费用（广义在产品费用）。

在步骤中，月末在产品仅是加工中的在产品（狭义）数量，而成本却是广义在产品费用，两者不一致，这就是平行结转分步法最大的特点。

2. 逐步结转分步法

在连续式复杂生产的企业中，半成品具有独立经济利益的情况下，成本计算不宜选择平行结转分步法，应采用逐步结转分步法。

在市场经济条件下，降低生产成本是企业竞争的重要手段。化工企业主要的成本点是生产装置，在特大型化工企业中，有些企业是相同的几套生产装置生产同一系列的产品，这些大企业多开展装置成本核算方法，而大多数化工企业一般是某一系列的化工产品只有一套生产装置，并有许多辅助生产装置。

因为化工生产是高度连续性生产，并且生产中的半成品可能要对外销售，产品成本核算普遍采用逐步结转分步法，加上生产均衡稳定，很多化工企业期末不核算在产品成本，或按固定成本计价。

逐步结转分步法也称顺序结转分步法，它是按照产品连续加工的先后顺序，根据生产步骤所汇集的成本、费用和产量记录，计量自制半成品成本，自制半成品成本随着半成品在各加工步骤之间移动而顺序结转的一种方法。

逐步结转分步法的成本计算对象是各种产品及各个生产步骤中的半成品的成本。其计算成本的程序是：首先，计算出第一步骤的半成品成本；其次，如果半成品不经过半成品库收发而直接转入下一个生产车间，则将转入的半成品成本与第二生产步骤发生的生产费用相加，即可计算出第二生产步骤的半成品成本，再结转给下一个生产步骤，依此类推，直到在最后步骤计算出产成品成本。

逐步结转分步法成本计算的具体程序如下：

第一，设置产品成本计算单。逐步结转分步法下产品成本计算对象是每种产品及其所经过的生产步骤的半成品成本。因此，应按每种产品及其所经过的生产步骤设置“产品成本计算单”，“产品成本计算单”按规定的成本项目设置专栏。该方法下，最后步骤生产出来的是产成品，其余各步骤均为半成品。

第二，归集生产费用。逐步结转分步法下生产费用的归集是按产品和生产步骤进行的。当发生费用时，能直接确认为某种产成品或每步骤半成品的成本，应直接计入；不能直接计入的，则采用适当的方法分配计入。

第三，计算在产品成本。期末时，应将归集在各步骤成本单上的生产费用合计，采用适当的方法，在完工半成品和在产品之间进行分配。

第四，计算半成品成本。当在产品成本计算出来之后，对于除最后步骤外的其余各步骤来说，将生产费用合计扣除在产品的成本，其余额就是完工半成品的成本。半成品实物可一次全部转入下一步骤，也可通过半成品库收发。随着半成品实物的转移，其成本也从本步骤成本明细账上转出，转入下一步骤成本计算单中。

第五，计算产成品成本。在逐步结转分步法下，产成品成本是在最后步骤计算出来的。因此，将最后步骤成本计算单上的生产费用扣除期末在产品的成本，其余额就是完工产品成本。

在实际工作中，半成品实物有的在步骤间直接转移，有的通过半成品仓库收发。前者的半成品成本可以随实物的直接转移而在上下步骤的成本计算单中直接转移。后者通过仓库收发，则应通过“自制半成品”科目核算，入库时按照半成品的实际成本作借记“自制半成品”科目，贷记“生产成本——其他生产成本”科目的会计分录；在下一步骤领用时，应按半成品发出的计价方法，计算领用半成品的实际成本后，借记“生产成本——基本生产成本”科目，贷记“自制半成品”科目。

（三）分批法

分批法是按照产品批别归集生产费用、计算产品成本的一种方法。在小批、单件生产的企业中，企业的生产活动基本上是根据订货单位的订单签发工作号来组织生产的，按产品批别计算产品成本，往往与按订单计算产品成本相一致，因此分批法也叫订单法。

1. 分批法的适用范围

分批法适用于单件、小批生产类型的企业，主要包括：

（1）单件、小批生产的重型机械、船舶、精密工具、仪器等制造企业。

（2）不断更新产品种类的时装等制造企业。

（3）新产品的试制、机器设备的修理作业以及辅助生产的工具、器具、模具的制造企业。

2. 成本计算对象

分批法的成本计算对象是产品的批别。在单件、小批生产类型的企业中，生产多是根据购货单位的订单组织的，但严格说来，按批别组织生产，并不一定就是按订单组织生产，还要结合企业自身的生产负荷能力，来合理组织安排产品生产的批量与批次。

（1）如果一张订单中要求生产多种产品，为了便于考核分析各种产品的成本计划执行情况，加强生产管理，就要将该订单按照产品的品种划分成几个批别组织生产。

（2）如果一张订单中只要求生产一种产品，但数量极大，超过企业的生产负荷能力，或者购货单位要求分批交货的，也可将该订单分为几个批别组织生产。

（3）如果一张订单中只要求生产一种产品，但该产品属于价值高、生产周期长的大型复杂产品（如万吨轮），也可将该订单按产品的零部件分为几个批别组织生产。

（4）如果在同一时期接到的几张订单要求生产的都是同一种产品，为了更经济合理地组织生产，也可将这几张订单合为一批组织生产。

➤ 3. 以产品的生产周期作为成本计算期

采用分批法计算产品成本的企业，虽然各批产品的成本计算单仍按月归集生产费用，但是只有在该批产品全部完工时才能计算其实际成本。由于各批产品的生产复杂程度不同，质量、数量要求也不同，生产周期就各不相同。有的批次当月投产，当月完工；有的批次要经过数月甚至数年才能完工。可见完工产品的成本计算因各批次的生产周期而异，是不定期的。所以，分批法的成本计算期与产品的生产周期一致，与会计报告期不一致。

在单件或小批生产中，购货单位要求一次交货的情况下，每批产品要求同时完工。这样该批产品完工前的成本明细账上所归集的生产费用，即为在产品成本；完工后的成本明细账上所归集的生产费用，即为完工产品成本。在通常情况下，生产费用不需要在完工产品和在产品之间分配。

但是如果产品批量较大、购货单位要求分次交货时，就会出现批内产品跨月陆续完工的情况，这时应采用适当的方法将生产费用在完工产品和月末在产品之间分配。采用的分配方法视批内产品跨月陆续完工的数量占批量的比重大小多少而定。

九、作业成本法

作业成本法（Activity Based Costing，简称 ABC）是一种单独核算每种产品间接成本的方法。它主张按产品消耗公司资源的实际情况计算产品成本，以真实的反映产品的实际成本。作业成本法能使那些理解和使用它的公司获得竞争优势。

作业成本法，指以作业为中心，根据作业对资源耗费的情况将资源的成本分配到作业中，然后根据产品和服务所耗用的作业量最终将成本分配到产品与服务中的成本计算方法。

现代企业观认为，企业存在由一系列作业组成的作业链，每完成一项作业都要消耗一定的资源，产品成本实际上就是生产产品或提供劳务的全部作业所消耗资源费用的总和。根据作业消耗资源、产品消耗作业的成本指导思想，作业成本法将成本计算的作业点放在作业上，以作业作为核算和管理的对象，相对于传统的成本计算方法而言，无疑是一场重大的变革。

作业成本法有别于传统成本法，其涉及的概念主要有：资源（Resources）、作业（Activity）、作业中心（Activity Central）、成本对象（Cost Objects）、资源动因（Resources Driver）、

作业动因（Activity Driver）、作业成本池（Activity Cost Pool）和成本要素（Cost Element）等。其内在关系如图2-1所示。

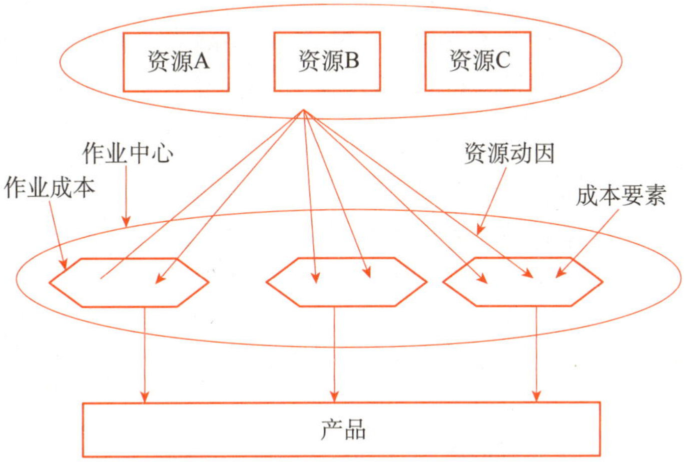

图2-1 作业成本法基本概念示意图

（一）化工企业实施作业成本法的必要性

化工企业是国民经济的支柱产业，已经由过去的劳动密集型转变成了资金密集型行业。在我国的化工企业中普遍存在传统成本法核算存在的问题以及企业内部价值链难以优化组合的企业成本管理问题。这些问题的解决，需要有详细、准确的成本信息做支持，需要企业进行作业分析、流程再造，而作业成本法的实施可以解决这些问题。

第一，作业成本法有广阔的应用前景。按照 Willie Sutton 标准，作业成本法适用于间接和辅助资源耗费大的领域。而现代技术的快速发展使得化工间接费用在总成本中占越来越大的比重，采用科学的方法对间接费用进行分配十分必要。作业成本法在分配间接费用准确性方面及参与管理方面的优势使得这一方法受到越来越多的管理者的重视。采用作业成本法进行成本计算工作量加大了，但只要衡量由此带来的成本支出与改进决策所带来的收益孰轻孰重，只要后者大于前者，转换成本核算的方法是值得的。

第二，作业成本法能够提供更准确的成本信息。企业成本法将各项作业与成本动因紧密地联系起来，准确揭示了各项作业成本在各种产品之间的分配状况。在作业成本法下，对每项服务费用细分为相应的资源成本库，每个成本库的耗费都对应一个与发生耗费密切相关的成本动因。每项耗费的成本动因及分配比例都不尽相同。由此可见作业成本法是立足于实际情况而进行的分配，比传统的成本核算方法简单的估算要可靠得多。

第三，通过作业成本法核算的成本信息能够为做出正确的决策提供可靠的依据。通过使用作业成本法核算成本所提供的信息能有效地进行日常经营管理，即帮助“做正确的事”和“正确地做事”。

第四，作业成本法对企业内部管理具有深远意义。实施作业成本法的深刻意义还在于，在作业中心的基础上建立责任中心，能够更有效地实现责任会计目标。作业成本核算的核心集中在了生产对资源一步步消耗的各个具体环节中，控制成本的形成和积累，一方面将管理者的注意力移向资源消耗的原因上，有利于更好地执行责任会计制度，改善内部管理；另一方面便于分析作业活动、资源消耗的有效性，有利于优化作业链、价值链，从而优化企业内部的资源配置，发挥企业内部各部门之间、各工艺和生产环节之间的协同作用，实现“一加一大于二”的规模效益目标。

总之，由于传统成本核算法存在许多问题，已经影响了化工企业的生产经营决策，而作业成本法又能解决传统成本法带来的问题，所以化工企业应用作业成本法是非常必要的。

（二）作业成本法在化工企业应用的可行性

1. 化工企业实施作业成本法的外部环境

在我国，化工企业已经具备了实施作业成本法的条件：

（1）我国已经有一大批专家和学者做了大量探索作业成本法理论的工作，有了深厚的理论基础，这对建立具有中国特色、适合中国国情的作业成本法系统奠定了坚实的理论基础。

（2）许多企业基于成本管理的需要，呼应责任会计系统，创立了各种形式的经济责任考核办法，责任考核观念深入人心。作业成本法按作业划定责任，能满足会计实务的需要。

（3）生产组织程序日益现代化。化工企业引进或创立了全自动化的作业，大部分推行企业资源计划（ERP）。这为采用适时制（JIT）生产方式和弹性制造统（FMS）、实施全面质量管理（TQC）、进一步采用作业成本计算法提供了现实的基础。

（4）电算化技术广泛应用于成本管理和会计核算，使得企业可以处理更丰富、更精细的成本核算资料，也能提供更多的生产参数，用于作业成本计算的需要。

2. 化工企业实施作业成本法的内部条件

作业成本法并不适用于所有的企业，要针对各个企业的具体情况，在采用作业成本法系统之前对各个企业进行评价。

（1）制造费用是否是总成本中相当重要的因素，是否增长很快？

（2）传统的制造费用分配方式是否已不再适用？

（3）企业生产模式是否已经采用现代化的生产作业手段和制造环境？

（4）企业是否有必要提高对产品成本信息准确度的要求？

（5）企业是否生产一种以上的产品或提供一种以上的服务？

（6）顾客的需求层次和产品之间是否存在差异（各种产品消耗的直接人工或产品标准不同）。

如果企业对以上问题的回答都是肯定的，那么企业已经具备了实施作业成本法的条件。

显然，化工企业无论在外部环境的适应性方面还是在企业的自身条件方面都已经具备了实施作业成本法的条件，可以逐步采用作业成本法进行产品成本核算。在外部环境方面，化工企业已经建立了自己的责任会计系统，责任考核观念已经深入人心，并且实施了全面质量管理等先进的生产组织方法，ERP、电算化技术更是广泛应用；在企业内部条件方面，化工企业的制造费用核算以及产品和服务显然都符合作业成本法的各种要求。因此，化工企业实施作业成本法是完全可行的。

（三）作业成本法的计算步骤

作业成本法将直接材料和直接人工归集到相应产品成本中，将制造费用和部分期间费用按照资源动因分配到不同的作业中心成本库中，然后按照成本动因分配到各个产品中，作业成本核算系统框图如图 2-2 所示。

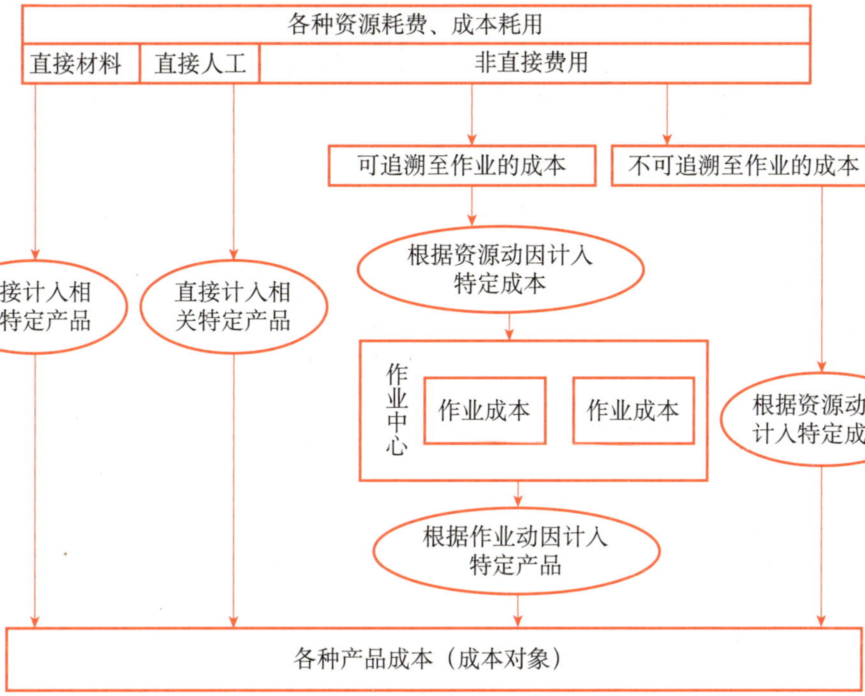

图 2-2　作业成本核算系统框图

根据作业成本法的基本原理及核算系统框图，作业成本法按如下步骤实施：

第一步，直接成本费用的归集。

直接成本包括直接材料、直接人工及其他直接费用，其计算方法与传统的成本计算方法一样。直接材料易于追溯到成本对象上，通常在生产成本中占有较大的比重，它计算的正确与否，对于产品成本的高低和成本的正确性有很大影响。为了加强控制、促进节约、保证费用归集的正确性，直接材料从数量到价格等各个方面，都必须按成本核算的原则和要求认真对待。直接人工是直接用于产品生产而发生的人工费用。

第二步，作业的鉴定。

在企业采用作业成本核算系统之前，首先要分析确定构成企业作业链的具体作业，这些作业受业务量而不是产出量的影响。作业的确定是作业成本信息系统成功运行的前提条件。作业的鉴定与划分是设计作业成本核算系统的难点与重点，作业划分得当，能确保作业成本信息系统的正确度与可操作性。实际工作中可能出现的作业类型有：起动准备、购货订单、材料采购、物料处理、设备维修、质量控制、生产计划、工程处理、动力消耗、存货移动、装运发货、管理协调等。

第三步，成本库费用的归集。

在确定了企业的作业划分之后，就需要以作业为对象，根据作业消耗资源的情况，归集各作业发生的各种费用，并把每个作业发生的费用集合分别列作一个成本库。作业成本法可以大大提高间接费用分配的准确度，但并不能完全准确地分配间接费用。

第四步，成本动因的确定

成本动因即引起成本发生的因素。为各成本库确定合适的成本动因，是作业成本法成本库费用分配的关键。在通常的情况下，一个成本库有几个成本动因，有的成本动因与成本库费用存在弱线性相关性，有的成本动因与成本库费用存在强线性相关性，这一步的关键就在于为每一成本库选择一个与成本库费用存在强线性关系的成本动因。

第五步，成本动因费率计算。

成本动因费率是指单位成本动因所引起的间接费用的数量。成本动因费率的计算用公式为：

成本动因费率＝成本库费用/成本库成本动因总量

第六步，成本库费用的分配。

计算出成本动因费率后，根据各产品消耗各成本库的成本动因数量进行成本库费用的分配，每种产品从各成本库中分配所得的费用之和，即为每种产品的费用分配额。

第七步，产品成本的计算。

生产产品的总成本即生产产品所发生的直接成本与间接费用之和：

总成本＝直接材料＋直接人工＋间接费用

任务三 销售过程的会计处理

一、销售业务内容

对制造业的销售业务的处理，应首先分析销售业务的内容，根据销售业务内容分析应设置哪些会计科目，最后利用会计科目对销售业务进行会计处理。

（一）销售业务概述

销售产品、结算货款是销售过程的主要业务。由于销售产品、结算货款，形成经济利益的流入，同时带来资产的增加或负债的减少，应确认为销售收入。

1. 销售收入确认条件

（1）企业已将商品所有权上的主要风险和报酬转移给购货方。

(2) 企业既没有保留通常与所有权相联系的继续管理权，也没有对已售出的商品实施控制。

(3) 与交易相关的经济利益能够流入企业。

(4) 相关的收入和成本能够可靠地计量。

企业销售产品时只要满足上述条件就应确认为销售收入的实现，收入实现的同时必然会带来资产的增加或负债的减少。因此进行会计核算时，收入科目的对应科目不是资产科目就是负债科目。但在权责发生制下，收入实现了，并不意味着一定要收回贷款。由于结算上的原因，货款的结算可能出现三种情况，分别为销售时直接收取货款、销售时未收到货款待以后再收取、先收取货款后提供产品。销售收入应按照企业与购货方签订的合同协议金额或双方接受的金额计量。

在销售过程中，企业为取得一定的销售收入，必然要付出相应的产品，为制造这些产品必然会发生各种耗费，为销售这些产品也会发生各种耗费。不论是生产耗费，还是销售耗费，都应由收入弥补。为了确定耗费的补偿尺度，在确认收入实现的同时，也必须确认与实现收入相关的成本费用，确认的原则是“收入与成本配比原则”。

➢ 2. 与收入实现相关的成本费用

(1) 产品销售的成本。

通常，销售成本采用直接配比方式，就是将产品的销售成本与销售收入直接配比。其具体配比公式如下：

收入＝销售数量×销售单价

成本＝销售数量×单位制造成本

(2) 产品销售费用。

产品销售费用是指为销售产品而发生的费用，如广告费、推销费和包装费等。

发生的销售费用与实现的销售收入之间没有如销售成本那样的配比关系，但销售费用一般与期间有关，因此销售费用通常采用期间配比公式，就是将本期发生的销售费用全部由当期实现的收入弥补。

(3) 产品销售税费。

按照税法规定，企业只要实现了销售，就必须依据税法的规定向购货方收取增值税的销项税额，将销项税额抵扣进项税额后的余额作为应缴纳的增值税税额。增值税作为价外税通过“应交税费——应交增值税”科目核算。此外制造业企业还应根据所缴纳的流转税计算缴纳城市维护建设税和教育费附加，构成企业的销售税金。其公式如下：

销项税额＝实现的销售收入×增值税税率

销售税金＝应缴纳的流转税×规定的税率

➢ 3. 销售业务核算科目设置

销售业务的特点及核算内容决定了企业应设置两类核算科目，一类核算收入的实现，一类核算与收入相关的成本费用。

(1) 销售收入实现的科目。

产品销售实现的收入是企业收入的主要部分，它决定了实现的收入能否弥补耗费，企业的生产经营能否在原有的规模上进行，而且收入的多少可以反映企业的经营业绩。因此，应单独设置“主营业务收入”科目，核算一定时期内实现的收入。取得收入的同时往往伴随着资产的增加和负债的减少，因此设置收入科目的同时，还应设置货款结算的科目。

“主营业务收入”科目，借方反映期末结转实现的收入，贷方反映本期实现的收入，期末无余额。“主营业务收入”科目是一个典型的收入类科目。实现的收入登记在贷方，期末将本期实现的收入全部从贷方转出。用“银行存款”“应收账款”“应收票据”“预收账款”等科目核算企业进行经营活动实现的收入。

“应收账款”科目，借方反映发生的应收购买单位的款项，贷方反映收回的应收款项，余额在借方，为应收未收的款项。

“应收票据”科目，借方反映收到的商业汇票，期末计算带息票据的利息，贷方反映票据到期款项及贴现额，余额在借方，反映商业汇票的本息。

“预收账款”科目，借方反映预收货款的产品销售实现，贷方反映预收购买单位的货款，余额在贷方。

“应收账款”“应收票据”科目属于资产性质科目，“预收账款”属于负债性质科目。“应收账款”“预收账款”科目的结构基本相同。其借方均反映销售产品的收款情况，贷方均反映销售时提供产品的情况。

（2）与收入配比的成本费用科目。

与收入配比的成本费用主要有销售成本、销售费用、销售税费等，因此应设置“主营业务成本”“销售费用”“税金及附加”等科目。通常，企业在期末为了正确地核算本期的损益，应计算本期应缴，但却要在下期缴纳的税费。计算后未缴纳时就构成与税务部门的债务，为此应设置“应交税费”科目。

“主营业务成本”科目，借方反映结转的销售产品制造成本，贷方反映期末结转销售成本，期末无余额。

“销售费用”科目，借方登记本期发生的销售费用，贷方反映期末结转的销售费用，期末结转后无余额。

“税金及附加”科目，借方结转销售产品应交税费，期末在贷方结转销售税金后，本科目无余额。

“主营业务成本”“销售费用”“税金及附加”均为费用类科目。上述科目的借方均记录本期发生的成本或费用，贷方均为期末转出的成本费用，结转后科目均没有余额。

（二）销售业务的处理

1. 销售收入实现时

如果是直接收款，应根据成交金额：

借：银行存款

　贷：主营业务收入

　　　应交税费——应交增值税（销项税额）

如果销售时未收到货款，但经济业务的发生已满足收入实现的条件，应根据双方统一的成交金额：

借：银行存款

　贷：主营业务收入

　　　应交税费——应交增值税（销项税额）

收到货款时：

借：银行存款

　贷：应收账款

如果销售时未收到货款，但收到一张商业汇票，则根据双方的成交金额：

借：应收票据

　贷：主营业务收入

　　　应交税费——应交增值税（销项税额）

如果企业采取预收货款的结算方式，收取货款时：

借：银行存款

　贷：预收账款

提供产品时作为销售的实现：

借：预收账款

　贷：主营业务收入

　　　应交税费——应交增值税（销项税额）

2. 结转销售成本时

按销售数量与单位制造成本的乘积：

借：主营业务成本

　贷：库存商品

发生销售费用时，按本期实际发生的销售费用：

借：销售费用

　贷：银行存款

期末计算应交城市维护建设及教育费附加等税时：

借：税金及附加

　贷：应交税费

二、应收票据的处理

应收票据是指制造业企业在采用商业汇票计算方式时，因销售商品、产品或提供劳务而收到的商业汇票。

商业汇票是指由收款人或付款人签发，由承兑人承兑，并于到期日向收款人或被背书人支付款项的票据，它是交易双方以商业购销业务为基础而使用的一种信用凭证。

按其承兑人的不同，可将商业汇票分为商业承兑汇票和银行承兑汇票。商业承兑汇票是指由收款人签发，经付款人承兑，或由付款人签发并承兑的票据；银行承兑汇票则是指由收款人或承兑申请人签发，并由承兑申请人向其开户银行申请，经银行审查同意承兑的票据。

商业汇票有带息票据和不带息票据两种，带息票据到期除收回票面金额款项外，还可收到规定的利息，而不带息票据到期只能收回票面金额款项。

应收票据在到期之前，企业如果急需资金还可以以支付一定的贴现利息为代价，将票据背书后向银行或其他金融机构贴现。

（一）不带息应收票据的会计处理

不带息票据的到期价值等于应收票据的面值。制造业企业应当设立“应收票据”科目核算应收票据的票面金额，收到应收票据时：

借：应收票据

　贷：应收账款、主营业务收入等科目

按应收票据到期收回的票面金额：

借：银行存款

　贷：应收票据

商业承兑汇票到期，承兑人违约拒付或无力偿还票款，收款企业应将到期票据的票面金额转入“应收账款”科目。

（二）带息应收票据的会计处理

带息应收票据到期时，应当计算票据利息。制造业企业应于中期期末和年度终了，按规定计算票据利息，并增加应收票据的票面价值，同时，冲减财务费用。其计算公式如下：

应收票据利息＝应收票据票面金额×利率×期限

式中，利率一般以年利率表示。“期限”指签发日至到期日的时间间隔（有效期）。票据的期限则用月或日表示，在实际业务中，为了计算方便，常把一年定为 360 天。票据期限按月表示时，应以到期月份中与出票日相同的那一天为到期日。票据期限按日表示时，应从出票日起按实际经历天数计算。通常出票日和到期日，只能计算其中的一天，就是“算头不算尾”或“算尾不算头”。

带息的应收票据到期收回款项时，应按收到的本息和按票面价值：

借：银行存款

　贷：应收票据

　　财务费用（注：差额）

（三）应收票据贴现

应收票据贴现是指企业持有的应收票据在到期前，如果出现资金短缺，可以持未到期的银行承兑汇票向其开户银行申请贴现，以获得资金。票据贴现的有关计算公式如下：

票据到期价值＝票面面值×(1＋年利率×票据到期天数÷360)

＝票面面值×(1＋年利率×票据到期月数÷12)

按中国人民银行《支付结算办法》的规定，实付贴现金额按到期价值扣除贴现日至汇票到期前一日的利息计算。承兑人在异地的贴现利息的计算应另加 3 天的划款期限。

企业持未到期的应收票据向银行贴现，应按实际收到的金额（即减去贴现息后的净额）：

借：银行存款

　　财务费用（注：贴现息部分）

　贷：应收票据、短期借款（注：按商业汇票的票面金额）

贴现的商业承兑汇票到期，因承兑人的银行账户余额不足支付，申请贴现的企业收到银行退回的应收票据、支款通知和拒绝付款理由书或付款人未付款通知书时，按所附本息：

借：应收账款

　贷：银行存款

如果申请贴现企业的银行存款账户余额不足，银行作逾期贷款处理时，应按转作贷款的本息：

借：应收账款

　贷：短期借款

（四）应收票据转让的处理

应收票据的转让是指持票人因偿还前借款等原因，将未到期的商业汇票背书转让给其他单位或者个人的业务活动。背书是指持票人在票据背面签字，签字人称为背书人，背书人对于票据的到期付款负有连带责任。

企业将持有的商业汇票背书转让以取得所需物资时，按应计入取得物资成本的金额：

借：材料采购、原材料、库存商品等科目

　　应交税费——应交增值税（进项税额）

　贷：应收票据

　　　银行存款（注：差额借记或贷记）

三、应收账款的处理

应收账款是指制造业企业因销售商品、产品或提供劳务等原因，应向购货客户或接受劳务的客户收取的款项，包括买价、增值税税款及代购货单位垫付的包装费、运杂费等。化工企业统一设置“应收账款”科目核算企业因销售商品、产品、提供劳务等经营活动应收取的款项，包括集团内客户和集团外客户应收账款。

（一）商业折扣和现金折扣

应收账款通常应按实际发生额计价入账，计价时还需考虑商业折扣和现金折扣等因素。

商业折扣是指企业可以从货品价目单上规定的价格中扣减一定数额，此项扣减数通常用百分数来表示，如15%、20%、25%等。扣减后的净额才是实际销售价格。商业折扣是企业最常用的促销手段。企业为了扩大销售、占领市场，往往给予批发商商业折扣，采用销量越多、价格越低的促销策略，也就是“薄利多销”。在商业折扣情况下，企业应收账款入账金额应按扣除商业折扣以后的实际售价加以确认。由于商业折扣一般在交易发生时即确定，商业折扣仅仅是确定实际销售价格的一种手段，不在买卖任何一方的账上进行反映，所以，商业折扣对应收账款金额的确认并无实质性影响。

（二）应收账款的核算

制造业企业因销售商品、产品和提供劳务等经营活动应收取的款项，应该通过“应收账款”科目核算。因销售商品、产品和提供劳务，合同或协议价款的收取采用递延方式的，实质上是具有融资性质的，在“长期应收款”科目核算，不在本科目中核算。

具体账务处理：

（1）收回应收账款：

借：银行存款

　贷：应收账款

（2）代购货单位垫付的包装费、运杂费：

借：应收账款

　贷：银行存款

（3）收回代垫费用：

借：应收账款

　贷：银行存款

（4）销售产成品：

月末，根据销售、仓库、财务三方当月销售发出产成品核对一致后，根据销售汇总报表、发货单：

借：应收账款

　贷：主营业务收入

　　　应交税费——应交增值税（销项税额）（当月开具增值税专用发票税额）

销售给关联企业的产成品账务处理同上，不允许直接按售价冲减库存。

（5）销售废桶等废弃物品：

借：现金、应收账款等

　贷：其他业务收入

　　　应交税费——应交增值税销项税额（当月开具增值税专用发票税额）

（三）应收账款坏账的处理

各化工企业务必加强应收账款的催收管理，避免发生坏账损失。对于确实不能收回的应收账款，应查明原因，上报集团公司批准后，作为坏账损失处理。各化工企业不得自行计提坏账损失。

坏账是指制造业企业无法收回或收回的可能性极小的应收账款。由于发生坏账而产生的损失，称为坏账损失。制造业企业发生的坏账，会计上有直接转销法和备抵法两种处理方法。直接转销法是指在实际发生坏账时，确认坏账损失，直接计入期间费用，并注销相应的应收账款的一种核算方法；备抵法是指按期估计坏账损失，形成坏账准备，当某一应收款项全部或部分被确定为坏账时，应根据其金额冲减坏账准备，同时转销相应的应收款项金额的一种核算方法。我国会计准则规定，企业只能采用备抵法核算坏账损失，计提坏账准备的方法和提取的比例可由制造业企业自行确定。为核算企业提取的坏账准备，制造业企业应设置“坏账准备”科目，该科目的贷方登记坏账准备的提取；借方登记坏账准备的转销；期末贷方余额反映企业已提取的坏账准备。资产负债表上应收账款的项目应按照减去已提取的坏账准备后的净额反映。

实际工作中，制造业企业一般是在年末采用余额百分比法或账龄分析法计提坏账准备。

1. 余额百分比法

余额百分比法是按照期末应收账款余额的一定百分比估计坏账损失的方法。坏账百分比由企业根据以往的资料或经验自行确定。在余额百分比法下，企业应在每个会计期末根据本期末应收账款的余额和相应的坏账率估计出期末“坏账准备”科目应有的余额，它与调整前“坏账准备”科目已有的余额的差额，就是当期应提的坏账准备金额。

采用余额百分比法计提坏账准备的计算公式如下：

首次计提坏账准备的计算公式：

当期应计提的坏账准备＝期末应收账款余额×坏账准备计提百分比

以后计提坏账准备的计算公式：

当期应计提的坏账准备＝当期按应收账款计算应计提的坏账准备金额＋(－)坏账准备科目借方余额（或贷方余额）

2. 账龄分析法

这是根据应收账款账龄的长短来估计坏账损失的方法。通常而言，应收账款的账龄越长，发生坏账的可能性越大。为此，将企业的应收账款按账龄长短进行分组，分别确定不同的计提百分比估算坏账损失，使坏账损失的计算结果更符合客观情况。

采用账龄分析法计提坏账准备的计算公式如下：

首次计提坏账准备的计算公式：

$$当期应计提的坏账准备=\sum\left(\begin{matrix}期末各账龄组应\\收账款余额\end{matrix}\times\begin{matrix}各账龄组坏账\\准备计提百分比\end{matrix}\right)$$

以后计提坏账准备的计算公式：

当期应计提的坏账准备＝当期按应收账款计算应计提的坏账准备金额＋(－)坏账准备账户借方余额（或贷方余额）

会计期末，当制造业企业按估计的坏账率提取的坏账准备大于或小于“坏账准备”账面余额的，应按照其差额不提或冲回多提的坏账准备。

具体账务处理：

计提坏账准备时：

借：资产减值损失

　贷：坏账准备

冲回多计提的坏账时：

借：坏账准备

　贷：资产减值损失

在确认发生坏账时：

借：坏账准备

　贷：应收账款

在以后期间，已确认的坏账重新收回时：

借：应收账款

　贷：坏账准备

同时：

借：银行存款

　贷：应收账款

四、预付账款的处理

（一）预付账款的会计处理

企业因购货而预付的款项：

借：预付账款

　贷：银行存款

收到所购物资时，按应计入购入物资成本的金额：

借：材料采购、原材料、库存商品

　　应交税费——应交增值税（进项税额）

　贷：预付账款

补付的款项：

借：预付账款

　贷：银行存款

退回多付的款项：

借：银行存款

　贷：预付账款

（二）预付账款要注意的问题

1. 防止利用预付账款作为“中转站”

按规定，企业的预付款项必须以有效合法的供应合同为基础，而实际工作中有的企业的预付款业务根本无对应的合同，而是利用预付款这一“中转站”往来搭桥，为他人进行非法结算，将所得回扣或佣金据为己有；或利用该项业务转移资金、隐匿收入、私设“小金库”或私分。

2. 防止利用预付账款作为“回收站”

在许多企业中，“预付账款”科目发挥着“回收站”的作用。企业销售商品，不确认收入，而是暂时存放在“预付账款”科目中，作为预付款，日后，再做相反的会计分录，视同退款。这样的后果就是企业可以偷逃收入、偷逃税金和隐匿收入。

企业进行在建工程预付的工程价款，借记“预付账款”科目，贷记“银行存款”等科目，按工程进度结算的工程价款，借记“在建工程”科目，贷记“预付账款”和“银行存款”科目。

五、其他应收款的处理

企业除应收票据、应收账款、预付账款、应收股利、长期应收款等以外的其他各种应收或暂付的款项，应通过“其他应收款”科目进行核算。

“其他应收款”科目应当按照其他应收款的项目和对方单位（或个人）进行明细核算。

（一）企业发生其他各种应收、暂付款项时

借：其他应收款

　贷：库存现金、银行存款等科目

收回或转销各种款项时：

借：库存现金、银行存款等科目

　贷：其他应收款

（二）采用售后回购方式融出资金

借：其他应收款（注：应按实际支付的金额）

　贷：银行存款

销售价格与原购买价格之间的差额，应在售后回购期间内按期计提利息费用：

借：其他应收款

　贷：财务费用

按合同约定返售商品时，应按实际收到的金额：

借：银行存款

　贷：其他应收款

本科目期末借方余额，反映企业尚未收回的其他应收款；期末如为贷方余额，反映企业尚未支付的其他应付款。

六、销售的退回处理

按照《中华人民共和国增值税暂行条例》及其《实施细则》的规定，销货企业可按如下方法进行税务处理：

（1）制造业企业在收到购买方退回的原发票联和税款抵扣联时，可直接扣减当期销项税额。

（2）制造业企业在仅收到购买方退回的税款抵扣联时，可根据按规定开具的红字专用发票扣减当期销项税额。

（3）制造业企业未能收到购买方退回的原发票联和税款抵扣联时，应在取得购买方所在地主管税务机关开具的“进货退出或索取折让证明单”后，才可根据退回货物数量、价款或折让金额向购买方开具红字专用发票，并开具扣减当期销项税额。

（一）本期退回未确认收入的已发出商品的账务处理

如果销售退回发生在企业确认收入之前，应当将已记入“发出商品”科目的商品成本转回到“库存商品”科目，按记入“发出商品”科目的金额，借记“库存商品”等科目，贷记“发出商品”科目。

具体会计分录如下：

发出商品时：

借：发出商品
　贷：库存商品
同时，根据发票注明金额：
借：应收账款
　贷：应交税费——应交增值税（销项税额）
发生退货时：
借：库存商品
　贷：发出商品
借：应交税费——应交增值税（销项税额）
　贷：应收账款

制造业企业发生销货退回后，应按照有关原始凭证，办理产品入库手续。企业在收到购买方退回的原发票联和税款抵扣联时，可直接扣减当期销项税额；如未收到，可到税务局开红字发票来扣减当期销项税额。

（二）本期退回已确认收入的商品的账务处理

当退回的是属于本年度销售的产品时，应冲减退回当月的销售收入：
借：主营业务收入
　贷：银行存款
　　应收账款
　　应付账款
　　应交税费——应交增值税（销项税额）（红字）

如果已经结转销售成本，同时应冲减同一月份的主营业务成本：
借：库存商品
　贷：主营业务成本

如果该项销售已经发生现金折扣或销售折让的，应在退回当月一并调整。企业发生销售退回时，如果按规定允许扣减当期销项税额的，应同时用红字冲减“应交税费——应交增值税”科目的“销项税额”专栏。

退货并发生质量赔付费用：
借：应收账款（红字）
　销售费用——质量赔付费
　贷：主营业务收入（红字）
　　应交税费——应交增值税销项税额（红字）
　　（注：前期已开增值税专用发票税额）
同时：
借：主营业务成本（红字）
　贷：库存商品（红字）

（三）资产负债表日后事项期间发生的销售退回

资产负债表日及之前售出的商品在资产负债表日至财务会计报告批准报出日之内发生退回的，应当作为资产负债表日后事项的调整事项处理。主要包括以下两种情况：

（1）报告年度销售的商品。在年度终了后至年度财务报告报出前退回的，应冲减报告年度的主营业务收入以及相关的成本、税金。此种销售退回属于资产负债表日后事项中的调整事项，应按照调整事项的处理原则，通过“以前年度损益调整”科目计算。

（2）报告年度以前年度销售的商品。在报告年度资产负债表日后至财务报告批准报出日之间退回的，应分两种情况进行账务处理：一种是如果金额不大，应按报告年度销售，在资产负债表日后事项期间按退回事项进行账务处理；另一种是如果金额较大，则应调整报告年度期初留存收益等。

七、化工集团内部业务及资金往来

（一）化工集团内部销售及采购业务

一般来讲，化工企业销售给集团内部客户应收取的货款通过“应收账款”（对方通过“应付账款”）核算；化工企业向集团其他企业采购应支付的货款通过“应付账款”核算；化工企业代收代付的款项（非集团调拨，如水电费等）通过“其他应收款”或“其他应付款”核算。但为了方便对账，要求与一个集团内部企业的挂账只能采用一个科目，通常选择业务往来频繁的核算科目挂账。

化工企业与集团其他企业之间代收代付款，由代收款或代付款方填制《代收挂账通知单》或《代付挂账通知单》交由对方确认后入账。对账包括销售、采购、其他等所有往来。为方便集团财务部合并集团会计报表，各化工企业需按月上报关联企业交易发生额和余额。

（二）化工集团内部资金往来

化工企业与集团其他企业之间的资金往来调拨（非正常货款结算），只对集团挂账，只跟集团单向核对。化工企业根据集团《资金划出通知单》划出款项时，不论付给哪一家关联企业，统一借记“其他应付款——集团”科目，贷记“银行存款”等。化工企业根据集团《资金划入通知单》收到款项时，不管是收到哪一家关联企业的款项，统一借记“银行存款”等科目，贷记“其他应付款——集团”科目。每笔借调和拨付的款项均由集团分别向款项划出方签发《资金划出通知单》和向款项划入方签发《资金划入通知单》，上述单据交由划出划入企业签字确认后作为双方记账的原始凭据。集团设专人负责资金往来账务核算，按月与款项往来企业核对一致并签名确认。

各化工企业必须严格区分正常货款结算及往来款核算，不能将二者混淆在一起，每月应与核对资金往来数据一致。上缴集团的管理费在“管理费用——上缴集团管理费”科目核算，上缴集团的其他款项（非集团调拨）通过“其他应付款——集团公司”科目核算。

下篇　实训技能训练

项目三

企业期初基本资料

实训目的

将自己的理论知识与实践相融合，进一步巩固、深化已经学过的理论知识，提高综合运用所学知识的能力，并且培养自己发现问题、解决问题的能力。

实训内容

企业基本情况，企业组织架构，企业财务制度和内部会计核算办法，企业上月末有关账户余额表和明细账资料，上年末有关报表资料。

实训要求

熟悉企业基本情况，了解企业经济活动类型，了解岗位分工，为整个实训工作做好准备。

一、企业基本情况

（一）企业基本信息

（1）企业名称：天津市石联化工股份有限公司

（2）经济类型：有限公司

（3）企业地址：天津市滨海新区开发区十三大街

（4）法人代表：于琳

（5）注册资金：5 000 万元

（6）经营范围：有机化工原料制造；本企业自产产品及相关技术的出口业务；本企业生产、科研所需的原辅材料、机械设备、仪器仪表、零配件及相关技术的进口业务（国家限定公司经营和国家禁止进出口的商品及技术除外）。

（7）注册时间：20××年 1 月 1 日

（8）税务机关：国家税务总局天津市滨海新区税务局第一税务所

（9）纳税人识别号：911201160115029451

（10）开户银行：中国工商银行天津响锣湾支行

（11）银行账号：0302011205146843701

（二）企业组织架构

企业组织架构如图 3－1 所示。

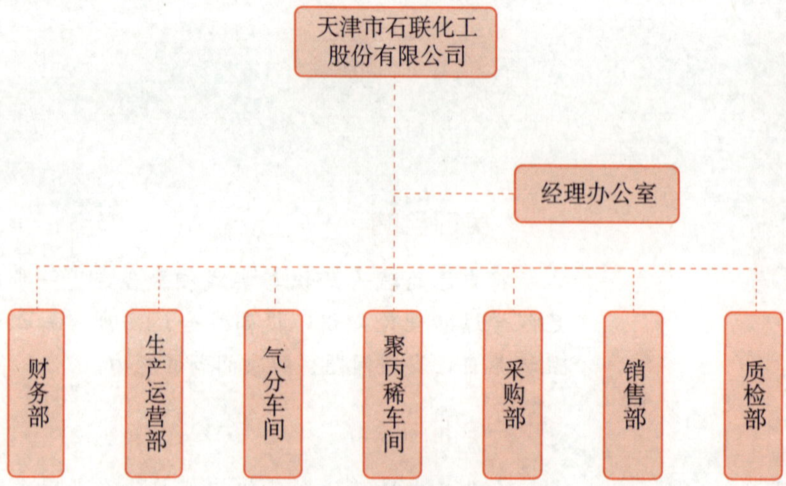

图 3－1 企业组织架构

（三）企业财务制度及内部会计核算办法

企业会计准则表如表 3－1 所示。

表 3－1 企业会计准则表

1. 会计准则	公司执行《企业会计准则》
2. 存货发出计价	存放地点采用分仓核算，采用月末一次加权平均法，年末依据商品类别按可变现净值与账面价值孰低原则调整账面价值
3. 固定资产折旧	采用平均年限法，残值率为 3%。当月增加资产，当月不提折旧；当月减少资产，当月照提折旧。采用税法规定的最低折旧年限

续表

4. 低值易耗品	定义：超过一年，单个资产价值，大于（含）200元且小于（含）2 000元。 用途：可分为家具、办公用品、工器具、劳动用品、仪器仪表、金属餐具、摆设挂饰、玻璃瓷器器皿等。 采购流程：由购置部门申请管理部门拟定采购计划经财务部审核报总经理批准进行采购。 低值易耗品核算：采用一次性摊销法摊销
5. 无形资产摊销	采用直线法，自无形资产使用之日起在有效期限内分期摊入管理费用
6. 装修支出	计入“长期待摊费用”从次月开始按三年摊销
7. 借款利息	当月计提下月扣缴

（1）财务岗位设置（财务负责人）：

王爱鸿：财务主管，负责财务科全面工作，审核记账凭证。

徐建华：会计，负责编制记账凭证、登记账簿及编制报表工作。

徐慧：出纳，负责出纳日常工作。

（2）个人所得税：居民个人的综合所得，以每一纳税年度的收入额减除费用6万元（月度5 000元）及专项扣除、专项附加扣除和依法确定的其他扣除后的余额，为应纳税所得额。综合所得，适用3%～45%的超额累进税率计算个人所得税，由公司在工资中扣除代为缴交。按照20××年的社保缴纳比例缴纳五险一金，员工的社保费和住房公积金在其工资中扣除，公司代为缴纳。与工资有关的各项经费、保险基金的计提如表3-2所示。

表3-2　五险一金缴纳比例表

险种	公司缴纳比例（%）	个人缴纳比例（%）	合计比例（%）
养老保险	16	8	24
医疗保险	10	2	12
失业保险	0.5	0.5	1
生育保险	0.5	0	0.5
工伤保险	1	0	1
住房公积金	12	12	24

本模拟着重要求学生掌握会计处理的基本方法。实务中因所处地区不同，各项工资附加费基金的计提基数与比例之间存在差异。

（四）企业涉税费

企业涉税费明细表如表3-3所示。

表3-3　企业涉税费明细表

税种	缴纳时间	基本计算公式	税率
增值税	次月15日前缴纳	销售额×13%	13%
城建税	当月计提，次月15日前缴纳	应交增值税×7%	7%
教育费附加	当月计提，次月15日前缴纳	应交增值税×3%	3%
地方教育费附加	当月计提，次月15日前缴纳	应交增值税×2%	2%

续表

税种	缴纳时间	基本计算公式	税率
防洪工程维护费	——	——	——
印花税	合同贴花，当月计提，下月15日前缴纳。	(收入额×核定比例+支出额×核定比例)×0.03%-扣除额	0.03%
个人所得税	当月计提，次月15日前缴纳	应纳税所得额×税率-速算扣除数	7档
企业所得税	3、6、9、12月计提，4、7、10、1月在15日前缴纳	应纳税所得额×25%	25%

2018年3月28日，国务院总理李克强主持召开国务院常务会议，会议决定，从2018年5月1日起，将制造业等行业增值税税率从17%降至16%，将交通运输、建筑、基础电信等行业及农产品等货物的增值税税率从11%降至10%。2019年4月1日起，国家再次将16%和10%税率分别降为13%、9%，增值税三档税率分别为13%、9%、6%。

2018年4月25日，国务院总理李克强主持召开国务院常务会议，决定再推出7项减免措施。按照中央经济工作会议和《政府工作报告》要求，从2018年5月1日起，将对纳税人设立的资金账簿按实收资本和资本公积合计金额征收的印花税减半，对按件征收的其他账簿免征印花税。

2018年1月1日，《环境保护税法》正式实施。按照规定，环保税是按季申报，这也意味着，2018年4月1日，环保税迎来首个征期。也就是说，从4月1日起，环保税正式开始缴纳。

根据《财政部关于取消调整部分政府性基金有关政策的通知》(财税〔2017〕18号)和《中共天津市委天津市人民政府关于进一步促进民营经济发展的若干意见》(津党发〔2018〕39号)，自2019年1月1日起(即所属期为2019年1月1日及以后)，停征防洪工程维护费(地方水利建设基金)。

二、企业上月末有关账户余额表

企业上月末有关账户余额表如表3-4所示。

表3-4 企业上月末有关账户余额表

科目余额表				
科目编号	科目名称	年初余额		
		方向	金额余额	数量余额
1001	库存现金	借	36 846.38	
1002	银行存款	借	20 765 347.71	
1121	应收票据	借	200 000.00	
1122	应收账款	借	3 082 800.00	
1123	预付账款	平	0.00	
1221	其他应收款	借	3 000.00	
1403	原材料	借	9 493 390.00	

续表

科目编号	科目名称	年初余额		
		方向	金额余额	数量余额
1405	库存商品	借	20 000 000.00	
1601	固定资产	借	4 596 186.00	
1602	累计折旧	贷	486 780.00	
2211	应付职工薪酬	平	35 130.00	
2221	应交税费	贷	1 491 570.28	
2241	其他应付款	贷	208 782.50	
4001	实收资本（股本）	贷	50 000 000.00	
4003	专项储备	平	0.00	
4103	本年利润	平	0.00	
4104	利润分配	贷	5 955 307.31	
5001	生产成本	平	0.00	
5101	制造费用	平	0.00	
6001	主营业务收入	平	0.00	
6401	主营业务成本	平	0.00	
6403	税金及附加	平	0.00	
6601	销售费用	平	0.00	
6602	管理费用	平	0.00	
6603	财务费用	平	0.00	

三、企业上年末有关报表资料

企业上年末资产负债表如表 3-5 所示。

表 3-5　企业上年末资产负债表

会企 01 表

编制单位：天津市石联化工股份有限公司　　20××年 12 月 31 日　　单位：元

资　产	行次	期末余额	负债和所有者权益（或股东权益）	行次	期末余额
流动资产			流动负债		
货币资金	1	20 291 620.94	短期借款	29	—
以公允价值计量且其变动计入当期损益的金融资产	2	—	以公允价值计量且其变动计入当期损益的金融负债	30	—
衍生金融资产	3	—	衍生金融负债	31	
应收票据及应收账款	4	3 282 800.00	应付票据及应付账款	32	—
预付款项	5	—	预收款项	33	—
其他应收款	6	3 000.00	应付职工薪酬	34	35 130.00
存货	7	29 493 390.00	应交税费	35	989 779.63
持有待售资产	8	—	其他应付款	36	200 000.00
一年内到期的非流动资产	9	—	持有待售负债	37	—
其他流动资产	10	—	一年内到期的非流动负债	38	—

续表

资　　产	行次	期末余额	负债和所有者权益（或股东权益）	行次	期末余额
流动资产合计	11	53 070 810.94	其他流动负债	39	—
非流动资产：			流动负债合计	40	1 224 909.63
可供出售金融资产	12	—	非流动负债：		—
持有至到期投资	13	—	长期借款	41	—
长期应收款	14	—	应付债券	42	—
长期股权投资	15	—	其中：优先股	43	—
投资性房地产	16	—	永续债	44	—
固定资产	17	4 109 406.00	长期应付款	45	—
在建工程	18	—	预计负债	46	—
生产性生物资产	19	—	递延收益	47	—
油气资产	20	—	递延所得税负债	48	—
无形资产	21	—	其他非流动负债	49	—
开发支出	22	—	非流动负债合计	50	—
商誉	23	—	负债合计	51	1 224 909.63
长摊待摊费用	24	—	所有者权益（或股东权益）：		
递延所得税资产	25	—	实收资本（或股本）	52	50 000 000.00
其他非流动资产	26	—	其他权益工具	53	—
非流动资产合计	27	4 109 406.00	其中：优先股	54	—
			永续债	55	—
			资本公积	56	—
			减：库存股	57	—
			其他综合收益	58	—
			专项储备	59	—
			盈余公积	60	—
			未分配利润	61	5 955 307.31
			所有者权益（或股东权益）合计	62	55 955 307.31
资产合计	28	57 180 216.94	负债和所有者权益（或股东权益）总计	63	57 180 216.94

项目四

第一季度经济业务的会计处理

实训目的

将理论与实践相融合，进一步巩固、深化已学理论知识，提高综合运用所学知识的能力，并且培养自己发现问题、解决问题的能力。

实训内容

常规业务处理。

实训要求

1. 了解会计岗位每月日常业务的类型。
2. 掌握日常业务的会计处理方法和流程。
3. 掌握采购业务的核算方法与业务处理。
4. 掌握直接材料、直接人工费用的归集与分配方法。
5. 掌握年度企业所得税汇算清缴业务。

任务一

一月会计业务处理

会计处理日常业务主要包括计提类、缴纳类和结转类等。

一、计提类

计提就是计算和提取。根据权责发生制原则，一般是针对具有明确的计算标准和计算方法的会计事项而言，对于在本账期中可能发生的费用，先按规定的比例与规定的基数相乘计算提取，计提金额一般比较确定，不会因人而异。

（一）计提工资

【经济业务 1】20××年 1 月 25 日，计提当月工资。

【附件】工资表如表 4 - 1 所示。

【记账凭证】会计凭证如表 4 - 2、表 4 - 3 所示。

【解析】《企业会计准则应用指南——会计科目和主要账务处理》规定，生产部门人员的职工薪酬，借记“生产成本”“制造费用”“劳务成本”等科目，贷记“应付职工薪酬”科目。应由在建工程、研发支出负担的职工薪酬，借记“在建工程”“研发支出”等科目，贷记“应付职工薪酬”科目。管理部门人员、销售人员的职工薪酬，借记“管理费用”“销售费用”科目，贷记“应付职工薪酬”科目。

（二）计提五险一金

【经济业务 2】20××年 1 月 25 日，计提本月五险一金。

【附件】公司保险和公积金计提表如表 4 - 4 所示。

【记账凭证】记账凭证如表 4 - 5 至表 4 - 7 所示。

表 4-1 20××年 01 月工资表

编制单位：天津市石联化工股份有限公司　　　　单位：元

部门	岗位工资	月度绩效	其他	应发工资	五险基数	社会统筹保险							工伤（单位）	生育（单位）	住房公积金		工会经费		6项专项附加扣除	个税	实发工资
						养老（单位）	养老（个人）	失业（单位）	失业（个人）	医疗（单位）	医疗（个人）	大额救助（个人）			单位	个人	单位	个人			
综合管理部门	16 000.00	9 000.00		25 000.00	24 400.00	3 904.00	1 952.00	122.00	122.00	2 440.00	488.00	780.00	244.00	122.00	2 928.00	2 928.00	500.00	125.00	7 000.00	7.65	18 597.35
财务部	24 000.00	12 000.00		36 000.00	35 200.00	5 632.00	2 816.00	176.00	176.00	3 520.00	704.00	1 040.00	352.00	176.00	4 224.00	4 224.00	720.00	180.00	8 000.00		26 860.00
销售部	20 000.00	15 000.00		35 000.00	34 000.00	5 440.00	2 720.00	170.00	170.00	3 400.00	680.00	1 300.00	340.00	170.00	4 080.00	4 080.00	700.00	175.00	10 000.00		25 875.00
采购部	12 000.00	6 000.00		18 000.00	17 600.00	2 816.00	1 408.00	88.00	88.00	1 760.00	352.00	520.00	176.00	88.00	2 112.00	2 112.00	360.00	90.00	4 000.00		13 430.00
质检部	16 000.00	9 000.00		25 000.00	24 400.00	3 904.00	1 952.00	122.00	122.00	2 440.00	488.00	780.00	244.00	122.00	2 928.00	2 928.00	500.00	125.00	6 000.00		18 605.00
生产运营部	27 000.00	15 000.00		42 000.00	41 000.00	6 560.00	3 280.00	205.00	205.00	4 100.00	820.00	1 300.00	410.00	205.00	4 920.00	4 920.00	840.00	210.00	10 000.00		31 265.00
气分车间——管理	14 000.00	6 000.00		20 000.00	19 600.00	3 136.00	1 568.00	98.00	98.00	1 960.00	392.00	520.00	196.00	98.00	2 352.00	2 352.00	400.00	100.00	4 000.00	29.10	14 940.90
气分车间——生产	63 000.00	54 000.00		117 000.00	113 400.00	18 144.00	9 072.00	567.00	567.00	11 340.00	2 268.00	4 680.00	1 134.00	567.00	13 608.00	13 608.00	2 340.00	585.00	36 000.00		86 220.00
聚丙烯车间——管理	18 000.00	9 000.00		27 000.00	26 400.00	4 224.00	2 112.00	132.00	132.00	2 640.00	528.00	780.00	264.00	132.00	3 168.00	3 168.00	540.00	135.00	6 000.00		20 145.00
聚丙烯车间——生产	129 500.00	111 000.00		240 500.00	233 100.00	37 296.00	18 648.00	1 165.50	1 165.50	23 310.00	4 662.00	9 620.00	2 331.00	1 165.50	27 972.00	27 972.00	4 810.00	1 202.50	74 000.00		177 230.00
合计	339 500.00	246 000.00		585 500.00	569 100.00	91 056.00	45 528.00	2 845.50	2 845.50	56 910.00	11 382.00	21 320.00	5 691.00	2 845.50	68 292.00	68 292.00	11 710.00	2 927.50	165 000.00	36.75	433 168.25

表 4－2 记账凭证

20XX年01月25日　　凭证号（记） 0017(1/2)

摘要	科目编号及名称	借方金额	贷方金额
计提工资	660210管理费用——人工工资	61000.00	
计提工资	660101销售费用——人工工资	35000.00	
计提工资	5001010201生产成本——基本生产成本——直接人工——气分车间	117000.00	
计提工资	5001010202生产成本——基本生产成本——直接人工——聚丙烯车间	240500.00	
计提工资	51010301制造费用——人工工资——气分车间	20000.00	
计提工资	51010302制造费用——人工工资——聚丙烯车间	27000.00	
合计			

附件 1 张

会计主管 王爱鸿　　记账 徐建华　　复核 徐建华　　出纳 徐慧

表 4－3 记账凭证

20XX年01月25日　　凭证号（记） 0017(2/2)

摘要	科目编号及名称	借方金额	贷方金额
计提工资	51010303制造费用——人工工资——生产管理	85000.00	
计提工资	221101应付职工薪酬——工资		585500.00
合计	伍拾捌万伍仟伍佰元整	585500.00	585500.00

附件 1 张

会计主管 王爱鸿　　记账 徐建华　　复核 徐建华　　出纳 徐慧

表 4-4　公司保险和公积金计提表

单位：元

部门	五险基数	养老	医疗	失业	工伤	生育	公积金	合计
综合管理部	24 400.00	3 904.00	2 440.00	122.00	244.00	122.00	2 928.00	9 760.00
财务部	35 200.00	5 632.00	3 520.00	176.00	352.00	176.00	4 224.00	14 080.00
销售部	34 000.00	5 440.00	3 400.00	170.00	340.00	170.00	4 080.00	13 600.00
采购部	17 600.00	2 816.00	1 760.00	88.00	176.00	88.00	2 112.00	7 040.00
质检部	24 400.00	3 904.00	2 440.00	122.00	244.00	122.00	2 928.00	9 760.00
生产运营部	41 000.00	6 560.00	4 100.00	205.00	410.00	205.00	4 920.00	16 400.00
气分车间——管理	19 600.00	3 136.00	1 960.00	98.00	196.00	98.00	2 352.00	7 840.00
气分车间——生产	113 400.00	18 144.00	11 340.00	567.00	1 134.00	567.00	13 608.00	45 360.00
聚丙烯车间——管理	26 400.00	4 224.00	2 640.00	132.00	264.00	132.00	3 168.00	10 560.00
聚丙烯车间——生产	233 100.00	37 296.00	23 310.00	1 165.50	2 331.00	1 165.50	27 972.00	93 240.00
合计	569 100.00	91 056.00	56 910.00	2 845.50	5 691.00	2 845.50	68 292.00	227 640.00

表 4-5　记账凭证

20XX年01月25日　　凭证号（记）　0018(1/3)

摘要	科目编号及名称	借方金额	贷方金额
计提本月五险一金	660213管理费用——社会保险	16688.00	
计提本月五险一金	660102销售费用——社会保险	9520.00	
计提本月五险一金	51010501制造费用——社会保险——气分车间	5488.00	
计提本月五险一金	51010502制造费用——社会保险——聚丙烯车间	7392.00	
计提本月五险一金	51010503制造费用——社会保险——生产管理	23240.00	
计提本月五险一金	5001010501生产成本——基本生产成本——社会保险——气分车间	31752.00	
合计			

附件1张

会计主管 王爱鸿　　记账 徐建华　　复核 徐建华　　出纳 徐慧

表 4-6 记账凭证

20XX年01月25日　　凭证号（记） 0018(2/3)

摘要	科目编号及名称	借方金额	贷方金额
计提本月五险一金	5001010502生产成本——基本生产成本——社会保险——聚丙烯车间	65268.00	
计提本月五险一金	51010601制造费用——住房公积金——气分车间	2352.00	
计提本月五险一金	51010602制造费用——住房公积金——聚丙烯车间	3168.00	
计提本月五险一金	51010603制造费用——住房公积金——生产管理	9960.00	
计提本月五险一金	660212管理费用——住房公积金	7152.00	
计提本月五险一金	660103销售费用——住房公积金	4080.00	
合计			

附件1张

会计主管 王爱鸿　　记账 徐建华　　复核 徐建华　　出纳 徐慧

表 4-7 记账凭证

20XX年01月25日　　凭证号（记） 0018(3/3)

摘要	科目编号及名称	借方金额	贷方金额
计提本月五险一金	5001010601生产成本——基本生产成本——住房公积金——气分车间	13608.00	
计提本月五险一金	5001010602生产成本——基本生产成本——住房公积金-聚丙烯车间	27972.00	
计提本月五险一金	221103应付职工薪酬——社会保险费		159348.00
计提本月五险一金	221104应付职工薪酬——住房公积金		68292.00
合计	贰拾贰万柒仟陆佰肆拾元整	227640.00	227640.00

附件1张

会计主管 王爱鸿　　记账 徐建华　　复核 徐建华　　出纳 徐慧

【解析】《企业会计准则第 9 号——职工薪酬》应用指南规定：企业为职工缴纳的医疗保险费、工伤保险费、生育保险费等社会保险费和住房公积金，以及按规定提取的工会经费，应当在职工为其提供服务的会计期间，根据规定的计提基础和计提比例计算确定相应的职工薪酬金额，并确认相关负债，按照受益对象计入当期损益或相关资产成本，借记“生产成本”“制造费用”“管理费用”等科目，贷记“应付职工薪酬”科目。

（三）计提工会经费

【经济业务 3】20××年 1 月 25 日，计提本月工会经费。

【附件】工会经费计提明细表如表 4－8 所示。

【记账凭证】记账凭证如表 4－9 和表 4－10 所示。

表 4－8　工会经费计提明细表

编制单位：天津市石联化工股份有限公司　　20××年 01 月 25 日　　单位：元

计提期间	工会经费						
	管理费用	销售费用	制造费用			生产成本	
			气分车间	聚丙烯车间	生产管理	气分车间	聚丙烯车间
20××年 01 月	1 220.00	700.00	400.00	540.00	1 700.00	2 340.00	4 810.00

表 4－9　记账凭证

20XX年01月25日　　凭证号（记）　0019(1/2)

摘要	科目编号及名称	借方金额	贷方金额
计提本月工会经费	660207管理费用——工会经费	1220.00	
计提本月工会经费	660104销售费用——工会经费	700.00	
计提本月工会经费	51011901制造费用——工会经费——气分车间	400.00	
计提本月工会经费	51011902制造费用——工会经费——聚丙烯车间	540.00	
计提本月工会经费	51011903制造费用——工会经费——生产管理	1700.00	
计提本月工会经费	5001010701生产成本——基本生产成本——工会经费——气分车间	2340.00	
合计			

附件 1 张

会计主管 王爱鸿　　记账 徐建华　　复核 徐建华　　出纳 徐慧

表 4-10 记账凭证

20XX年01月25日 凭证号（记） 0019(2/2)

摘要	科目编号及名称	借方金额	贷方金额
计提本月工会经费	5001010702生产成本——基本生产成本——工会经费——聚丙烯车间	4810.00	
计提本月工会经费	221105应付职工薪酬——工会经费		11710.00
合计	壹万壹仟柒佰壹拾元整	11710.00	11710.00

附件1张

会计主管 王爱鸿　　记账 徐建华　　复核 徐建华　　出纳 徐慧

【解析】《企业会计准则应用指南——会计科目和主要账务处理》规定，应负担员工的工会经费，借记“管理费用”“制造费用”“销售费用”科目，贷记“应付职工薪酬”科目。

（四）计提固定资产折旧

【经济业务 4】20××年 1 月 30 日，计提本月固定资产折旧。

【附件】固定资产折旧汇总表如表 4-11 所示。

【记账凭证】记账凭证如表 4-12 所示。

表 4-11 固定资产折旧汇总表

编制单位：天津市石联化工股份有限公司　　20××年 01 月 30 日　　单位：元

固定资产名称	数量	固定资产原值	残值率	使用年限	月折旧额	使用部门
联想电脑	36	123 710.00	3%	5	2 000.00	综合管理部
海尔柜式空调	7	185 567.00	3%	5	3 000.00	综合管理部
海尔壁挂空调	20	83 195.00	3%	5	1 345.00	综合管理部
打印机	2	81 650.00	3%	5	1 320.00	综合管理部
捷达汽车	1	90 000.00	3%	5	1 455.00	综合管理部
气体分流装置	1	989 691.00	3%	10	8 000.00	气分车间
催化剂进料单元	1	1 237 114.00	3%	10	10 000.00	聚丙烯车间

续表

固定资产名称	数量	固定资产原值	残值率	使用年限	月折旧额	使用部门
聚合反应单元	1	1 237 114.00	3%	10	10 000.00	聚丙烯车间
反应器粉料输送单元	1	269 691.00	3%	10	2 180.00	聚丙烯车间
6890N 型气相色谱仪	1	150 000.00	3%	5	2 425.00	生产管理部
HC-4 型丙烯专用微量硫分析仪	1	49 485.00	3%	5	800.00	生产管理部
丙烯聚合评价装置	1	98 969.00	3%	5	1 600.00	生产管理部
合计		4 596 186.00			44 125.00	

表 4-12 记账凭证

20XX年01月30日 凭证号（记） 0022 (1/1)

摘要	科目编号及名称	借方金额	贷方金额
计提固定资产折旧	51010101制造费用——累计折旧——气分车间	8000.00	
计提固定资产折旧	660206管理费用——累计折旧	9120.00	
计提固定资产折旧	51010102制造费用——累计折旧——聚丙烯车间	22180.00	
计提固定资产折旧	51010103制造费用——累计折旧——生产管理	4825.00	
计提固定资产折旧	1602累计折旧		44125.00
合计	肆万肆仟壹佰贰拾伍元整	44125.00	44125.00

附件1张

会计主管 王爱鸿 记账 徐建华 复核 徐建华 出纳 徐慧

【解析】《企业会计准则应用指南——会计科目和主要账务处理》规定，按期（月）计提工资，借记“制造费用”“销售费用”“管理费用”“研发支出”“其他业务成本”等科目，贷记“累计折旧”科目。

（五）计提环保税

【经济业务 5】20××年 1 月 31 日，计提本月环保税。

【附件】环境保护税按月计算报表如表 4-13 所示。

【记账凭证】记账凭证如表 4-14 所示。

表 4-13　环境保护税按月计算报表

税款所属期：自 20××年 01 月 01 日 至 20××年 01 月 31 日

纳税人名称：天津市石联化工股份有限公司　　统一社会信用代码（纳税人识别号）：911201160115029451

月份	税源编号	排放口名称	污染物名称	污染物排放量计算方法	监测计算		污染物排放量（千克）	污染当量值（千克）	污染当量数	单位税额	本期应纳税额
					废气排放量（万标立方米）	实测浓度值（毫克/标立方米）					
(1)	(2)	(3)	(4)	(5)	(6)	(7)	(8)＝(6)×(7)	(9)	(10)＝(8)÷(9)	(11)	(12)＝(10)×(11)
1月	A120116201802299	联碱装置碳化尾气排放口 2	氨（气）	监测机构监测	140.184	205.00	28 737.72	9.09	3 161.47	10.00	31 614.65
1月	A120116201802230	甲醇装置酸性气体回收装置排气出口 33	二氧化硫（气）	监测机构监测	21.85	61.40	1 341.71	0.95	1 412.33	10.00	14 123.29
1月	A120116201802230	甲醇装置酸性气体回收装置排气出口 33	氮氧化物（气）	监测机构监测	21.85	23.50	513.52	0.95	540.55	10.00	5 405.50
合计											51 143.44

表 4-14　记账凭证

20XX年01月30日　　　凭证号（记）　0022(1/1)

摘要	科目编号及名称	借方金额	贷方金额
计提固定资产折旧	51010101制造费用——累计折旧——气分车间	8000.00	
计提固定资产折旧	660206管理费用——累计折旧	9120.00	
计提固定资产折旧	51010102制造费用——累计折旧——聚丙烯车间	22180.00	
计提固定资产折旧	51010103制造费用——累计折旧——生产管理	4825.00	
计提固定资产折旧	1602累计折旧		44125.00
合计	肆万肆仟壹佰贰拾伍元整	44125.00	44125.00

附件1张

会计主管　王爱鸿　　记账　徐建华　　复核　徐建华　　出纳　徐慧

【解析】《中华人民共和国环境保护税法》自2018年1月1日起施行，计算环境保护税时，借记“税金及附加”科目，贷记“应交税费——应交环境保护税”科目。

（六）计提税金及附加

【经济业务6】20××年1月31日，计提本月税金及附加。

【附件】税金及附加计提表如表4-15所示。

【记账凭证】记账凭证如表4-16所示。

表 4-15　税金及附加计提表

编制单位：天津市石联化工股份有限公司　　20××年01月31日　　单位：元

税种	计税依据	增值税
城市维护建设税	计税金额	580 487.84
	税率	7%
	应纳税额	40 634.15
教育费附加	计征金额	580 487.84
	征收率	3%
	应纳金额	17 414.64
地方教育附加	计征金额	580 487.84
	征收率	2%
	应纳金额	11 609.76
合计		69 658.55

表 4-16 记账凭证

20XX年01月31日　　　　凭证号（记） 0040 (1/1)

摘要	科目编号及名称	借方金额	贷方金额
计提本月附加税	6403税金及附加	69658.55	
计提本月附加税	222114应交税费——应交城市维护建设税		40634.15
计提本月附加税	222120应交税费——应交教育费附加		17414.64
计提本月附加税	222125应交税费——应交地方教育附加		11609.76
合计	陆万玖仟陆佰伍拾捌元伍角伍分	69658.55	69658.55

附件1张

会计主管 王爱鸿　　记账 徐建华　　复核 徐建华　　出纳 徐慧

【解析】《企业会计准则应用指南——会计科目和主要账务处理》规定，企业按规定计算确定的与经营活动相关的税费，借记“税金及附加”科目，贷记“应交税费”科目。

（七）计提印花税

【经济业务 7】20××年 1 月 31 日，计提本月印花税。

【附件】印花税计提表如表 4-17 所示。

【记账凭证】记账凭证如表 4-18 所示。

表 4-17 印花税计提表

编制单位：天津市石联化工股份有限公司　　20××年 01 月 31 日　　单位：元

应税凭证	计税金额或件数	核定征收		适用税率	本期应纳税额
		核定依据	核定比例		
	(1)	(2)	(3)	(4)	(5)＝(1)×(4)＋(2)×(3)×(4)
购销合同		5 175 000.00	120%	0.03%	1 863.00
租赁合同		756 000.00	100%	0.10%	756.00
合计					2 619.00

【解析】财政部关于印发《增值税会计处理规定》（财会〔2016〕22 号）规定，全面试行“营业税改征增值税”后，之前在“管理费用”科目中列支的“四小税”（房产税、土地使用税、车船税、印花税），此次同步调整到“税金及附加”科目。计提印花税时，借记“税金及附加”科目，贷记“应交税费”科目。

表 4-18　记账凭证

20XX年01月31日　　　凭证号（记）　0041(1/1)

摘要	科目编号及名称	借方金额	贷方金额
计提本月印花税	6403税金及附加	2619.00	
计提本月印花税	222122应交税费——应交印花税		2619.00
合计	贰仟陆佰壹拾玖元整	2619.00	2619.00

附件 1 张

会计主管 王爱鸿　　记账 徐建华　　复核 徐建华　　出纳 徐慧

二、缴纳类

（一）缴纳社会保险和公积金

【经济业务 8】20××年 1 月 8 日，缴纳职工的五险一金。

【附件 1】中国工商银行业务回单如图 4-1 所示。

ICBC 中国工商银行　　凭证

业务回单（付款）

日期：20××年01月08日　　回单编号：233465

付款人户名：天津市石联化工股份有限公司　　付款人开户行：中国工商银行天津响锣湾支行

付款人账号（卡号）：0302011205146843701　　收款人开户行：中国工商银行天津滨海支行

收款人户名：天津市住房公积金管理中心

收款人账号（卡号）：0302011208274346249

金额：壹拾叁万陆仟伍佰捌拾肆元整　　小写：¥136584.00

业务（产品）种类：转账　　凭证种类：　　凭证号码：

摘要：住房公积金　　用途：　　币种：人民币

交易机构：102110089177　记账柜员：00010　交易代码：42807351　渠道：中间业务后台方式

中国工商银行天津响锣湾支行 自助回单机专用章 (001)

本回单为第2次打印，注意重复　　打印日期：20××年01月08日　　打印柜员：9

图 4-1　中国工商银行业务回单

【附件 2】中国工商银行业务回单如图 4－2 所示。

ICBC 中国工商银行　　凭证

业务回单（付款）

日期：20××年01月08日　　回单编号：233455

付款人户名：天津市石联化工股份有限公司　　付款人开户行：中国工商银行天津响锣湾支行
付款人账号（卡号）：0302011205146843701
收款人户名：天津市社会保险基金管理中心　　收款人开户行：中国工商银行天津滨海支行
收款人账号（卡号）：0302011205167540018
金额：贰拾肆万零肆佰贰拾叁元伍角整　　小写：¥240423.50
业务（产品）种类：转账　　凭证种类：000000000　　凭证号码：0000000000000000
摘要：社会保险　　用途：　　币种：人民币
交易机构：0030200160　　记账柜员：00010　　交易代码：52093　　渠道：中间业务后台方式

中国工商银行天津响锣湾支行 自助回单机专用章 (001)

本回单为第2次打印，注意重复　　打印日期：20××年01月08日　　打印柜员：9

图 4－2　中国工商银行业务回单

【附件 3】天津市社会保险基金专用收据（第二联 收据联）如图 4－3 所示。

天津市社会保险基金专用收据

（印章：票据监制章 天津市 财政部监制）

单位名称：天津市石联化工股份有限公司　　20××年 01 月 08 日　　单位代码：115029451 No. 02918034

<table>
<tr><td colspan="4">当月社会保险费明细
基本养老：136584.00　　基本医疗：68292.00　　医疗救助：
门诊大额：21320.00　　工伤：5691.00　　失业：5691.00
生育：2845.50</td></tr>
<tr><td colspan="4">补(预)缴社会保险费明细</td></tr>
<tr><td>付款人账号/现金/支票/POS</td><td>0302011205146843701</td><td>票据打印时间</td><td>20××0108</td></tr>
<tr><td>社保流水</td><td></td><td>银行流水</td><td>04136897</td></tr>
<tr><td rowspan="2">金　额</td><td>人民币(小写)</td><td colspan="2">¥240423.50</td></tr>
<tr><td>人民币(大写)</td><td colspan="2">贰拾肆万零肆佰贰拾叁元伍角</td></tr>
</table>

天津市路征印务有限公司印刷

第二联　收据联

手写无效

收款单位(盖章)：（印章：天津市社会保险基金管理中心 财务专用章）　　收款人：赵小艺

注：无收款单位收讫章无效

图 4－3　天津市社会保险基金专用收据（第二联 收据联）

【附件 4】付款申请单如图 4－4 所示。

付款申请单

付款单编号：07850349　　　　　　　　　　　　　　　　　　　　　　申请日期：20XX 年 01 月 08 日

款项用途	缴纳社会保险		
付款依据 （合同名称/合同号）		开票情况	□已开票　□未开票　□其他
付款金额	人民币（大写）贰拾肆万零肆佰贰拾叁元伍角整		人民币（小写）　¥240423.50
支付方式	□支票　□现金　☑银行转账　□其他		
收款单位	天津市社会保险基金管理中心	收款单位开户行	
收款账号		联系电话	

经手人：徐慧　　　　　　财务经理：王爱鸿　　　　　　总经理：于琳

图 4-4　付款申请单

【附件 5】天津市住房公积金单位网上缴存电子回单（住房公积金）如图 4-5 所示。

天 津 市 住 房 公 积 金 单 位 网 上 缴 存 电 子 回 单
（住房公积金）

20×× 年 01 月 08 日

NO：1001130120XX01080188

单位名称	天津市石联化工股份有限公司		
单位代码	911201160115029451	汇缴年月	20××01
项目	增加		
	新开户	启封	
人数			
金额			——
项目	本月汇缴	个人补缴	合计
人数	82		——
金额	¥136584.00		¥136584.00
缴存金额合计（大写）壹拾叁万陆仟伍佰捌拾肆元整			

天津市住房公积金管理中心
电子回单专用章

图 4-5　天津市住房公积金单位网上缴存电子回单

【附件 6】付款申请单如图 4-6 所示。

付款申请单

付款单编号：02538917　　　　申请日期：20XX 年 01 月 08 日

款项用途	缴纳住房公积金		
付款依据（合同名称/合同号）		开票情况	□已开票 □未开票 □其他
付款金额	人民币（大写）壹拾叁万陆仟伍佰捌拾肆元整	人民币（小写）	￥136584.00
支付方式	□支票 □现金 ☑银行转账 □其他		
收款单位	天津市住房公积金管理中心	收款单位开户行	
收款账号		联系电话	

经手人：徐慧　　财务经理：王爱鸿　　总经理：于琳

图 4-6　付款申请单

【附件 7】工资表参见表 4-1。

【记账凭证】记账凭证如表 4-19 所示。

表 4-19　记账凭证

20XX年01月08日　　　　凭证号（记）　0002(1/1)

摘要	科目编号及名称	借方金额	贷方金额
缴纳住房公积金	221104应付职工薪酬——住房公积金	68292.00	
缴纳社会保险	221103应付职工薪酬——社会保险费	159348.00	
缴纳社会保险	224102其他应付款——代扣社会保险	81075.50	
缴纳住房公积金	224104其他应付款——代扣住房公积金	68292.00	
缴纳社会保险	100201银行存款——工行天津响锣湾支行		240423.50
缴纳住房公积金	100201银行存款——工行天津响锣湾支行		136584.00
合计	叁拾柒万柒仟零柒元伍角整	377007.50	377007.50

附件 6 张

会计主管 王爱鸿　　记账 徐建华　　复核 徐建华　　出纳 徐慧

【解析】(1)《企业会计准则应用指南——会计科目和主要账务处理》规定，按照国家有关规定缴纳社会保险费和住房公积金，借记“应付职工薪酬”科目，贷记“银行存款”科目。

(2)《企业会计准则应用指南——会计科目和主要账务处理》规定，企业（保险）应交纳的保险保障基金，通过“其他应付款”科目核算。

（二）缴纳上月税费

【经济业务 9】20××年 1 月 10 日，缴纳上月的增值税。

【附件 1】中国工商银行电子缴税付款凭证如图 4-7 所示。

ICBC 中国工商银行　凭 证

中国工商银行电子缴税付款凭证　NO. 1200381024

转账日期：20××年01月10日　凭证字号：04761520

纳税人全称及纳税人识别号：天津市石联化工股份有限公司　911201160115029451

付款人全称：天津市石联化工股份有限公司

付款人账号：0302011205146843701　征收机关名称：国家税务总局天津市滨海新区税务局第一税务所

付款人开户银行：中国工商银行天津响锣湾支行　收款国库（银行）名称：国家金库天津市滨海新区支库

小写（合计）金额：¥345678.91　缴款书交易流水号：16735240

大写（合计）金额：叁拾肆万伍仟陆佰柒拾捌元玖角壹分　税票号码：04861703

税（费）种名称	所属日期	实缴金额(单位：元)
增值税	20××1201-20××1231	¥345678.91

（印章：中国工商银行天津响锣湾支行 自助回单机专用章 (001)）

第　1　次打印　打印时间：20××年01月10日

客户回单联　复核　记账

图 4-7　中国工商银行电子缴税付款凭证

【附件 2】付款申请单如图 4-8 所示。

付款申请单

付款单编号：00752149　申请日期：20XX 年 01 月10 日

款项用途	缴纳增值税		
付款依据（合同名称/合同号）		开票情况	□已开票　□未开票　□其他
付款金额	人民币（大写）叁拾肆万伍仟陆佰柒拾捌元玖角壹分		人民币（小写）¥345678.91
支付方式	□支票　□现金　☑银行转账　□其他		
收款单位	国家税务总局天津市滨海新区税务局第一税务所	收款单位开户行	
收款账号		联系电话	

经手人：徐慧　财务经理：王爱鸿　总经理：于琳

图 4-8　付款申请单

【记账凭证】记账凭证如表 4-20 所示。

表 4－20 记账凭证

20XX年01月10日　　　凭证号（记） 0005(1/1)

摘要	科目编号及名称	借方金额	贷方金额
缴纳上月增值税	222119应交税费——未交增值税	345678.91	
缴纳上月增值税	100201银行存款——工行天津响锣湾支行		345678.91
合计	叁拾肆万伍仟陆佰柒拾捌元玖角壹分	345678.91	345678.91

附件2张

会计主管 王爱鸿　　记账 徐建华　　复核 徐建华　　出纳 徐慧

【解析】《企业会计准则应用指南——会计科目和主要账务处理》规定，实际缴纳各种税费时，借记“应交税费”科目，贷记“银行存款”等科目。

【经济业务 10】20××年 1 月 10 日，缴纳上月的印花税。

【附件 1】中国工商银行电子缴税付款凭证如图 4－9 所示。

ICBC 中国工商银行　　凭 证

中国工商银行电子缴税付款凭证　　NO. 1200968153

转账日期：20××年01月10日　　凭证字号：02486150

纳税人全称及纳税人识别号：天津市石联化工股份有限公司　911201160115029451

付款人全称：天津市石联化工股份有限公司

付款人账号：0302011205146843701　　征收机关名称：国家税务总局天津市滨海新区税务局第一税务所

付款人开户银行：中国工商银行天津响锣湾支行　　收款国库（银行）名称：国家金库天津市滨海新区支库

小写（合计）金额：¥ 710.50　　缴款书交易流水号：42011750

大写（合计）金额：柒佰壹拾元伍角整　　税票号码：06273198

税（费）种名称	所属日期	实缴金额(单位：元)
印花税	20××1201-20××1231	¥710.50

中国工商银行天津响锣湾支行 自助回单机专用章 (001)

第 1 次打印　　打印时间：20××年01月10日

客户回单联　　复核　　记账

图 4－9 中国工商银行电子缴税付款凭证

【附件 2】付款申请单如图 4－10 所示。

付款申请单

付款单编号：06152387　　　　申请日期：20XX 年 01 月10 日

款项用途	缴纳印花税			
付款依据（合同名称/合同号）		开票情况	□已开票　□未开票　□其他	
付款金额	人民币（大写）柒佰壹拾元伍角整		人民币（小写）	￥710.50
支付方式	□支票　□现金　☑银行转账　□其他			
收款单位	国家税务总局天津市滨海新区税务局第一税务所	收款单位开户行		
收款账号		联系电话		

经手人：徐慧　　财务经理：王爱鸿　　总经理：于琳

图 4－10　付款申请单

【记账凭证】记账凭证如表 4－21 所示。

表 4－21　记账凭证

20XX年01月10日　　凭证号（记）　0006(1/1)

摘要	科目编号及名称	借方金额	贷方金额
缴纳上月印花税	222122应交税费——应交印花税	710.50	
缴纳上月印花税	100201银行存款——工行天津响锣湾支行		710.50
合计	柒佰壹拾元伍角整	710.50	710.50

附件2张

会计主管 王爱鸿　　记账 徐建华　　复核 徐建华　　出纳 徐慧

【解析】参见经济业务 9 的解析。

【经济业务 11】20××年 1 月 10 日，缴纳上月的附加税。

【附件 1】中国工商银行电子缴税付款凭证如图 4－11 所示。

ICBC 中国工商银行 凭 证

中国工商银行电子缴税付款凭证 NO. 1200463082

转账日期：20××年01月10日 凭证字号：03516890

纳税人全称及纳税人识别号：天津市石联化工股份有限公司 911201160115029451

付款人全称：天津市石联化工股份有限公司

付款人账号：0302011205146843701 征收机关名称：国家税务总局天津市滨海新区税务局第一税务所

付款人开户银行：中国工商银行天津响锣湾支行 收款国库（银行）名称：国家金库天津市滨海新区支库

小写（合计）金额：￥44938.26 缴款书交易流水号：42014752

大写（合计）金额：肆万肆仟玖佰叁拾捌元贰角陆分 税票号码：08490231

税（费）种名称	所属日期	实缴金额(单位：元)
城市维护建设税	20××1201-20××1231	￥ 24197.52
教育费附加	20××1201-20××1231	￥ 10370.37
地方教育附加	20××1201-20××1231	￥ 6913.58
防洪费	20××1201-20××1231	￥ 3456.79

中国工商银行天津响锣湾支行 自助回单机专用章 (001)

第 1 次打印 打印时间：20××年01月10日

客户回单联 复核 记账

图 4－11 中国工商银行电子缴税付款凭证

【附件 2】付款申请单如图 4－12 所示。

付款申请单

付款单编号：07850219 申请日期：20XX 年 01 月10日

<table>
<tr><td>款项用途</td><td colspan="4">缴纳附加税</td></tr>
<tr><td>付款依据
(合同名称/合同号)</td><td colspan="2"></td><td>开票情况</td><td>□已开票 □未开票 □其他</td></tr>
<tr><td>付款金额</td><td colspan="3">人民币（大写）肆万肆仟玖佰叁拾捌元贰角陆分</td><td>人民币（小写） ￥44938.26</td></tr>
<tr><td>支付方式</td><td colspan="4">□支票 □现金 ☑银行转账 □其他</td></tr>
<tr><td>收款单位</td><td colspan="2">国家税务总局天津市滨海新区税务局第一税务所</td><td>收款单位开户行</td><td></td></tr>
<tr><td>收款账号</td><td colspan="2"></td><td>联系电话</td><td></td></tr>
</table>

经手人：徐慧 财务经理：王爱鸿 总经理：于琳

图 4－12 付款申请单

【记账凭证】记账凭证如表 4－22 所示。

表 4-22　记账凭证

20XX年01月10日　　凭证号（记）　0007(1/1)

摘要	科目编号及名称	借方金额	贷方金额
缴纳上月城建税	222114应交税费——应交城市维护建设税	24197.52	
缴纳上月教育费附加	222120应交税费——应交教育费附加	10370.37	
缴纳上月地方教育附加	222125应交税费——应交地方教育附加	6913.58	
缴纳上月防洪费	222126应交税费——应交防洪费	3456.79	
缴纳上月附加税	100201银行存款——工行天津响锣湾支行		44938.26
合计	肆万肆仟玖佰叁拾捌元贰角陆分	44938.26	44938.26

附件2张

会计主管 王爱鸿　　记账 徐建华　　复核 徐建华　　出纳 徐慧

【解析】参见经济业务 9 的解析。

【经济业务 12】20××年 1 月 15 日，代扣代缴职工个人所得税。

【附件 1】中国工商银行电子缴税付款凭证如图 4-13 所示。

ICBC 中国工商银行　凭证

中国工商银行电子缴税付款凭证　NO. 1200161320

转账日期：20××年01月15日　　凭证字号：07203469

纳税人全称及纳税人识别号：天津市石联化工股份有限公司　911201160115029451

付款人全称：天津市石联化工股份有限公司
付款人账号：0302011205146843701　　征收机关名称：国家税务总局天津市滨海新区税务局第一税务所
付款人开户银行：中国工商银行天津响锣湾支行　　收款国库（银行）名称：国家金库天津市滨海新区支库
小写（合计）金额：￥10302.40　　缴款书交易流水号：42014780
大写（合计）金额：壹万零叁佰零贰元肆角整　　税票号码：05276891

税（费）种名称	所属日期	实缴金额(单位：元)
个人所得税	20××1201-20××1231	￥ 10302.40

中国工商银行天津响锣湾支行 自助回单机专用章 (001)

第　1　次打印　　打印时间：20××年01月15日

客户回单联　　复核　　记账

图 4-13　中国工商银行电子缴税付款凭证

【附件 2】付款申请单如图 4－14 所示。

付款申请单

付款单编号：08415706　　　　申请日期：20XX 年 01 月 15 日

款项用途	缴纳个人所得税		
付款依据（合同名称/合同号）		开票情况	□已开票　□未开票　□其他
付款金额	人民币（大写）壹万零叁佰零贰元肆角整		人民币（小写）￥10302.40
支付方式	□支票　□现金　☑银行转账　□其他		
收款单位	国家税务总局天津市滨海新区税务局第一税务所	收款单位开户行	
收款账号		联系电话	

经手人：徐慧　　财务经理：王爱鸿　　总经理：于琳

图 4－14　付款申请单

【记账凭证】记账凭证如表 4－23 所示。

表 4－23　记账凭证

20XX年01月10日　　凭证号（记）　0007(1/1)

摘要	科目编号及名称	借方金额	贷方金额
缴纳上月城建税	222114应交税费——应交城市维护建设税	24197.52	
缴纳上月教育费附加	222120应交税费——应交教育费附加	10370.37	
缴纳上月地方教育附加	222125应交税费——应交地方教育附加	6913.58	
缴纳上月防洪费	222126应交税费——应交防洪费	3456.79	
缴纳上月附加税	100201银行存款——工行天津响锣湾支行		44938.26
合计	肆万肆仟玖佰叁拾捌元贰角陆分	44938.26	44938.26

附件 2 张

会计主管　王爱鸿　　记账　徐建华　　复核　徐建华　　出纳　徐慧

【解析】参见经济业务 9 解析。

【经济业务 13】20××年 1 月 10 日，实际缴纳上一年第四季度工会经费 35 130.00 元。

【附件 1】中国工商银行电子缴税付款凭证如图 4－15 所示。

ICBC 中国工商银行 凭 证

中国工商银行电子缴税付款凭证 NO. 1200391782

转账日期：20××年01月10日 凭证字号：06587349

纳税人全称及纳税人识别号：天津市石联化工股份有限公司 911201160115029451

付款人全称：天津市石联化工股份有限公司

付款人账号：0302011205146843701 征收机关名称：国家税务总局天津市滨海新区税务局第一税务所

付款人开户银行：中国工商银行天津响锣湾支行 收款国库（银行）名称：国家金库天津市滨海新区支库

小写（合计）金额：￥35130.00 缴款书交易流水号：42015120

大写（合计）金额：叁万伍仟壹佰叁拾元整 税票号码：02059416

税（费）种名称	所属日期	实缴金额(单位：元)
工会经费	20××1001-20××1231	￥35130.00

中国工商银行天津响锣湾支行 自助回单机专用章 (001)

第 1 次打印 打印时间：20××年01月10日

客户回单联 复核 记账

图 4-15 中国工商银行电子缴税付款凭证

【附件 2】付款申请单如图 4-16 所示。

付款申请单

付款单编号：03498051 申请日期：20XX 年 01 月 10 日

款项用途	缴纳工会经费		
付款依据（合同名称/合同号）		开票情况	☑已开票 ☐未开票 ☐其他
付款金额	人民币（大写）叁万伍仟壹佰叁拾元整	人民币（小写）	￥35130.00
支付方式	☐支票 ☐现金 ☑银行转账 ☐其他		
收款单位	国家税务总局天津市滨海新区税务局第一税务所	收款单位开户行	
收款账号		联系电话	

经手人：徐慧 财务经理：王爱鸿 总经理：于琳

图 4-16 付款申请单

【附件 3】中国工商银行业务回单（付款）凭证（转账）如图 4-17 所示。

ICBC 中国工商银行 凭证

业务回单（付款）

日期：20××年01月10日

回单编号：05790286

付款人户名：天津市石联化工股份有限公司　　付款人开户行：中国工商银行天津响锣湾支行
付款人账号（卡号）：0302011205146843701
收款人户名：天津市石联化工股份有限公司工会委员会　　收款人开户行：中国工商银行天津响锣湾支行
收款人账号（卡号）：0302011205146053268　　小写：¥8782.50
金额：捌仟柒佰捌拾贰元伍角
业务（产品）种类：转账　　凭证种类：　　凭证号码：
摘要：支付工会会员费　　用途：　　币种：人民币
交易机构：102110089177　记账柜员：00010　交易代码：42807351　渠道：中间业务后台方式

中国工商银行天津响锣湾支行 自助回单机专用章（001）

本回单为第2次打印，注意重复　打印日期：20××年01月10日　打印柜员：9

图 4-17　中国工商银行业务回单（付款）凭证（转账）

【附件 4】付款申请单如图 4-18 所示。

付款申请单

付款单编号：06803412　　申请日期：20XX 年 01 月10 日

款项用途	支付工会会员费		
付款依据（合同名称/合同号）		开票情况	☑已开票　☐未开票　☐其他
付款金额	人民币（大写）捌仟柒佰捌拾贰元伍角		人民币（小写）¥8782.50
支付方式	☐支票　☐现金　☑银行转账　☐其他		
收款单位	天津市石联化工股份有限公司工会委员会	收款单位开户行	中国工商银行天津响锣湾支行
收款账号	0302011205146053268	联系电话	

经手人：徐慧　　财务经理：王爱鸿　　总经理：于琳

图 4-18　付款申请单

【记账凭证】记账凭证如表 4-24 所示。

【解析】参见经济业务 9 的解析。

【经济业务 14】20××年 1 月 10 日，缴纳上一年第四季度环保税。

【附件 1】中国工商银行电子缴税付款凭证如图 4-19 如所示。

表 4－24　记账凭证

20XX年01月10日　　　　凭证号（记）　0015(1/1)

摘要	科目编号及名称	借方金额	贷方金额
实际缴纳工会经费	221105应付职工薪酬——工会经费	10302.40	
支付工会会员费	224105银行存款——其他应付款——代扣工会经费		10302.40
实际缴纳工会经费	100201银行存款——工行天津响锣湾支行		
支付工会会员费	100201银行存款——工行天津响锣湾支行		
合计	壹万零叁佰零贰元肆角整	10302.40	10302.40

附件4张

会计主管　王爱鸿　　　记账　徐建华　　　复核　徐建华　　　出纳　徐慧

ICBC 中国工商银行　　　凭　证

中国工商银行电子缴税付款凭证　　　NO. 1200982651

转账日期：20××年01月10日　　　　凭证字号：05679038

纳税人全称及纳税人识别号：天津市石联化工股份有限公司　911201160115029451

付款人全称：天津市石联化工股份有限公司

付款人账号：0302011205146843701　　　征收机关名称：国家税务总局天津市滨海新区税务局第一税务所

付款人开户银行：中国工商银行天津响锣湾支行　　　收款国库（银行）名称：国家金库天津市滨海新区支库

小写（合计）金额：￥588149.56　　　缴款书交易流水号：42015334

大写（合计）金额：伍拾捌万捌仟壹佰肆拾玖元伍角陆分　　　税票号码：07240169

税（费）种名称	所属日期	实缴金额(单位：元)
环境保护税	20××1001-20××1231	￥588149.56

中国工商银行天津响锣湾支行　自助回单机专用章　(001)

第　1　次打印　　　　打印时间：20××年01月10日

客户回单联　　　　复核　　　　记账

图 4－19　中国工商银行电子缴税付款凭证

【附件 2】付款申请单如图 4－20 所示。

付款申请单

付款单编号：04093187　　　　申请日期：20XX 年 01 月10日

款项用途	缴纳环境保护税		
付款依据（合同名称/合同号）		开票情况	☐已开票　☐未开票　☐其他
付款金额	人民币（大写）伍拾捌万捌仟壹佰肆拾玖元伍角陆分	人民币（小写）	¥588149.56
支付方式	☐支票　☐现金　☑银行转账　☐其他		
收款单位	国家税务总局天津市滨海新区税务局第一税务所	收款单位开户行	
收款账号		联系电话	

经手人：徐慧　　财务经理：王爱鸿　　总经理：于琳

图 4－20　付款申请单

【记账凭证】记账凭证如表 4－25 所示。

表 4－25　记账凭证

20XX年01月10日　　凭证号（记）　0009(1/1)

摘要	科目编号及名称	借方金额	贷方金额
支付环保税	222127应交税费——应交环保税	588149.56	
支付环保税	100201银行存款——工行天津响锣湾支行		588149.56
合计	伍拾捌万捌仟壹佰肆拾玖元五角陆分	588149.56	588149.56

附件2张

会计主管　王爱鸿　　记账　徐建华　　复核　徐建华　　出纳　徐慧

【解析】参见经济业务 9 的解析。

三、结转类

（一）结转本月未交增值税

【经济业务 15】20××年 1 月 31 日，结转本月应交增值税。

【附件】月末增值税结转表如表 4－26 所示。

表 4－26　月末增值税结转表

20××年 01 月 31 日　　单位：元

结转理由	应转出		应转入	
	会计科目	金额	会计科目	金额
增值税结转	(22210104) 应交税费——应交增值税——转出未交增值税	580 487.84	(222119) 应交税费——未交增值税	580 487.84

会计主管：王爱鸿　　审核：王爱鸿　　制单：徐建华

【记账凭证】记账凭证如表 4－27 所示。

表 4－27　记账凭证

20XX年01月31日　　凭证号（记）00039(1/1)

摘要	科目编号及名称	借方金额	贷方金额
转出当月未交增值税额	22210104应交税费——应交增值税——转出未交增值税	580487.84	
转出当月未交增值税额	222119应交税费——未交增值税		580487.84
合计	伍拾捌万零肆佰捌拾柒元捌角肆分	580487.84	580487.84

附件 1 张

会计主管 王爱鸿　　记账 徐建华　　复核 徐建华　　出纳 徐慧

【解析】《企业会计准则应用指南——会计科目和主要账务处理》规定，“未交增值税”明细科目，核算一般纳税人月度终了从“应交增值税”或“预交增值税”明细科目转入当月应交未交、多交或预交的增值税税额，以及当月缴纳以前期间未交的增值税税额。月度终了，企业应当将当月应交未交或多交的增值税自“应交增值税”明细科目转入“未交增值税”明细科目。对于当月应交未交的增值税，借记“应交税费——应交增值税（转出未交增值税）”科目，贷记“应交税费——未交增值税”科目；对于当月多交的增值税，借记"应交税费——未交增值税"科目，贷记"应交税费——应交增值税（转出多交增值税）"科目。

（二）结转各项收入

【经济业务 16】20××年 1 月 31 日，结转本月各项收入利得。

【附件】本期损益结转表如表 4－28 所示。

表 4－28 损益结转表

20××年 01 月 31 日　　单位：元

结转理由	应转出		应转入	
	会计科目	金额	会计科目	金额
将本期收入、损益结转到本年利润	（6001）主营业务收入	5 175 000.00	（4103）本年利润	5 175 000.00
将本期成本、费用结转到本年利润			（4103）本年利润	
将计提的所得税费用转入本年利润			（4103）本年利润	

会计主管：王爱鸿　　审核：王爱鸿　　制表：徐建华

【记账凭证】记账凭证如表 4－29 所示。

表 4－29 记账凭证

20XX年01月31日　　凭证号（记）0042(1/1)

摘要	科目编号及名称	借方金额	贷方金额
结转各项收入利得	6001主营业务收入	5175000.00	
结转各项收入利得	4103本年利润		5175000.00
合计	伍佰壹拾柒万伍仟元整	5175000.00	5175000.00

附件 1 张

会计主管 王爱鸿　　记账 徐建华　　复核 徐建华　　出纳 徐慧

【解析】《企业会计准则应用指南——会计科目和主要账务处理》规定，期末，应将"主营业务收入"、"其他业务收入"及"营业外收入"等收入类科目余额转入"本年利润"

科目，结转后这些科目无余额。

（三）结转各项成本费用

【经济业务 17】20××年 1 月 31 日，结转本月各项成本费用损失。

【附件】本期损益结转表如表 4－30 所示。

表 4－30 损益结转表

20××年 01 月 31 日　　　　单位：元

结转理由	应转出		应转入	
	会计科目	金额	会计科目	金额
将本期收入、损益结转到本年利润	(6001) 主营业务收入		(4103) 本年利润	
将本期成本、费用结转到本年利润	(6401) 主营业务成本	4 095 740.88	(4103) 本年利润	4 410 225.80
	(6403) 税金及附加	123 420.98		
	(660224) 管理费用——结转	139 877.15		
	(660105) 销售费用——结转	49 300.00		
	(6603) 财务费用——结转	1 886.79		
将计提的所得税费用转入本年利润	(6801) 所得税费用		(4103) 本年利润	

会计主管：王爱鸿　　　　审核：王爱鸿　　　　制表：徐建华

【记账凭证】记账凭证如表 4－31 所示。

表 4－31 记账凭证

20XX年01月31日　　　　凭证号（记）　0043(1/1)

摘要	科目编号及名称	借方金额	贷方金额
结转各项成本费用	4103本年利润	4410225.80	
结转各项成本费用	6401主营业务成本		4095740.88
结转各项成本费用	6403税金及附加		123420.98
结转各项成本费用	660224管理费用——结转		1399877.15
结转各项成本费用	6603财务费用——结转		1886.79
结转各项成本费用	660105销售费用——结转		49300.00
合计	肆佰肆拾壹万零贰佰贰拾伍元捌角	4410225.80	4410225.80

附件 1 张

会计主管 王爱鸿　　记账 徐建华　　复核 徐建华　　出纳 徐慧

【解析】《企业会计准则应用指南——会计科目和主要账务处理》规定，期末，应将“主营业务成本”、“其他业务成本”、“销售费用”、“管理费用”、“财务费用”、“税金及附加”及“营业外成本”等成本费用类科目余额转入“本年利润”科目，结转后这些科目无余额。

四、其他业务

（一）发放工资

【经济业务 18】20××年 1 月 31 日，支付本月职工工资。

【附件 1】工资表参见表 4－1。

【附件 2】转账支票存根如图 4－21 所示。

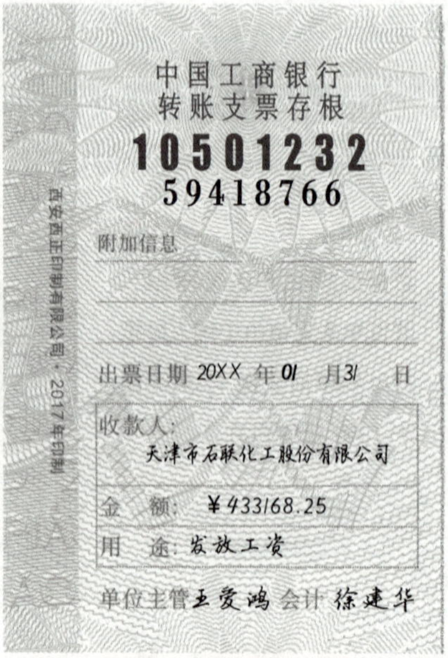

中国工商银行
转账支票存根
10501232
59418766
附加信息
出票日期 20XX 年 01 月 31 日
收款人：天津市石联化工股份有限公司
金 额：￥433168.25
用 途：发放工资
单位主管 王爱鸿 会计 徐建华

图 4－21 转账支票存根

【附件 3】付款申请单如图 4－22 所示。

付款申请单

付款单编号：0946039　　　　申请日期：20XX 年 01 月 31 日

款项用途	支付工资		
付款依据（合同名称/合同号）		开票情况	☑已开票 □未开票 □其他
付款金额	人民币（大写）肆拾叁万叁仟壹佰陆拾捌元贰角伍分		人民币（小写）￥433168.25
支付方式	□支票 □现金 ☑银行转账 □其他		
收款单位	天津市石联化工股份有限公司	收款单位开户行	
收款账号		联系电话	

经手人：徐慧　　财务经理：王爱鸿　　总经理：于琳

图 4－22 付款申请单

【记账凭证】记账凭证如表 4-32 所示。

表 4-32 记账凭证

20XX年01月31日　　凭证号（记） 0038(1/1)

摘要	科目编号及名称	借方金额	贷方金额
发放工资	221101应付职工薪酬——工资	585500.00	
发放工资	100201银行存款——工行天津响锣湾支行		433168.25
代扣个人社会保险	224102其他应付款——代扣社会保险		81075.50
代扣个人住房公积金	224104其他应付款——代扣住房公积金		68292.00
代扣个人所得税	222118应交税费——应交个人所得税		36.75
代扣工会会费	224105其他应付款——代扣工会会费		2927.50
合计	伍拾捌万伍仟伍佰元整	585500.00	585500.00

附件 3 张

会计主管 王爱鸿　　记账 徐建华　　复核 徐建华　　出纳 徐慧

【解析】《企业会计准则应用指南——会计科目和主要账务处理》规定，企业向职工支付工资、奖金、津贴、福利费等，从应付职工薪酬中扣还的各种款项（代垫的家属药费、个人所得税等）等，借记“应付职工薪酬”科目，贷记“银行存款”“库存现金”“其他应收款”“应交税费——应交个人所得税”等科目。

（二）业务招待费核算

【经济业务 19】20××年 1 月 12 日，综合办公室报销业务招待费。

【附件 1】天津增值税普通发票如图 4-23 所示。

天津增值税普通发票

1200161320　　No 07179084　　1200161320　07179084

全国统一发票监制章 天津 国家税务局监制

发票联

开票日期：20××年01月12日

购买方	名称：天津市石联化工股份有限公司 纳税人识别号：911201160115029451 地址、电话：天津市滨海新区开发区十三大街 022-59870653 开户行及账号：中国工商银行天津响锣湾支行 0302011205146843701	密码区	059634766</3/-3812>><9>>828 /><8+81*5<<29371-++2/-74/** *2662/4375>76</7/-16753>99< >*+9>010-/1<126182>5+984403

货物或应税劳务、服务名称	规格型号	单位	数量	单价	金额	税率	税额
*餐饮服务*餐饮费		次	1	800.00	800.00	6%	48.00
合计					¥800.00		¥48.00
价税合计（大写）	⊗捌佰肆拾捌元整				（小写） ¥848.00		

销售方	名称：天津滨江大饭店有限公司 纳税人识别号：91120223MA09KT7T2T 地址、电话：天津市静海区胜利南路下三里路口586号 022-6032192 开户行及账号：中国工商银行天津小白楼支行 0302011309105261055	备注	天津滨江大饭店有限公司 91120223MA09KT7T2T 发票专用章

收款人：李超　　复核：王爱鸿　　开票人：徐建华　　销售方：（章）

税总函〔2016〕116号北京东港安全印刷有限公司

第二联：发票联 购买方记账凭证

图 4-23 天津增值税普通发票

【附件 2】转账支票存根如图 4－24 所示。

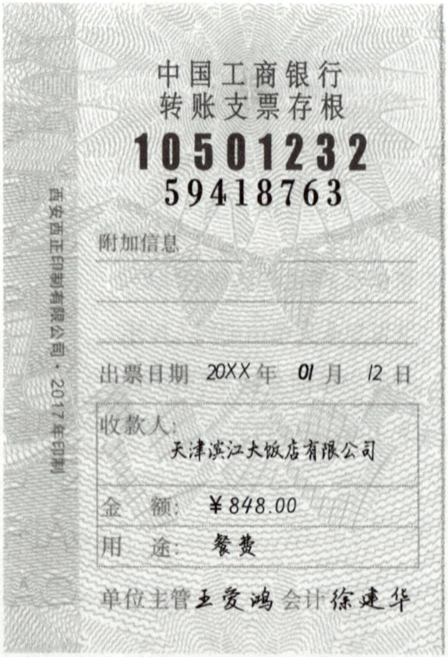
中国工商银行
转账支票存根
10501232
59418763
附加信息
出票日期 20XX 年 01 月 12 日
收款人：天津滨江大饭店有限公司
金 额：¥848.00
用 途：餐费
单位主管 王爱鸿 会计 徐建华
西安西正印制有限公司·2017年印制

图 4－24 转账支票存根

【附件 3】报销凭单如图 4－25 所示。

报销凭单

单位：天津市石联化工股份有限公司　　　　日期：20XX 年 01 月 12 日

<table>
<tr><td>部门</td><td colspan="3">经理办公室</td><td>经手人</td><td>张飞飞</td></tr>
<tr><td rowspan="2">报销方式</td><td colspan="5">现金　　电汇　　√ 支票</td></tr>
<tr><td colspan="5">冲借款（借款日期：　　，借款：　　元，另还现金：　　元）</td></tr>
<tr><td>用　途</td><td colspan="5">业务招待费</td></tr>
<tr><td colspan="3">报销金额（大写）：捌佰肆拾捌元整</td><td colspan="3">报销金额（小写）：¥848.00</td></tr>
<tr><td>总经理</td><td>于琳</td><td>财务经理</td><td>王爱鸿</td><td>部门经理</td><td>张雅楠</td></tr>
</table>

核算：徐慧　　会计：徐建华　　领款人：张飞飞

图 4－25 报销凭单

【记账凭证】记账凭证如表 4－33 所示。

【解析】《企业会计准则应用指南——会计科目和主要账务处理》规定，“管理费用”科目核算企业为组织和管理企业生产经营所发生的管理费用，包括企业在筹建期间内发生的开办费、董事会和行政管理部门在企业的经营管理中发生的或者应由企业统一负担的公司经费（包括行政管理部门职工工资及福利费、物料消耗、低值易耗品摊销、办公费和差旅费等）、工会经费、董事会费（包括董事会成员津贴、会议费和差旅费等）、聘请中介机

表 4-33　记账凭证

20XX年01月12日　　凭证号（记）　0012(1/1)

摘要	科目编号及名称	借方金额	贷方金额
业务招待费	660203管理费用——业务招待费	848.00	
业务招待费	100201银行存款——工行天津响锣湾支行		848.00
合计	捌佰肆拾捌元整	848.00	848.00

附件3张

会计主管　王爱鸿　　记账　徐建华　　复核　徐建华　　出纳　徐慧

构费、咨询费（含顾问费）、诉讼费、业务招待费、房产税、车船使用税、土地使用税、印花税、技术转让费、矿产资源补偿费、研究费用、排污费等。管理费用发生时，借记“管理费用”科目，贷记“银行存款”科目。

（三）差旅费

【经济业务 20】20××年 1 月 13 日，财务部房蕾报销差旅费用。

【附件 1】差旅费报销单如图 4-26 所示。

差旅费报销单

单位：天津市石联化工股份有限公司　　日期：20XX 年 01 月 13 日

部门				财务部			报销人		房蕾		
起讫日期				天数	起讫地点		车船费	补助	住宿费	汽车	其他费用
月	日	月	日								
01	08	01	13	6	天津	北京	130.00	600.00	1908.00		
费用小计							¥130.00	¥600.00	¥1908.00		
报销合计（大写）贰仟陆佰叁拾捌元整							报销合计（小写）¥2638.00				
总经理			于琳				财务经理		王爱鸿		

审核：徐慧　　会计：徐建华　　领款人：房蕾

图 4-26　差旅费报销单

【附件 2】去程火车票如图 4－27 所示。

P036415　　检票口07

天津　站　C2210　北京南 站
Tianjin　　　Beijingnan

20XX 年01月08日08:51　开　12 车02A号

¥65.00元　二等座

限乘当日当次车

1205121985****8421　房蕾

买票请到12306　发货请到95306
中国铁路祝您旅途愉快

16010000050305J040679　天津西售

图 4－27　去程火车票

$$
\begin{aligned}
\text{铁路旅客运输进项税额} &= \text{票面金额} \div (1+9\%) \times 9\% \\
&= 65 \div (1+9\%) \times 9\% \\
&= 5.37\ (\text{元})
\end{aligned}
$$

【附件 3】北京增值税专用发票如图 4－28 所示。

北京增值税专用发票

1100161320　　No 09201546　1100161320 09201546

（全国统一发票监制章 北京 国家税务局监制）

发　票　联

开票日期：20××年01月13日

购买方	名　称：天津市石联化工股份有限公司 纳税人识别号：911201160115029451 地址、电话：天津市滨海新区开发区十三大街　022-59870653 开户行及账号：中国工商银行天津响锣湾支行　0302011205146843701				密码区	059634766</3/-4761>><9>>828 /><8+81*5<<29371-++2/-74/** *2662/4375>76</7/-16753>99< >*+9>010-/1<126182>5+984403		
货物或应税劳务、服务名称		规格型号	单位	数量	单价	金额	税率	税额
*生活服务*住宿服务			天	6	300.00	1800.00	6%	108.00
合　计						¥1800.00		¥108.00
价税合计（大写）		⊗壹仟玖佰零捌元整				（小写）¥1908.00		
销售方	名　称：北京桔子水晶酒店管理咨询有限公司 纳税人识别号：91110101746291086E 地址、电话：北京市东城区崇文门外大街114号 010-65135106 开户行及账号：中国农业银行北京云岗支行　0311010588672465319				备注	（北京桔子水晶酒店管理咨询有限公司 91110101746291086E 发票专用章）		

收款人：张家维　　复核：杨福爱　　开票人：王龙伟　　销售方：（章）

税总函〔2016〕341号北京印钞有限公司

第三联：发票联　购买方记账凭证

图 4－28　北京增值税专用发票

【附件 4】回程火车票如图 4－29 所示。

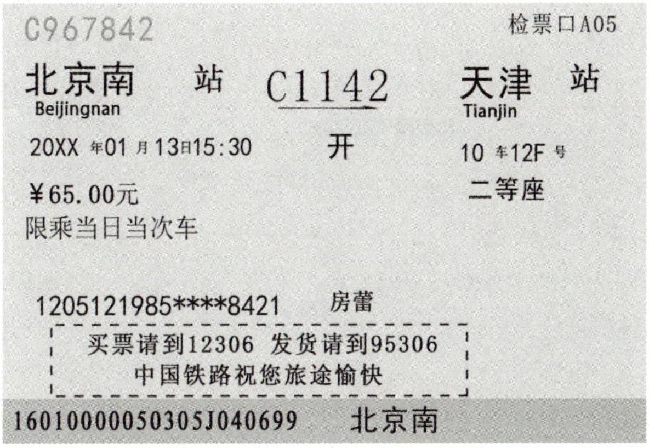

图 4-29　回程火车票

【解析】

(1) 参见经济业务 19 的解析。

(2)《关于全面推开营业税改征增值税试点的通知》(财税〔2016〕36 号) 附件 1 “营业税改征增值税试点实施办法” 第二十七条第 (六) 项规定了下列项目的进项税额不得从销项税额中抵扣：购进的旅客运输服务、贷款服务、餐饮服务、居民日常服务和娱乐服务。

《关于深化增值税改革有关政策的公告》(财政部　税务总局　海关总署公告 2019 年第 39 号) 第六条规定，纳税人购进国内旅客运输服务，其进项税额允许从销项税额中抵扣。

2019 年 4 月 1 日以后取得的手机票和酒店餐票不可以抵扣增值税进项税额，但是飞机票、高铁票、公路、水路等符合规定的客票可以抵扣进项税，住宿费如果取得增值税专用发票，也是可以抵扣进项税的。

注意：

1) 取得注明旅客身份信息的公路、水路等客票的，按照 3%计算进项税额。

2) 取得注明旅客身份信息的航空运输电子客票行程单的，按照 9%计算进项税额。

3) 取得注明旅客身份信息的铁路车票的，按照 9%计算进项税额。

4) 对于取得未注明旅客身份信息的出租票、公交车票等，不得计算抵扣。

5) 旅客运输服务是指客运服务，包括通过陆路运输、水路运输、航空运输为旅客个人提供的客运服务。

【记账凭证】记账凭证如表 4-34 所示。

(四) 票据结算手续费

【经济业务 21】20××年 1 月 20 日，票据结算手续费。

【附件 1】中国工商银行业务回单如图 4-30 所示。

表 4-34 记账凭证

20XX年01月13日 凭证号（记） 0013(1/1)

摘要	科目编号及名称	借方金额	贷方金额
差旅费进项税额	22210101应交税费——应交增值税——进项税额	118.74	
综合管理部报销北京差旅费	660201管理费用——差旅费	2519.26	
付综合部报销差旅费用	1001库存现金		2638.00
合计	贰仟陆佰叁拾捌元整	2638.00	2638.00

附件4张

会计主管 王爱鸿 记账 徐建华 复核 徐建华 出纳 徐慧

ICBC 中国工商银行 凭证

业务回单（付款）

日期：20××年01月20日 回单编号：08352714

付款人户名：天津市石联化工股份有限公司 付款人开户行：中国工商银行天津响锣湾支行
付款人账号（卡号）：0302011205146843701
收款人户名： 收款人开户行：
收款人账号（卡号）：
金额：贰仟元整 小写：¥2000.00
业务（产品）种类：对公收费 凭证种类：000000000 凭证号码：0000000000000000
摘要：对公收费明细入账 用途： 币种：人民币
交易机构：0030200108 记账柜员：00001 交易代码：68006 渠道：批量业务
产品名称：财智账户卡
费用名称：票据结算手续费 应收金额：¥2000.00
实收金额： ¥2000.00 收费渠道：
业务发生账号：0302011205146843701

（印章：中国工商银行天津响锣湾支行 自助回单机专用章 (001)）

本回单为第1次打印，注意重复 打印日期：20××年01月20日 打印柜员：9

图 4-30 中国工商银行付款凭证

【附件 2】天津增值税专用发票如图 4-31 所示。

1200173130　　**天津增值税专用发票**　　No 02948929　1200173130　02948929

（印章：全国统一发票监制章　天津　国家税务局监制）

发　票　联　　　开票日期：20××年01月20日

购买方	名　　称：天津市石联化工股份有限公司 纳税人识别号：911201160115029451 地址、电话：天津市滨海新区开发区十三大街 022-59870653 开户行及账号：中国工商银行天津响锣湾支行 0302011205146843701	密码区	47-6>920<+4>94/95998229//7*< 26-268660>1529>5<591-22-94++ 271688*45843//8>-5<873267>25 -5/-713<85555032+8<<8550-+82

货物或应税劳务、服务名称	规格型号	单位	数量	单价	金额	税率	税额
金融服务*直接收费金融服务		项	1	1886.79	1886.79	6%	113.21
合　　计					¥1886.79		¥113.21
价税合计（大写）	⊗贰仟元整				（小写）¥2000.00		

销售方	名　　称：中国工商银行天津响锣湾支行 纳税人识别号：911201160184277950 地址、电话：天津市滨海新区塘沽迎宾大道2058号 022-59878412 开户行及账号：中国工商银行天津响锣湾支行 2703020112051468484	备注	（印章：中国工商银行天津响锣湾支行　911201160184277950　发票专用章）

收款人：王钧　　复核：张欢　　开票人：何婷　　销售方：（章）

第二联：发票联　购买方记账凭证

税总函〔2016〕116号北京东港安全印刷有限公司

图 4-31　天津增值税专用发票

【记账凭证】记账凭证如表 4-35 所示。

表 4-35　记账凭证

20XX年01月20日　　　　凭证号（记）　0016（1/1）

摘要	科目编号及名称	借方金额	贷方金额
付工行基本户手续费	660302财务费用——银行手续费	1886.79	
付工行基本户手续费	22210101应交税费——应交增值税——进项税额	113.21	
付工行基本户手续费	100201银行存款——工行天津响锣湾支行		2000.00
合计	贰仟元整	2000.00	2000.00

附件2张

会计主管　王爱鸿　　记账　徐建华　　复核　徐建华　　出纳　徐慧

【解析】《企业会计准则应用指南——会计科目和主要账务处理》规定，“财务费用”科目核算企业为筹集生产经营所需资金等而发生的筹资费用，包括利息支出（减利息收入)、汇兑损益以及相关的手续费、企业发生的现金折扣或收到的现金折扣等。企业发生的财务费用，借记“财务费用”科目，贷记“银行存款”“未确认融资费用”等科目。发生的应冲减财务费用的利息收入、汇兑损益、现金折扣，借记“银行存款”“应付账款”等科目，贷记“财务费用”科目。

(五)取备用金

【经济业务 22】20××年 1 月 31 日，支取现金。

【附件 1】现金支票如图 4-32 所示。

中国工商银行
现金支票存根
10501212
60945317
附加信息
出票日期 20XX 年 01 月 31 日
收款人: 天津市石联化工股份有限公司
金 额: ￥5000.00
用 途: 取现备用
单位主管 王爱鸿 会计 徐建华

西安西正印制有限公司·2017年印制

图 4-32 现金支票

【附件 2】付款申请单如图 4-33 所示。

付款申请单

付款单编号: 0946037　　　　申请日期: 20XX 年 01 月 31 日

款项用途	取现备用		
付款依据(合同名称/合同号)		开票情况	☑已开票 ☐未开票 ☐其他
付款金额	人民币(大写) 伍仟元整	人民币(小写)	￥5000.00
支付方式	☐支票 ☑现金 ☐银行转账 ☐其他		
收款单位	天津市石联化工股份有限公司	收款单位开户行	
收款账号		联系电话	

经手人: 徐慧　　财务经理: 王爱鸿　　总经理: 于琳

图 4-33 付款申请单

【记账凭证】记账凭证如表 4－36 所示。

表 4－36 记账凭证

20XX年01月31日　　　　凭证号（记） 0037(1/1)

摘要	科目编号及名称	借方金额	贷方金额
取现支票号60945317	1001库存现金	5000.00	
取现支票号60945317	100201银行存款——工行天津响锣湾支行		5000.00
合计	伍仟元整	5000.00	5000.00

附件2张

会计主管 王爱鸿　　记账 徐建华　　复核 徐建华　　出纳 徐慧

【解析】《企业会计准则应用指南——会计科目和主要账务处理》规定，企业有内部各部门周转使用的备用金的，可单独设置“备用金”科目进行核算。提取备用金时，借记“库存现金”，贷记“银行存款”。

五、科目余额表

天津市石联化工股份有限公司 1 月科目余额表如表 4－37 所示。

六、资产负债表

天津市石联化工股份有限公司 1 月资产负债表如表 4－38 所示。

本书稿中财务报表全部按财政部《关于修订印发 2019 年度一般企业财务报表格式的通知》财会〔2019〕6 号文件中附件 1：一般企业财务报表格式（适用于未执行新金融准则、新收入准则和新租赁准则的企业）编制。

七、利润表

天津市石联化工股份有限公司 1 月利润表如表 4－39 所示。

表 4-37　科目余额表

天津市石联化工股份有限公司　　20××年 01 月 31 日　　单位：元

科目编号	科目名称	年初余额		期初余额		本期发生		本年累计		期末余额	
		方向	金额余额	方向	金额余额	借方金额	贷方金额	借方金额	贷方金额	方向	金额余额
1001	库存现金	借	36 846.38	借	36 846.38	5 000.00	2 638.00	5 000.00	2 638.00	借	39 208.38
1002	银行存款	借	20 765 347.71	借	20 765 347.71	2 430 000.00	4 031 408.53	2 430 000.00	4 031 408.53	借	19 163 939.18
1121	应收票据	借	200 000.00	借	200 000.00	0.00	0.00	0.00	0.00	借	200 000.00
1122	应收账款	借	3 082 800.00	借	3 082 800.00	5 847 750.00	2 430 000.00	5 847 750.00	2 430 000.00	借	6 500 550.00
1123	预付账款	平	0.00	平	0.00	847 500.00	0.00	847 500.00	0.00	借	847 500.00
1221	其他应收款	借	3 000.00	借	3 000.00	0.00	0.00	0.00	0.00	借	3 000.00
1403	原材料	借	9 493 390.00	借	9 493 390.00	500 000.00	530 437.04	500 000.00	530 437.04	借	9 462 952.96
1405	库存商品	借	20 000 000.00	借	20 000 000.00	2 783 744.71	5 406 636.65	2 783 744.71	5 406 636.65	借	17 377 108.06
1601	固定资产	借	4 596 186.00	借	4 596 186.00	0.00	0.00	0.00	0.00	借	4 596 186.00
1602	累计折旧	贷	486 780.00	贷	486 780.00	0.00	44 125.00	0.00	44 125.00	贷	530 905.00
2211	应付职工薪酬	贷	35 130.00	贷	35 130.00	853 961.00	830 541.00	853 961.00	830 541.00	贷	11 710.00
2221	应交税费	贷	1 491 570.28	贷	1 491 570.28	2 164 320.28	1 376 695.57	2 164 320.28	1 376 695.57	贷	703 945.57
2241	其他应付款	贷	208 782.50	贷	208 782.50	158 150.00	152 295.00	158 150.00	152 295.00	贷	202 927.50
4001	实收资本（股本）	贷	50 000 000.00	贷	50 000 000.00	0.00	0.00	0.00	0.00	贷	50 000 000.00
4003	专项储备	平	0.00	平	0.00	5 000.00	25 875.00	5 000.00	25 875.00	贷	20 875.00
4103	本年利润	平	0.00	平	0.00	4 410 225.80	5 175 000.00	4 410 225.80	5 175 000.00	贷	764 774.20
4104	利润分配	贷	5 955 307.31	贷	5 955 307.31	0.00	0.00	0.00	0.00	贷	5 955 307.31
5001	生产成本	平	0.00	平	0.00	2 948 444.71	2 948 444.71	2 948 444.71	2 948 444.71	平	0.00
5101	制造费用	平	0.00	平	0.00	439 161.90	439 161.90	439 161.90	439 161.90	平	0.00
6001	主营业务收入	平	0.00	平	0.00	5 175 000.00	5 175 000.00	5 175 000.00	5 175 000.00	平	0.00
6401	主营业务成本	平	0.00	平	0.00	4 095 740.88	4 095 740.88	4 095 740.88	4 095 740.88	平	0.00
6403	税金及附加	平	0.00	平	0.00	123 420.98	123 420.98	123 420.98	123 420.98	平	0.00
6601	销售费用	平	0.00	平	0.00	49 300.00	49 300.00	49 300.00	49 300.00	平	0.00
6602	管理费用	平	0.00	平	0.00	139 877.15	139 877.15	139 877.15	139 877.15	平	0.00
6603	财务费用	平	0.00	平	0.00	1 886.79	1 886.79	1 886.79	1 886.79	平	0.00
	合计	借：	58 177 570.09	借：	58 177 570.09	32 972 793.20	32 972 793.20	32 972 793.20	32 972 793.20	借：	58 190 444.58
		贷：	58 177 570.09	贷：	58 177 570.09					贷：	58 190 444.58

表 4-38　资产负债表

会企 01 表

编制单位：天津市石联化工股份有限公司　　20××年 01 月 31 日　　单位：元

资　　产	年初余额	期末余额	负债和所有者权益（或股东权益）	年初余额	期末余额
流动资产			流动负债		
货币资金	20 802 194.09	19 203 147.56	短期借款	—	—
以公允价值计量且其变动计入当期损益的金融资产	—	—	以公允价值计量且其变动计入当期损益的金融负债	—	—
衍生金融资产	—	—	衍生金融负债	—	—
应收票据	200 000.00	200 000.00	应付票据	0.00	0.00
应收账款	3 082 800.00	6 500 550.00	应付账款	—	—
预付款项	—	847 500.00	预收款项	—	—
其他应收款	3 000.00	3 000.00	应付职工薪酬	35 130.00	11 710.00
存货	29 493 390.00	26 840 061.02	应交税费	1 491 570.28	703 945.57
持有待售资产	—	—	其他应付款	208 782.50	202 927.50
一年内到期的非流动资产	—	—	持有待售负债	—	—
其他流动资产	—	—	一年内到期的非流动负债	—	—
流动资产合计	53 581 384.09	53 594 258.58	其他流动负债	—	—
非流动资产：			流动负债合计	1 735 482.78	918 583.07
可供出售金融资产	—	—	非流动负债：		
持有至到期投资	—	—	长期借款	—	—
长期应收款	—	—	应付债券	—	—
长期股权投资	—	—	其中：优先股	—	—
投资性房地产	—	—	永续债	—	—
固定资产	4 109 406.00	4 065 281.00	长期应付款	—	—
在建工程	—	—	预计负债	—	—
生产性生物资产	—	—	递延收益	—	—
油气资产	—	—	递延所得税负债	—	—
无形资产	—	—	其他非流动负债	—	—
开发支出	—	—	非流动负债合计	—	—

续表

资　　产	年初余额	期末余额	负债和所有者权益（或股东权益）	年初余额	期末余额
商誉	—	—	负债合计	1 735 482.78	918 583.07
长摊待摊费用	—	—	所有者权益（或股东权益）：		
递延所得税资产	—	—	实收资本（或股本）	50 000 000.00	50 000 000.00
其他非流动资产	—	—	其他权益工具	—	—
非流动资产合计	4 109 406.00	4 065 281.00	其中：优先股	—	—
			永续债	—	—
			资本公积	—	—
			减：库存股	—	—
			其他综合收益	—	—
			专项储备	—	20 875.00
			盈余公积	—	—
			未分配利润	5 955 307.31	6 720 081.51
			所有者权益（或股东权益）合计	55 955 307.31	56 740 956.51
资产合计	57 690 790.09	57 659 539.58	负债和所有者权益（或股东权益）总计	57 690 790.09	57 659 539.58

表 4-39　利润表

会企 02 表

编制单位：天津市石联化工股份有限公司 20××年 01 月 31 日　　单位：元

项　　目	本期金额	上期金额
一、营业收入	5 175 000.00	5 019 750.00
减：营业成本	4 095 740.88	3 972 868.65
税金及附加	123 420.98	119 718.35
销售费用	49 300.00	47 821.00
管理费用	139 877.15	135 680.84
研发费用	—	—
财务费用	1 886.79	1 830.19
其中：利息费用	—	—
利息收入	—	—
加：其他收益	—	—
投资收益（损失以“—”号填列）	—	—
其中：对联营企业和合营企业的投资收益	—	—
公允价值变动收益（损失以“—”号填列）	—	—
资产减值损失（损失以“—”号填列）	—	—
资产处置收益（损失以“—”号填列）	—	—
二、营业利润（亏损以“—”号填列）	764 774.20	741 830.97
加：营业外收入	—	—
减：营业外支出	—	—
三、利润总额（亏损总额以“—”号填列）	764 774.20	741 830.97
减：所得税费用	—	—
四、净利润（净亏损以“—”号填列）	764 774.20	741 830.97
（一）持续经营净利润（净亏损以“—”号填列）	—	—
（二）终止经营净利润（净亏损以“—”号填列）	—	—
五、其他综合收益的税后净额	—	—
（一）不能重分类进损益的其他综合收益	—	—
1. 重新计量设定受益计划变动额	—	—
2. 权益法下不能转损益的其他综合收益	—	—
（二）将重分类进损益的其他综合收益	—	—
1. 权益法下可转损益的其他综合收益	—	—
2. 可供出售金融资产公允价值变动损益	—	—
3. 持有至到期投资重分类可供出售金融资产损益	—	—
4. 现金流量套期损益的有效部分	—	—
5. 外币财务报表折算差额	—	—

续表

项　　目	本期金额	上期金额
六、综合收益总额	—	—
七、每股收益：	—	—
（一）基本每股收益	—	—
（二）稀释每股收益	—	—

任务二

二月会计业务处理

一、采购业务核算

【经济业务 23】20××年 2 月 10 日，公司采购部根据生产部门的需求，从壳牌华北石油集团有限公司购入液态烃 250 000 千克，含税单价 5 元/千克，收到对方开来的增值税专用发票，款项已支付。

【附件 1】天津增值税专用发票如图 4－34 所示。

天津增值税专用发票

1200161320　　　　No 07561335　　1200161320 07561335

（印章：全国统一发票监制章 天津 国家税务局监制）

发票联　　　　开票日期：20××年02月10日

购买方	名　　称：天津市石联化工股份有限公司 纳税人识别号：911201160115029451 地 址、电 话：天津市滨海新区开发区十三大街　022-59870653 开户行及账号：中国工商银行天津响锣湾支行　0302011205146843701	密码区	059634766</3/-4761>><9>>828 /><8+81*5<<29371-++2/-74/** *2662/4375>76</7/-16753>99< >*+9>010-/1<126182>5+984403

货物或应税劳务、服务名称	规格型号	单位	数　量	单　价	金　额	税率	税　额
有机化学原料 液态烃		千克	250000.00	5.00	1250000.00	13%	162500.00
合　　计					￥1250000.00		￥162500.00
价税合计（大写）	⊗壹佰肆拾壹万贰仟伍佰元整				（小写）￥1412500.00		

销售方	名　　称：壳牌华北石油集团有限公司 纳税人识别号：91120101228654707D 地 址、电 话：天津市和平区西宁道61号增3号　022-56247893 开户行及账号：中国工商银行天津友谊路支行　0302011205987536925	备注	（印章：壳牌华北石油集团有限公司 91120101228654707D 发票专用章）

收款人：刘越　　复核：王爱鸿　　开票人：王超　　销售方：（章）

税总函〔2016〕7号北京印钞有限公司

第三联：发票联　购买方记账凭证

图 4－34　天津增值税专用发票

【附件 2】中国工商银行业务回单如图 4－35 所示。

ICBC 中国工商银行　　凭证

业务回单（付款）

日期：20××年02月10日　　回单编号：08353182

付款人户名：天津市石联化工股份有限公司　　付款人开户行：中国工商银行天津响锣湾支行

付款人账号（卡号）：0302011205146843701

收款人户名：壳牌华北石油集团有限公司　　收款人开户行：中国工商银行天津友谊路支行

收款人账号（卡号）：0302011205987536925

金额：壹佰肆拾壹万贰仟伍佰元整　　小写：¥1412500.00

业务（产品）种类：转账　　凭证种类：000000000　　凭证号码：0000000000000000

摘要：支付货款　　用途：　　币种：人民币

交易机构：　　记账柜员：00010　　交易代码：　　渠道：中间业务后台方式

中国工商银行天津响锣湾支行
自助回单机专用章
<001>

本回单为第2次打印，注意重复　　打印日期：20××年02月10日　　打印柜员：9

图 4－35　中国工商银行业务回单

【附件 3】入库单如图 4－36 所示。

入　库　单

STOCK IN　（记 账）　No 04176952

20××年　02 月　10　日　　对方科目

名称 Product Name	单位 Unit	数量 Quantity	单价 Unit Price	金额 Amount 亿	千	百	十	万	千	百	十	元	角	分	备注 Remark
液态烃	千克	250000.00	5.00		¥	1	2	5	0	0	0	0	0	0	
合计					¥	1	2	5	0	0	0	0	0	0	

附件　张

主管 Director 李乐　　会计 Accountant 徐建华　　保管员 Storeman 高山　　经手人 Handler 高山

图 4－36　入库单

【附件 4】报销凭单如图 4-37 所示。

报销凭单

单位：天津市石联化工股份有限公司　　　　日期：20××年02月10日

<table>
<tr><td>部门</td><td>采购部</td><td>经手人</td><td colspan="3">代聪飞</td></tr>
<tr><td rowspan="2">报销方式</td><td colspan="5">现金　　√电汇　　支票</td></tr>
<tr><td colspan="5">冲借款（借款日期：　　　，借款：　　　元，另还现金：　　　元）</td></tr>
<tr><td>用　途</td><td colspan="5">采购原材料</td></tr>
<tr><td colspan="3">报销金额（大写）：壹佰肆拾壹万贰仟伍佰元整</td><td colspan="3">报销金额（小写）：¥1412500.00</td></tr>
<tr><td>总经理</td><td>于琳</td><td>财务经理</td><td>王爱鸿</td><td>部门经理</td><td>刘洪序</td></tr>
</table>

核算：徐慧　　　会计：徐建华　　　领款人：代聪飞

图 4-37　报销凭单

【会计分录】根据相关单据，做会计分录：

借：原材料——液态烃　　1 250 000

　　应交税费——应交增值税——进项税额　　162 500

　贷：银行存款——工行天津响锣湾支行　　1 412 500

【解析】《企业会计准则应用指南——会计科目和主要账务处理》规定，企业购入并已验收入库的材料，按计划成本或实际成本，借记"原材料"，按实际成本，贷记"材料采购"或"在途物资"科目，按计划成本与实际成本的差异，借记或贷记"材料成本差异"科目。

二、房屋租赁业务核算

【经济业务 24】20××年 2 月 2 日，支付厂房及办公室房屋租赁费。

【附件 1】费用摊销表如表 4-40 所示。

表 4-40　费用摊销表

编制单位：天津市石联化工股份有限公司　　20××年 02 月 02 日　　单位：元

项目名称	分配比例	本月摊销额
气分车间房租	30%	18 900.00
聚丙烯车间房租	60%	37 800.00
综合管理房租	10%	6 300.00
合计	100%	63 000.00

【附件 2】中国工商银行业务回单如图 4－38 所示。

ICBC 中国工商银行　　凭证

业务回单（付款）

日期：20××年02月02日　　回单编号：03096833

付款人户名：天津市石联化工股份有限公司　　付款人开户行：中国工商银行天津响锣湾支行

付款人账号（卡号）：0302011205146843701　　收款人开户行：中国农业银行天津西青开发区支行

收款人户名：天津泰达物业管理有限公司

收款人账号（卡号）：0215000104006522234

金额：陆万捌仟陆佰柒拾元整　　小写：¥68670.00

业务（产品）种类：转账　　凭证种类：000000000　　凭证号码：00000000000000000

摘要：租赁费　　用途：　　币种：人民币

交易机构：102110089177　记账柜员：00010　交易代码：42807351　渠道：中间业务后台方式

（印章：中国工商银行天津响锣湾支行 自助回单机专用章 (001)）

本回单为第2次打印，注意重复　　打印日期：20××年02月02日　　打印柜员：9

图 4－38　中国工商银行业务回单

【附件 3】天津增值税专用发票如图 4－39 所示。

1200161320　　天津增值税专用发票　　No 02543759　　1200161320 02543759

（印章：全国统一发票监制章 天津 国家税务局监制）

发票联　　开票日期：20××年02月02日

税总函〔2016〕116号北京东港安全印刷有限公司

购买方	名称：天津市石联化工股份有限公司 纳税人识别号：911201160115029451 地址、电话：天津市滨海新区开发区十三大街 022-59870653 开户行及账号：中国工商银行天津响锣湾支行 0302011205146843701				密码区	/+63-2472//761>+8548916>60- 6221538<16-30>7014<6*740->6- *013586<*<-<41*7<880+9-96>>1 >59-43519+335*+7024*6/056324		
货物或应税劳务、服务名称	规格型号	单位	数量	单价	金额	税率	税额	
*经营租赁*房租			1	63000.00	63000.00	9%	5670.00	
合计					¥63000.00		¥5670.00	
价税合计（大写）	⊗陆万捌仟陆佰柒拾元整				（小写）¥68670.00			
销售方	名称：天津泰达物业管理有限公司 纳税人识别号：911201177362439086 地址、电话：西青经济开发区大寺工业园洪泽路12号 022-23758868 开户行及账号：中国农业银行天津西青开发区支行 0215000104006522234				备注	（印章：天津泰达物业管理有限公司 911201177362439086 发票专用章）		

第三联：发票联 购买方记账凭证

收款人：张斌斌　　复核：郝宗正　　开票人：李洪　　销售方：（章）

图 4－39　天津增值税专用发票

【附件 4】报销凭单如图 4－40 所示。

报销凭单

单位：天津市石联化工股份有限公司　　　　日期：20××年02月02日

<table>
<tr><td>部门</td><td colspan="2">经理办公室</td><td>经手人</td><td colspan="2">张飞飞</td></tr>
<tr><td rowspan="2">报销方式</td><td colspan="5">现金　　√电汇　　支票</td></tr>
<tr><td colspan="5">冲借款（借款日期：　　，借款：　　元，另还现金：　　元）</td></tr>
<tr><td>用　途</td><td colspan="5">支付厂房及办公室租赁费</td></tr>
<tr><td colspan="3">报销金额（大写）：陆万捌仟陆佰柒拾元整</td><td colspan="3">报销金额（小写）：¥68670.00</td></tr>
<tr><td>总经理</td><td>于琳</td><td>财务经理</td><td>王爱鸿</td><td>部门经理</td><td>张雅楠</td></tr>
</table>

核算：徐慧　　　　会计：徐建华　　　　领款人：张飞飞

图 4-40　报销凭单

【会计分录】根据相关单据，做会计分录：

借：制造费用——租金——气分车间　　18 900
　　制造费用——租金——聚丙烯车间　　37 800
　　管理费用——租金　　6 300
　　应交税费——应交增值税——进项税额　　5 670
　贷：银行存款——工行天津响锣湾支行　　68 670

【解析】

（1）参见经济业务 19 的解析。

（2）《企业会计准则应用指南——会计科目和主要账务处理》规定，制造费用核算企业生产车间、部门为生产产品和提供劳务而发生的各项间接费用，生产车间支付的办公费、修理费、水电费等，借记“制造费用”，贷记“银行存款”等科目。

三、物业费核算

【经济业务 25】20××年 2 月 10 日，支付物业费。

【附件 1】费用摊销表如表 4-41 所示。

表 4-41　费用摊销表

编制单位：天津市石联化工股份有限公司　　20××年 02 月 10 日　　单位：元

项目名称	分配比例	本月摊销额
气分车间物业费	30%	945.00
聚丙烯车间物业费	60%	1 890.00
综合管理物业费	10%	315.00
合计	100%	3 150.00

【附件 2】报销凭单如图 4－41 所示。

报销凭单

单位：天津市石联化工股份有限公司　　　　日期：20××年02月10日

部门	经理办公室	经手人	张飞飞
报销方式	现金　√电汇　支票		
	冲借款（借款日期：　，借款：　元，另还现金：　元）		
用　途	物业费		
报销金额（大写）：叁仟叁佰叁拾玖元整		报销金额（小写）：￥3339.00	
总经理	于琳	财务经理	王爱鸿	部门经理	张雅楠

核算：王爱鸿　　　　会计：徐建华　　　　领款人：张飞飞

图 4－41　报销凭单

【附件 3】天津增值税专用发票如图 4－42 所示。

1200161320　　**天津增值税专用发票**　　No 02542660　1200161320

发　票　联　　　　02542660

开票日期：20××年02月10日

购买方	名　　称：天津市石联化工股份有限公司 纳税人识别号：911201160115029451 地址、电话：天津市滨海新区开发区十三大街 022-59870653 开户行及账号：中国工商银行天津响锣湾支行 0302011205146843701	密码区	1--773>3>109-</*>78401+69>4> 5*/08>6*<4<2162+</04*<50/6<< 0-663853>02/>4/*93813*2885-3 <65/8>5*5/469674</+<--2+92*2

货物或应税劳务、服务名称	规格型号	单位	数量	单价	金额	税率	税额
*企业管理服务*物业费			1	3150.00	3150.00	6%	189.00
合　　计					￥3150.00		￥189.00
价税合计（大写）	⊗叁仟叁佰叁拾玖元整				（小写）￥3339.00		

销售方	名　　称：天津泰达物业管理有限公司 纳税人识别号：91120117736243908６ 地址、电话：西青经济开发区大寺工业园洪泽路12号 022-23758868 开户行及账号：中国农业银行天津西青开发区支行 0215000104006522 34	备注	天津泰达物业管理有限公司 911201177362439086 发票专用章

收款人：张斌斌　　复核：郝宋正　　开票人：李洪　　销售方：（章）

税总函〔2016〕7号北京印钞有限公司

第三联：发票联　购买方记账凭证

图 4－42　天津增值税专用发票

【附件 4】中国工商银行业务回单如图 4－43 所示。

ICBC 中国工商银行　　凭证

业务回单（付款）

日期：20××年02月10日　　回单编号：08352715

付款人户名：天津市石联化工股份有限公司　　付款人开户行：中国工商银行天津响锣湾支行
付款人账号（卡号）：0302011205146843701　　收款人开户行：中国农业银行天津西青开发区支行
收款人户名：天津泰达物业管理有限公司
收款人账号（卡号）：0215000104006522234
金额：叁仟叁佰叁拾玖元整　　小写：￥3339.00
业务（产品）种类：转账　　凭证种类：000000000　　凭证号码：00000000000000000
摘要：物业费　　用途：　　币种：人民币
交易机构：　　记账柜员：00010　　交易代码：　　渠道：中间业务后台方式

中国工商银行天津响锣湾支行 自助回单机专用章 （001）

本回单为第2次打印，注意重复　　打印日期：20××年02月10日　　打印柜员：9

图 4－43　中国工商银行业务回单

【会计分录】根据相关单据，做会计分录：

借：制造费用——物业费——气分车间　　945
　　制造费用——物业费——聚丙烯车间　　1 890
　　管理费用——物业费　　315
　　应交税费——应交增值税——进项税额　　189
　贷：银行存款——工行天津响锣湾支行　　3 339

【解析】参见经济业务 24 的解析。

四、水电气消耗核算

【经济业务 26】20××年 2 月 26 日，结算本月燃料动力费。

【附件 1】燃料动力费分配分摊表如表 4－42 所示。

表 4－42　燃料动力费分配分摊表

编制单位：天津市石联化工股份有限公司　　20××年 02 月 26 日　　单位：元

分摊部门	水电气消耗	计量单位	分配比例	数量	金额	合计
气分车间	水	吨	20%	840.00	6 088.07	93 502.76
	电	度	20%	18 000.00	11 591.68	
	蒸汽	吨	100%	420.00	75 823.01	
聚丙烯车间	水	吨	70%	2 940.00	21 308.26	61 879.14
	电	度	70%	63 000.00	40 570.88	
	蒸汽	吨	0%			
综合管理部门	水	吨	10%	420.00	3 044.04	8 839.89
	电	度	10%	9 000.00	5 795.85	
	蒸汽	吨	0%			
合计						164 221.79

单位负责人签章：王爱鸿　　统计负责人：徐建华　　填表人签章：徐建华

【附件2】报销凭单如图4-44所示。

报销凭单

单位：天津市石联化工股份有限公司　　　　日期：20××年02月26日

部门	经理办公室		经手人	张飞飞	
报销方式	现金　　电汇　　√ 支票				
	冲借款（借款日期：　　，借款：　　元，另还现金：　　元）				
用　途	水电蒸汽费用				
报销金额（大写）：壹拾捌万肆仟叁佰伍拾叁元整			报销金额（小写）：¥184353.00		
总经理	于琳	财务经理	王爱鸿	部门经理	张雅楠

核算：徐慧　　　　会计：徐建华　　　　领款人：张飞飞

图4-44 报销凭单

【附件3】天津增值税专用发票如图4-45所示。

天津增值税专用发票

1200161320　　　　No 07452456　1200161320　07452456

发票联

开票日期：20××年02月26日

购买方	名称：天津市石联化工股份有限公司 纳税人识别号：911201160115029451 地址、电话：天津市滨海新区开发区十三大街　022-59870653 开户行及账号：中国工商银行天津响锣湾支行　0302011205146843701	密码区	4606824<//<501>3<45>7/-28+9< 26-9*>+1</<-58178+373>7611>7 57+/50<*4528<8123/2>9>1>2610 025>03<++0<>125*<56-**/*+>86

货物或应税劳务、服务名称	规格型号	单位	数量	单价	金额	税率	税额
*水冰雪*水费		吨	4200.00	7.247707	30440.37	9%	2739.63
*供电*电		度	90000.00	0.643982	57958.41	13%	7534.59
*供热*蒸汽		吨	420.00	180.350976	75823.01	13%	9856.99
合计					¥164221.79		¥20131.21
价税合计（大写）	⊗壹拾捌万肆仟叁佰伍拾叁元整				（小写）¥184353.00		

销售方	名称：天津泰达物业管理有限公司 纳税人识别号：911201177362439086 地址、电话：西青经济开发区大寺工业园洪泽路12号　022-23758868 开户行及账号：中国农业银行天津西青开发区支行　021500010400652234	备注	天津泰达物业管理有限公司 911201177362439086 发票专用章

收款人：孙金　　复核：艾雪　　开票人：陈琦　　销售方：（章）

税总函〔2016〕7号北京印钞有限公司

第三联：发票联　购买方记账凭证

图4-45 天津增值税专用发票

【附件 4】转账支票存根如图 4－46 所示。

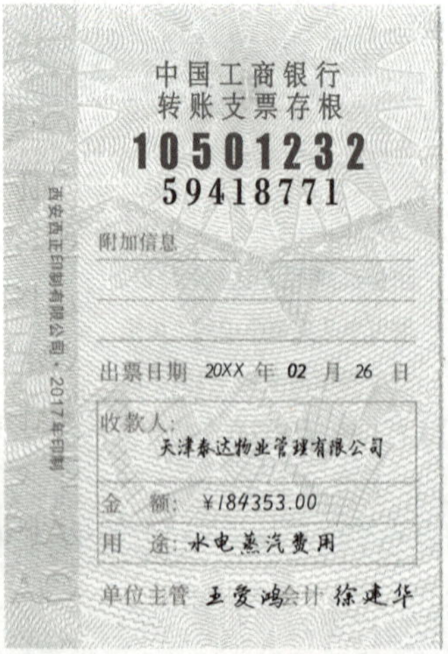
中国工商银行
转账支票存根
10501232
59418771

附加信息

出票日期 20XX 年 02 月 26 日

收款人：天津春达物业管理有限公司

金 额：￥184353.00

用 途：水电蒸汽费用

单位主管 王贵鸿 会计 徐建华

图 4－46 转账支票存根

【会计分录】根据相关单据，做会计分录：

借：制造费用——燃料动力费用——气分车间 93 502.76

制造费用——燃料动力费用——聚丙烯车间 61 879.14

管理费用——燃料动力费 8 839.89

应交税费——应交增值税——进项税额 20 131.21

贷：银行存款——工行天津响锣湾支行 184 353

【解析】参见经济业务 24 的解析（2）。

任务三

三月会计业务处理

聚丙烯工艺示意图如图 4－47 所示。

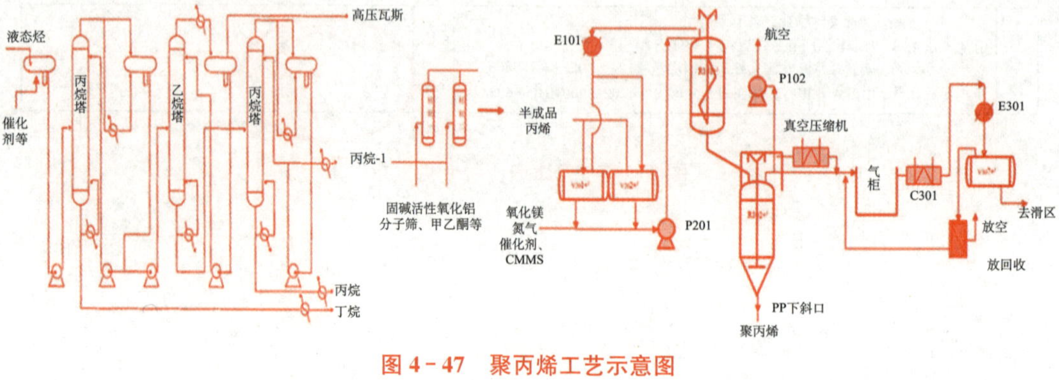

图 4－47 聚丙烯工艺示意图

成本计算流程图如图 4－48 至图 4－53 所示。

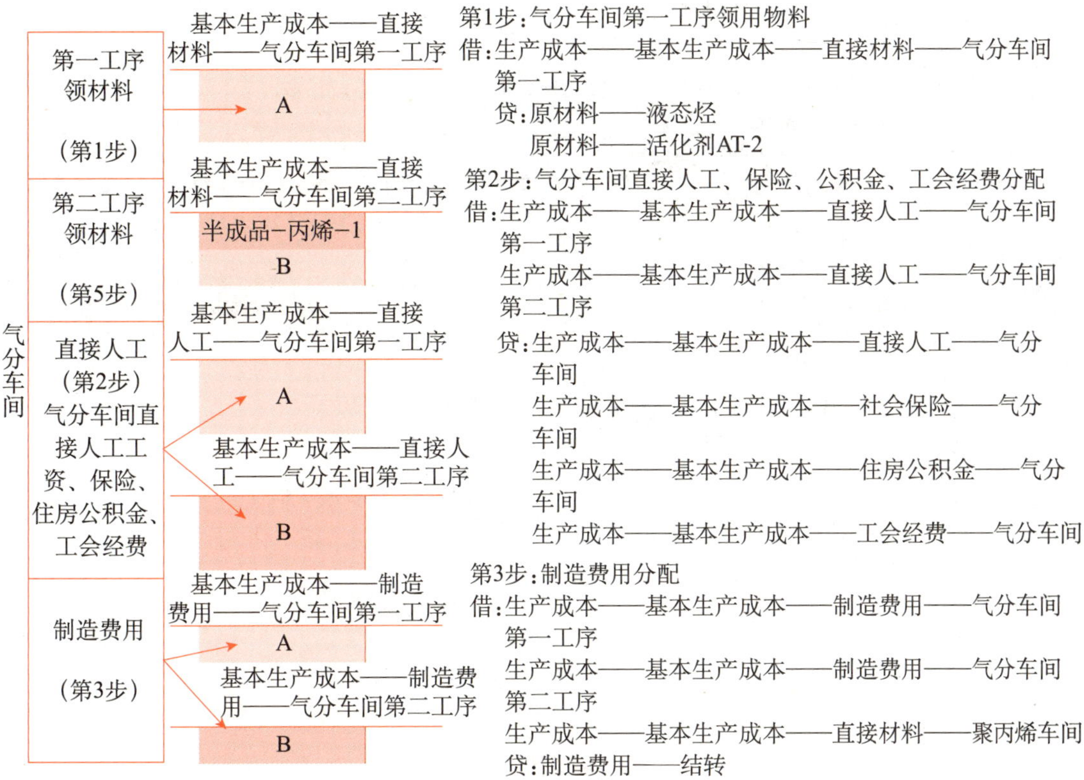

图 4－48 成本计算流程图之一

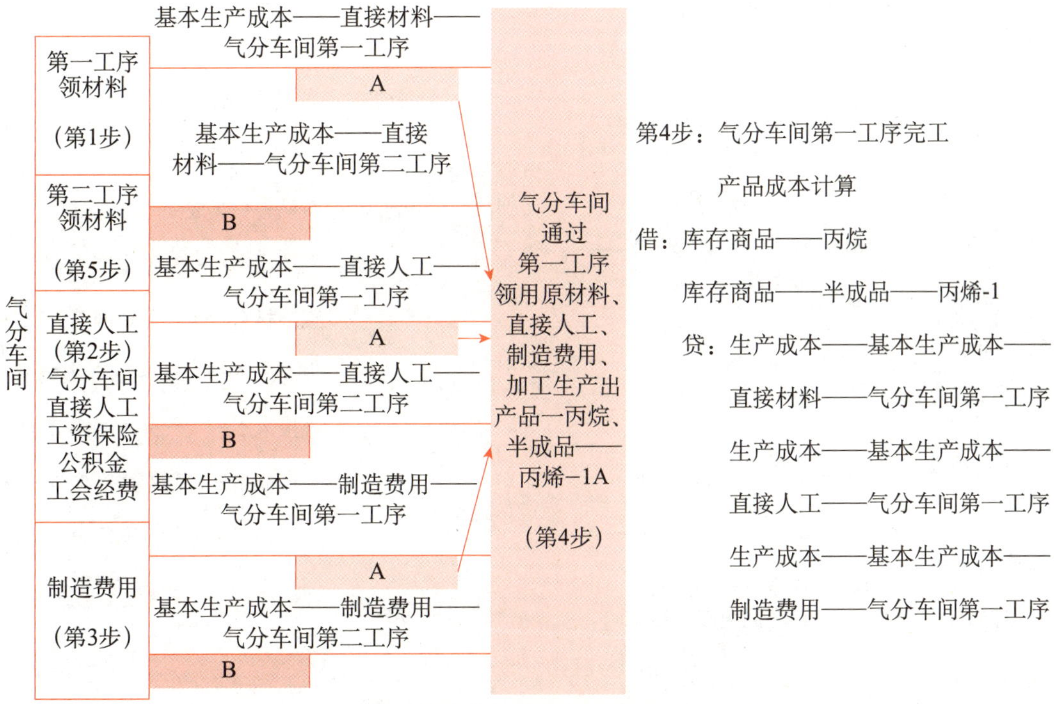

图 4－49 成本计算流程图之二

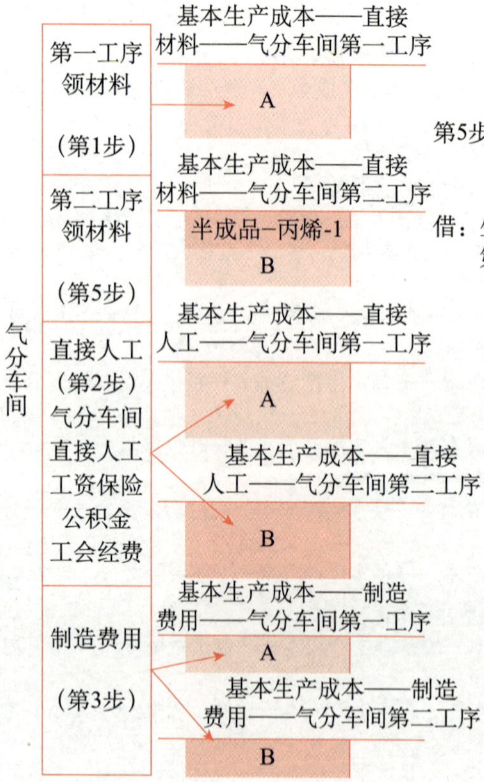

第5步：气分车间第二工序领用物料

借：生产成本——基本生产成本——直接材料——气分车间第二工序

贷：库存商品——半成品——丙烯-1

原材料——固碱

原材料——活性氧化铝

原材料——分子筛

原材料——甲乙酮

图 4-50 成本计算流程图之三

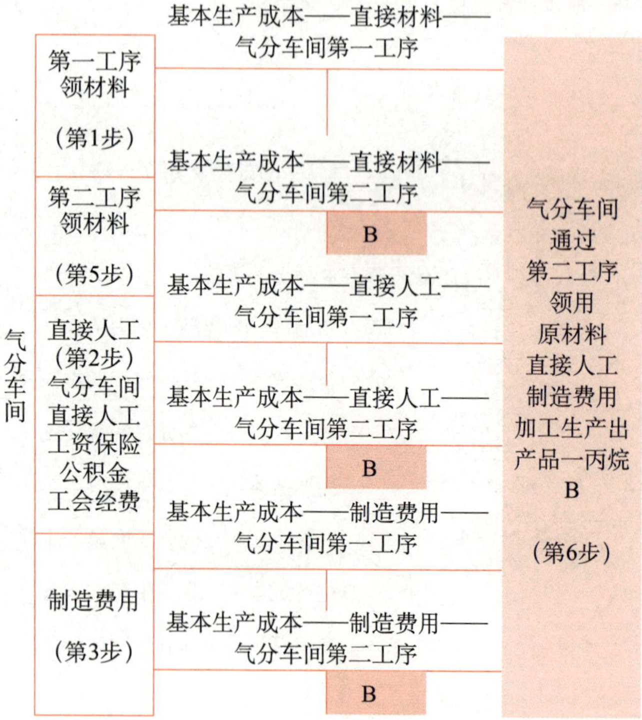

第6步：气分车间第二工序完工产品成本计算

借：库存商品——半成品——丙烯

贷：生产成本——基本生产成本——直接材料——气分车间第二工序

生产成本——基本生产成本——直接人工——气分车间第二工序

生产成本——基本生产成本——制造费用——气分车间第二工序

图 4-51 成本计算流程图之四

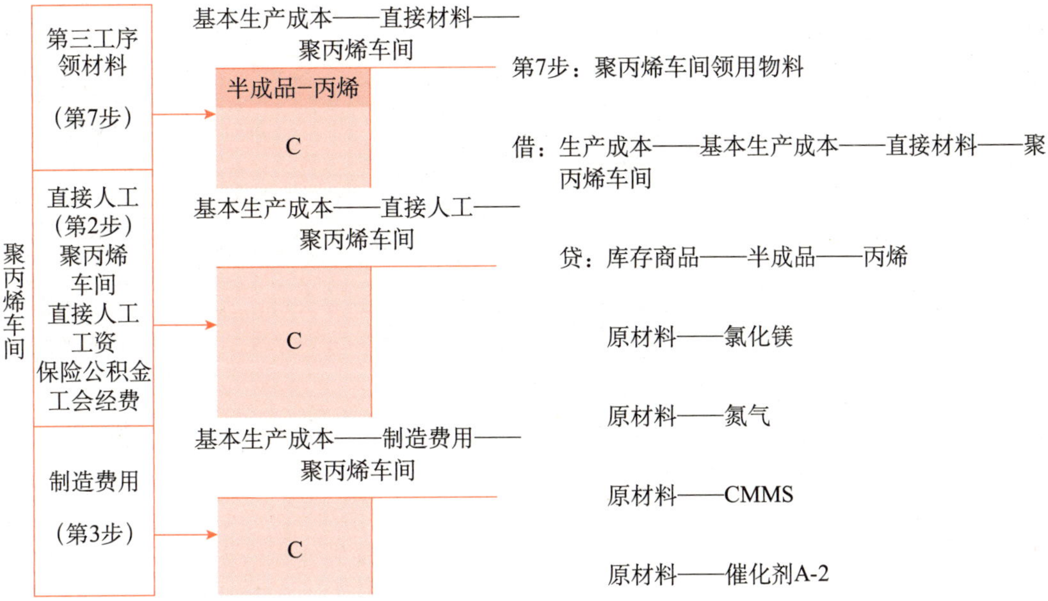

图 4 - 52　成本计算流程图之五

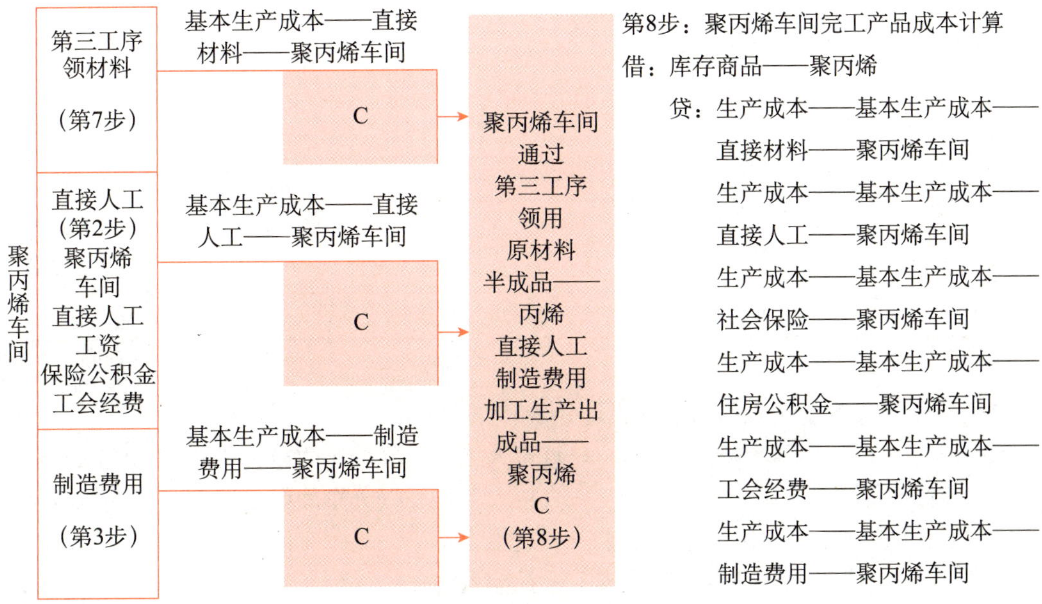

图 4 - 53　成本计算流程图之六

一、材料归集及成本计算

【经济业务 27】3 月 30 日，气分车间第一工序生产领料。

【附件】领料单如表 4 - 43 所示。

表 4-43 领料单

领用部门：气分车间　　　　日期：20××年 03 月 30 日

备注：　　　　单位：元

领用物品编号	领用物品名称及规格	单位	数量		单价	金额
			请领	实领		
01	液态烃	千克	250 000.00	250 000.00	5.00	1 250 000.00
02	活化剂 AT-2	千克	25.00	25.00	600.00	15 000.00
合计						1 265 000.00

发出人：高山　　审批人：李乐　　领用人：文武　　记账：徐建华

【会计分录】根据相关单据，做会计分录：

借：生产成本——基本生产成本——直接材料——气分车间第一工序　1 265 000

　贷：原材料——液态烃　1 250 000

　　原材料——活化剂 AT-2　15 000

【解析】《企业会计准则应用指南——会计科目和主要账务处理》规定，企业生产经营领用材料，借记“生产成本”“制造费用”“销售费用”“管理费用”等科目，贷记“原材料”科目。

【经济业务 28】20××年 3 月 30 日，分配直接人工费用。

【附件】直接人工分配表如表 4-44 所示。

表 4-44 直接人工分配表

编制部门：气分车间　　20××年 03 月 30 日　　单位：元

生产工序	受益数量	直接工资	社会保险	公积金	工会经费	分配金额合计
第一工序	5	97 500.00	26 460.00	11 340.00	1 950.00	137 250.00
第二工序	1	19 500.00	5 292.00	2 268.00	390.00	27 450.00
合计	6	117 000.00	31 752.00	13 608.00	2 340.00	164 700.00

制表：徐建华　　审核：王爱鸿

【会计分录】根据相关单据，做会计分录：

借：生产成本——基本生产成本——直接人工——气分车间第一工序　137 250

　　生产成本——基本生产成本——直接人工——气分车间第二工序　27 450

　贷：生产成本——基本生产成本——直接人工——气分车间　117 000

　　生产成本——基本生产成本——社会保险——气分车间　31 752

　　生产成本——基本生产成本——住房公积金——气分车间　13 608

　　生产成本——基本生产成本——工会经费——气分车间　2 340

【解析】《企业会计准则应用指南——会计科目和主要账务处理》规定，生产成本核算企业进行工业性生产发生的各项生产费用，包括生产各种产品（包括产成品、自制半成品等）、自制材料、自制工具、自制设备等，生产成本应当按照基本生产成本和辅助生产成本进行明细核算。

企业发生的各项直接生产费用，借记“生产成本”（基本生产成本、辅助生产成本）

科目，贷记“原材料”“现金”“银行存款”“应付职工薪酬”等科目。

企业各生产车间应负担的制造费用，借记“生产成本”（基本生产成本、辅助生产成本）科目，贷记“制造费用”科目。

企业辅助生产车间为基本生产车间、企业管理部门和其他部门提供的劳务和产品，月末按照一定的分配标准分配给各受益对象，借记“生产成本”（基本生产成本）、“管理费用”、“销售费用”、“其他业务支出”、“在建工程”等科目，贷记“生产成本”（辅助生产成本）科目。

【经济业务 29】20××年 3 月 30 日，结转制造费用。

【附件 1】制造费用明细表如表 4-45 所示。

表 4-45　制造费用明细表

20××年 03 月 30 日　　单位：元

明细项目	气分车间	聚丙烯车间	备注
工资	20 000.00	27 000.00	
保险	5 488.00	7 392.00	
住房公积金	2 352.00	3 168.00	
累计折旧	8 000.00	22 180.00	
燃料动力费	93 502.76	61 879.14	
工会经费	400.00	540.00	
劳动保护费			
维修费	990.00	2 010.00	
租金	18 900.00	37 800.00	
物业费	945.00	1 890.00	
福利费			
办公费		1 044.25	
生产管理	41 159.25	83 565.75	
合计	191 737.01	248 469.14	

制表：徐建华　　审核：王爱鸿

【附件 2】制造费用分配表如表 4-46 所示。

表 4-46　制造费用分配表

编辑部门：气分车间　　20××年 03 月 30 日　　单位：元

成本计算对象	受益数量	分配率	分配金额（元）
第一工序	5		159 780.84
第二工序	1		31 956.17
合计	6		191 737.01

制表：徐建华　　审核：王爱鸿

【会计分录】根据相关单据，做会计分录：

借：生产成本——基本生产成本——制造费用——气分车间第一工序 159 780.84
　　生产成本——基本生产成本——制造费用——气分车间第二工序 31 956.17
　　生产成本——基本生产成本——制造费用——聚丙烯车间 248 469.14
　贷：制造费用——结转 440 206.15

【解析】《企业会计准则应用指南——会计科目和主要账务处理》规定，企业各生产车间应负担的制造费用，借记“生产成本”（基本生产成本、辅助生产成本）科目，贷记“制造费用”科目。

【经济业务 30】20××年 3 月 30 日，气分车间第一工序完工产品成本结转。

【附件 1】入库单如图 4－54 所示。

入　库　单

STOCK IN　（记　账）　No 00563428

20××年　03 月　30　日　　对方科目

名称 Product Name	单位 Unit	数量 Quantity	单价 Unit Price	亿	千	百	十	万	千	百	十	元	角	分	备注 Remark
丙烯-1	千克	245000.00	6.311236		¥	1	5	4	6	2	5	2	7	5	
丙烷	千克	2500.00	6.311236				¥	1	5	7	7	8	0	9	
合计					¥	1	5	6	2	0	3	0	8	4	

附件　张

主管 Director 李乐　　会计 Accountant 徐建华　　保管员 Storeman 高山　　经手人 Handler 高山

图 4－54　入库单

【附件 2】工序成本计算表如表 4－47 所示。

表 4－47　工序成本计算表

编制部门：气分车间　　20××年 03 月 30 日　　单位：元

产品名称	产量（千克）	直接材料	直接人工	制造费用	单位成本	合计	备注
丙烯-1	245 000.00	1 252 222.22	135 863.64	158 166.89	6.311 236	1 546 252.75	
丙烷	2 500.00	12 777.78	1 386.36	1 613.95	6.311 236	15 778.09	
合计		1 265 000.00	137 250.00	159 780.84		1 562 030.84	

制表：徐建华　　审核：王爱鸿

【会计分录】根据相关单据，做会计分录：

借：库存商品——丙烷　15 778.09

　库存商品——半成品——丙烷-1　1 546 252.75

　贷：生产成本——基本生产成本——直接材料——气分车间第一工序　1 265 000

　　生产成本——基本生产成本——直接人工——气分车间第一工序　137 250

　　生产成本——基本生产成本——制造费用——气分车间第一工序　159 780.84

【解析】《企业会计准则应用指南——会计科目和主要账务处理》规定，企业已经生产完成并已验收入库的产成品以及入库的自制半成品，应于月末，借记“库存商品”等科目，贷记“生产成本”（基本生产成本）科目。

【经济业务 31】20××年 3 月 30 日，气分车间第二工序领料。

【附件】领料单如表 4-48 所示。

表 4-48　领料单

日期：20××年 03 月 30 日

领用部门：气分车间　　备注：　　单位：元

领用物品编号	领用物品名称及规格	单位	数量		单价	金额
			请领	实领		
01	丙烯-1	千克	245 000.00	245 000.00	6.311 236	1 546 252.75
02	固碱	千克	612.50	612.50	4.900 000	3 001.25
03	活性氧化铝	千克	85.75	85.75	45.000 000	3 858.75
04	分子筛	千克	612.50	612.50	10.000 000	6 125.00
05	甲乙酮	千克	110.25	110.25	10.000 000	1 102.50
合计			246 421.00	246 421.00		1 560 340.25

发出人：高山　　审批人：李乐　　领用人：文武　　记账：徐建华

【会计分录】根据相关单据，做会计分录：

借：生产成本——基本生产成本——直接材料——气分车间第二工序　1 560 340.25

　贷：库存商品——半成品——丙烷-1　1 546 252.75

　　原材料——固碱　3 001.25

　　原材料——活性氧化铝人工　3 858.75

　　原材料——分子筛　6 125

　　原材料——甲乙酮　1 102.5

【解析】参见经济业务 27 的解析。

【经济业务 32】20××年 3 月 30 日，气分车间第二工序完工产品成本结转。

【附件 1】入库单如图 4-55 所示。

入 库 单

STOCK IN （记 账） №07862103

20××年 03月 30 日 对方科目

名称 Product Name	单位 Unit	数量 Quantity	单价 Unit Price	亿	千	百	十	万	千	百	十	元	角	分	备注 Remark
半成品——丙烯	千克	232750.00	6.959168		¥	1	6	1	9	7	4	6	4	2	
合计					¥	1	6	1	9	7	4	6	4	2	

附件 张

主管 Director 李乐　会计 Accountant 徐建华　保管员 Storeman 高山　经手人 Handler 高山

图 4-55 入库单

【附件2】工序产品成本计算表如表4-49所示。

表4-49 工序产品成本计算表

编制单位：气分车间　20××年03月30日　单位：元

产品成本	产量（千克）	直接材料	直接人工	制造费用	单位成本	合计	备注
半成品——丙烯	232 750	1 560 340.25	27 450.00	31 956.17	6.959 168	1 619 746.42	
合计		1 560 340.25	27 450.00	31 956.17	6.959 168	1 619 746.42	

制表：徐建华　审核：王爱鸿

【会计分录】根据相关单据，做会计分录：

借：库存商品——半成品——丙烯　1 619 746.42

　贷：生产成本——基本生产成本——直接材料——气分车间第二工序　1 560 340.25

　　生产成本——基本生产成本——直接人工——气分车间第二工序　27 450

　　生产成本——基本生产成本——制造费用——气分车间第二工序　31 956.17

【解析】参见经济业务30的解析。

【经济业务33】20××年3月30日，聚丙烯车间生产领料。

【附件1】库存商品结转主营业务成本明细表如表4-50所示。

表 4-50　库存商品结转主营业务成本明细表

编制单位：天津市石联化工股份有限公司　　20××年 03 月 30 日　　单位：元

产品名称	期初库存商品		本期转入库存商品		本期转出库存商品		月末库存商品	
	数量（千克）	金额	数量（千克）	金额	数量（千克）	金额	数量（千克）	金额
半成品——丙烯	121 512.00	844 248.13	232 750.00	1 619 746.42	139 650.00	971 306.09	214 612.00	1 492 688.46
合计	121 512.00	844 248.13	232 750.00	1 619 746.42	139 650.00	971 306.09	214 612.00	1 492 688.46

审核：王爱鸿　　制表：徐建华

【附件 2】领料单如表 4-51 所示。

表 4-51　领料单

日期：20××年 03 月 30 日

领用部门：聚丙烯车间　　备注：　　单位：元

领用物品编号	领用物品名称及规格	单位	数量		单价	金额
			请领	实领		
01	半成品——丙烯	千克	139 650.00	139 650.00	6.955 289	971 306.09
02	CMMS	千克	62.84	62.84	10.000 000	628.40
03	氯化镁	千克	1 675.80	1 675.80	2.000 000	3 351.60
04	氮气	瓶	0.70	0.70	1 500.000 000	1 050.00
05	催化剂 A-2	千克	41.90	41.90	1 000.000 000	41 900.00
合计						1 018 236.09

发出人：高山　　审批人：李乐　　领用人：文武　　记账：徐建华

【会计分录】根据相关单据，做会计分录：

借：生产成本——基本生产成本——直接材料——聚丙烯车间　　1 018 236.09

　贷：原材料——氯化镁　　3 351.6

　　原材料——氮气　　1 050

　　原材料——CMMS　　628.4

　　原材料——催化剂 A-2　　41 900

　　库存商品——半成品——丙烯　　971 306.09

【解析】参见经济业务 27 的解析。

【经济业务 34】20××年 3 月 30 日，聚丙烯车间完工产品成本结转。

【附件 1】制造费用明细表如表 4-52 所示。

表 4-52　制造费用明细表

编制部门：气分车间　　20××年 03 月 30 日　　单位：元

明细项目	气分车间	聚丙烯车间	备注
工资	20 000.00	27 000.00	
保险	5 488.00	7 392.00	
住房公积金	2 352.00	3 168.00	
累计折旧	8 000.00	22 180.00	
燃料动力	93 502.76	61 879.14	

续表

明细项目	气分车间	聚丙烯车间	备注
工会经费	400.00	540.00	
劳动保护费			
维修费	990.00	2 010.00	
租金	18 900.00	37 800.00	
物业费	945.00	1 890.00	
福利费			
办公费		1 044.25	
生产管理	41 159.25	83 565.75	
合计	191 737.01	248 469.14	

制表：徐建华　　审核：王爱鸿

【附件 2】工序产品成本计算表如表 4－53 所示。

表 4－53　工序产品成本计算表

编制部门：聚丙烯车间　　20××年 03 月 30 日　　单位：元

产品名称	产量（千克）	直接材料	直接工资	社会保险	住房公积金	工会经费	制造费用	单位成本	合计
聚丙烯	132 667.50	1 018 236.09	240 500.00	65 268.00	27 972.00	4 810.00	248 469.14	12.099 838	1 605 255.23
合计		1 018 236.09	240 500.00	65 268.00	27 972.00	4 810.00	248 469.14	12.099 838	1 605 255.23

制表：徐建华　　审核：王爱鸿

【附件 3】入库单如图 4－56 所示。

入　库　单

STOCK IN　（记　账）　№ 00375429

20××年　03 月　30　日　　对方科目

名 Product Name 称	单位 Unit	数　量 Quantity	单　价 Unit Price	亿	千	百	十	万	千	百	十	元	角	分	备　注 Remark
聚丙烯	千克	132667.50	12.099838		¥	1	6	0	5	2	5	5	2	3	
合计					¥	1	6	0	5	2	5	5	2	3	

主　管 Director　李乐　　会　计 Accountant　徐建华　　保 管 员 Storeman　高山　　经 手 人 Handler　高山

图 4－56　入库单

【会计分录】根据相关单据，做会计分录：

借：库存商品——聚丙烯　1 605 255.23

　贷：生产成本——基本生产成本——直接材料——聚丙烯车间　1 018 236.09

　　生产成本——基本生产成本——直接人工——聚丙烯车间　240 500

　　生产成本——基本生产成本——制造费用——聚丙烯车间　248 469.14

　　生产成本——基本生产成本——社会保险——聚丙烯车间　65 268

　　生产成本——基本生产成本——住房公积金——聚丙烯车间　27 972

　　生产成本——基本生产成本——工会经费——聚丙烯车间　4 810

【解析】参见经济业务 30 的解析。

【经济业务 35】20××年 3 月 31 日，结转本月主营业务成本。

【附件】库存商品结转主营业务成本明细表如表 4－54 所示。

表 4－54　库存商品结转主营业务成本明细表

编制单位：天津市石联化工股份有限公司　　20××年 03 月 30 日　　单位：元

产品名称	期初库存商品		本期转入库存商品		本期转出库存商品		月末库存商品	
	数量	金额	数量	金额	数量	金额	数量	金额
聚丙烯	706 654.60	13 292 126.91	132 667.50	1 605 255.23	300 000.00	5 324 790.85	529 322.10	9 572 591.29
半成品——丙烯	214 612.00	1 492 688.46					214 612.00	1 492 688.46
丙烷	3 800.00	25 422.84	2 500.00	15 778.09			6 300.00	41 200.93
合计		14 810 238.21		1 621 033.32		5 324 790.85		11 106 480.68

审核：王爱鸿　　制表：徐建华

【会计分录】根据相关单据，做会计分录：

借：主营业务成本　5 324 790.85

　贷：库存商品——聚丙烯　5 324 790.85

【解析】《企业会计准则应用指南——会计科目和主要账务处理》规定，期（月）末企业应根据本期（月）销售各种商品、提供各种劳务等实际成本，计算应结转的主营业务成本，借记“主营业务成本”科目，贷记“库存商品”“劳务成本”等科目。

二、应收款项核算

（一）贷款收支票送银行

【经济业务 36】20××年 3 月 31 日，应收销售商品入账。

【附件】中国工商银行进账单如图 4－57 所示。

【会计分录】根据相关单据，做会计分录：

借：银行存款——工行天津响锣湾支行　5 475 000

　贷：应收账款——石家庄海林贸易有限公司　5 475 000

ICBC 中国工商银行 进账单（收账通知）3

20XX 年 03 月 31 日

出票人	全　称	石家庄海林贸易有限公司	收款人	全　称	天津市石联化工股份有限公司
	账　号	022501045599887		账　号	0302011205146843701
	开户银行	中国工商银行石家庄裕华路支行		开户银行	中国工商银行天津响锣湾支行
金额	人民币（大写）	伍佰肆拾柒万伍仟元整		亿千百十万千百十元角分	￥547500000
票据种类	支票	票据张数	1		
票据号码	53104297				
复核 唐杰 记账 孙小萌				开户银行签章	中国工商银行股份有限公司天津响锣湾支行 20XX.03.31 受理凭证专用章 收妥抵用（1）

此联是收款人开户银行交给收款人的收账通知

图 4－57　中国工商银行进账单

【解析】《企业会计准则应用指南——会计科目和主要账务处理》规定，企业收回应收账款时，借记“银行存款”等科目，贷记“应收账款”科目。

（二）归还备用金

【经济业务 37】20××年 3 月 31 日，收张飞飞归还的备用金。

【附件】个人收据如图 4－58 所示。

收据　　№224466

20XX 年 03 月 31 日

今收到 张飞飞

交来 归还备用金

人民币（大写）壹仟元整

￥1000.00

收款单位公章：天津市石联化工股份有限公司 财务专用章　　收款人 徐慧　　交款人 张飞飞

此收据不得作为经营性业务收支结算凭证使用

第三联 记账

图 4－58　个人收据

【会计分录】根据相关单据，做会计分录：

借：库存现金　　1 000

　贷：其他应收款——张飞飞　　1 000

【解析】《企业会计准则应用指南——会计科目和主要账务处理》规定，企业收回或转销各种款项时，借记“库存现金”“银行存款”等科目，贷记“其他应收款”科目。

三、上年企业所得税汇算清缴

【经济业务 38】上年天津市石联化工股份有限公司全年发生营业收入 82 962 938.40 元，营业成本58 562 074.16 元，税金及附加 9 682 332.84 元，管理费用 6 044 035.2 元（其中业务招待费 219 725.50 元），销售费用 756 384 元（其中业务招待费 202 523 元，广告费和业务宣传费 389 625.66），财务费用 54 036 元，营业外支出 524.99 元（罚款 524.99 元），已经预缴企业所得税 2 007 162.60 元。本年 3 月 29 日，对上年度所得税进行汇算清缴，应补缴企业所得税 1 081.30 元。本年 3 月 31 日，汇算清缴，调整损益。

【附件】企业所得税年度汇算清缴表如表 4-55 所示。

表 4-55　企业所得税年度汇算清缴表

单位：元

类别	项目	金额
利润总额计算	一、营业收入	82 962 938.40
	减：营业成本	58 562 074.16
	减：税金及附加	9 682 332.84
	减：销售费用	756 384.00
	减：管理费用	6 044 035.20
	减：财务费用	54 036.00
	减：资产减值损失	
	加：公允价值变动收益	
	加：投资收益	
	二、营业利润	7 864 076.20
	加：营业外收入	
	减：营业外支出	524.99
应纳税所得额计算	三、利润总额	7 863 551.21
	减：境外所得	
	加：纳税调整增加额	169 424.39
	减：纳税调整减少额	
	减：免税、减计收入及加计扣除	
	加：境外应税所得抵减境内亏损	
	四、纳税调整后所得	8 032 975.60
	减：所得减免	
	减：弥补以前年度亏损	
	减：抵扣应纳税所得额	
	五、应纳税所得额	8 032 975.60

续表

类别	项目	金额
应纳税额计算	税率	25%
	六、应纳所得税额	2 008 243.90
	减：减免所得税额	
	减：抵免所得税额	
	七、应纳税额	2 008 243.90
	加：境外所得应纳所得税额	
	减：境外所得抵免所得税额	
	八、实际应纳所得税额	2 008 243.90
	减：本年累计实际已缴纳的所得税额	2 007 162.60
	九、本年应补（退）所得税额	1 081.30
	其中：总机构分摊本年应补（退）所得税额	
	财政集中分配本年应补（退）所得税额	
	总机构主体生产经营部门分摊本年应补（退）所得税额	

【会计分录】根据相关单据，做会计分录：

借：以前年度损益调整　　1 081.3

　贷：应交税费——应交企业所得税　　1 081.3

【解析】

(1)《企业所得税法实施条例》第四十三条规定，企业发生的与生产经营活动有关的业务招待费支出，按照发生额的60%扣除，但最高不得超过当年销售（营业）收入的5‰。

20××年业务招待费发生额合计＝219 725.50＋202 523＝422 248.50（元）

业务招待费发生额的60%＝422 248.50×60%＝253 349.10（元）

全年营业收入的5‰＝82 962 938.40×5‰＝414 814.69（元）

业务招待费发生额的60%小于全年营业收入的5‰，所以按实际发生额的60%扣除。

实际计入费用的为实际发生额：

纳税调增金额＝422 248.50－253 349.10＝168 899.40（元）

(2) 根据《中华人民共和国企业所得税法》第十条的规定，在计算应纳税所得额时，下列支出不得扣除：向投资者支付的股息、红利等权益性投资收益款项；企业所得税税款；税收滞纳金；罚金、罚款和被没收财物的损失；企业所得税法第九条规定以外的捐赠支出；赞助支出；未经核定的准备金支出；与取得收入无关的其他支出。

20××年天津市石联化工股份有限公司发生罚款524.99元，纳税调增524.99元。

(3)《中华人民共和国企业所得税法实施条例》第四十四条规定：企业发生的符合条件的广告费和业务宣传费支出，除国务院财政、税务主管部门另有规定外，不超过当年销售（营业）收入15%的部分，准予扣除；超过部分，准予在以后纳税年度结转扣除。

20××年天津市石联化工股份有限公司发生广告费和业务宣传费389 625.66元，当年营业收入的15%为12 444 440.76元，无须调整应纳税额。

纳税调整增加额合计＝168 899.40＋524.99＝169 424.39（元）

利润总额＝82 962 938.4－58 562 074.16－9 682 332.84－756 384－
6 044 035.2－54 036－524.99
＝7 863 551.21（元）

应纳税所得额＝利润总额＋纳税调整增加额－纳税调整减少额
＝7 863 551.21＋169 424.39－0
＝8 032 975.60（元）

应纳税所得税额＝8 032 975.6×25%＝2 008 243.90（元）

应补缴所得税额＝2 008 243.90－2 007 162.60＝1 081.30（元）

（4）根据《企业会计准则（2014 修订）》的规定，由于以前年度损益调整减少的所得税费用，贷记“以前年度损益调整”，借记“应交税费——应交企业所得税”等科目。

【经济业务 39】20××年 03 月 31 日，汇算清缴，调整利润分配。

【附件】会计科目结转明细表如表 4－56 所示。

表 4－56　会计科目结转明细表

编制单位：天津市石联化工股份有限公司 20××年 03 月 31 日　　单位：元

序号	结转金额	转入科目	转出科目	备注
1	1 081.30	（410412）利润分配——未分配利润	（6901）以前年度损益调整	

审核：王爱鸿　　制表：徐建华

【会计分录】根据相关单据，做会计分录：

借：利润分配——未分配利润　　1 080.3

　贷：以前年度损益调整　　1 080.3

【解析】《企业会计准则应用指南——会计科目和主要账务处理》规定，经上述调整后，应将本科目的余额转入“利润分配——未分配利润”科目。本科目如为借方余额，借记“利润分配——未分配利润”科目，贷记“以前年度损益调整”科目。

四、计提第一季度企业所得税

【经济业务 40】20××年 3 月 31 日，计提企业第一季度企业所得税。

【附件】企业所得税计算表如表 4－57 所示。

表 4－57　企业所得税计算表

20××年 03 月 31 日　　单位：元

项目	行次	累计金额	本期金额
一、营业收入	1	20 175 000.00	20 175 000.00
减：营业成本	2	15 063 512.15	15 063 512.15
税金及附加	3	596 060.53	596 060.53
销售费用	4	147 900.00	147 900.00
管理费用	5	440 466.19	440 466.19
财务费用	6	－2 646.23	－2 646.23

续表

项目	行次	累计金额	本期金额
资产减值损失	7		
加：投资收益	8		
营业外收入	9		
减：营业外支出	10		
二、利润总额	11	3 929 707.36	3 929 707.36
加：纳税调整增加额	12		
减：纳税调整减少额	13		
弥补以前年度亏损	14		
三、应纳税所得额	15		
所得税税率	16	25%	25%
四、应纳所得税	17	982 426.84	982 426.84
减：减免所得税额	18		
实际已缴纳所得税额	19		
特定业务预缴（征）所得税额	20		
五、本期应补（退）所得税额	21	982 426.84	982 426.84

会计主管：王爱鸿　　审核：王爱鸿　　制表：徐建华

【会计分录】根据相关单据，做会计分录：

借：所得税费用　　982 426.84

　贷：应交税费——应交企业所得税　　982 426.84

【解析】《企业会计准则应用指南——会计科目和主要账务处理》规定，资产负债表日，企业按照税法规定计算确定的当期应交企业所得税，借记“所得税费用”科目，贷记“应交税费——应交企业所得税”科目。

五、结转所得税费用

所得税费用属于损益类科目，月末需结转到本年利润。

【经济业务 41】20××年 3 月 31 日，结转企业第一季度企业所得税。

【附件】本期损益结转表如表 4-58 所示。

表 4-58　本期损益结转表

20××年 03 月 31 日　　单位：元

结转理由	应转出		应转入	
	会计科目	金额	会计科目	金额
将本期收入、损益结转到本年利润	(6001) 主营业务收入		(4103) 本年利润	
将本期成本、费用结转到本年利润			(4103) 本年利润	

续表

结转理由	应转出		应转入	
	会计科目	金额	会计科目	金额
将计提的所得税费用转入本年利润	（6801）所得税费用	982 426.84	（4103）本年利润	982 426.84
本期的本年利润贷方余额			（4103）本年利润	−982 426.84

会计主管：王爱鸿　　　　审核：王爱鸿　　　　制表：徐建华

【会计分录】根据相关单据，做会计分录：

借：本年利润　　982 426.84

　贷：所得税费用　　982 426.84

【解析】《企业会计准则应用指南——会计科目和主要账务处理》规定，期末，应将“所得税费用”科目余额转入“本年利润”科目，结转后该科目无余额。

项目五

第二季度经济业务的会计处理

实训目的

通过实训，能够处理化工原料制造业燃料及动力费用的归集与分配、制造费用的归集与分配和专项储备的核算。

实训内容

化工原料制造业燃料及动力费用的归集与分配、制造费用的归集与分配、专项储备的核算、预缴一季度企业所得税，企业所得税月（季）度预缴纳税申报表的填写。

实训要求

（1）了解化工原料制造业费用归集与分配的会计处理流程。

（2）掌握化工原料制造业费用归集与分配的会计处理方法。

（3）学会填写企业所得税月（季）度预缴纳税申报表，并预计第一季度企业所得税。

任务一

四月会计业务处理

一、劳保费与福利费业务核算

（一）购买劳保费用

【经济业务 42】20××年 4 月 20 日，支付车间购买劳保服装款项。

【附件 1】入库单如图 5－1 所示。

入　库　单

STOCK IN　（记　账）　No 08467930

20××年　04 月　20　日　　　　对方科目

名 Product Name 称	单位 Unit	数　量 Quantity	单　价 Unit Price	金 Amount 额											备　注 Remark
				亿	千	百	十	万	千	百	十	元	角	分	
服装	套	100	300.00				¥	3	0	0	0	0	0	0	
合计							¥	3	0	0	0	0	0	0	

附件　张

主管 Director 李乐　　会计 Accountant 徐建华　　保管员 Storeman 高山　　经手人 Handler 高山

图 5－1　入库单

【附件 2】北京增值税专用发票如图 5－2 所示。

1100201232　　**北京增值税专用发票**　　No 59418787　1100201232 59418787

发　票　联

开票日期：20××年04月20日

购买方	名　　称：天津市石联化工股份有限公司 纳税人识别号：911201160115029451 地 址、电 话：天津市滨海新区开发区十三大街 022-59870653 开户行及账号：中国工商银行天津响锣湾支行 0302011205146843701				密码区	<1</95+6<>+>/1162>11+1*+226/ 5*70<>/*-23>346>9238*0025669 -1360<1+281/0106829-</29505- 147<3<1-3*9/-22+162-498/771<		
	货物或应税劳务、服务名称	规格型号	单位	数量	单价	金额	税率	税额
	服装 服装		套	100	300.00	30000.00	13%	3900.00
	合　　计					¥30000.00		¥3900.00
	价税合计（大写）	⊗ 叁万叁仟玖佰元整				（小写）¥33900.00		
销售方	名　　称：北京京东世纪信息技术有限公司 纳税人识别号：91110108194608461R 地 址、电 话：北京市海淀区信息路甲28号 010-84189460 开户行及账号：中国农业银行北京海淀支行 02150001051270216				备注			

收款人：郑淑芬　　复核：武鸿　　开票人：艾雪　　销售方：（章）

税总函〔2016〕341号北京印钞有限公司

第三联：发票联　购买方记账凭证

图 5-2　北京增值税专用发票

【附件 3】中国工商银行业务回单如图 5-3 所示。

ICBC 中国工商银行　　凭证

业务回单（付款）

日期：20××年04月20日　　回单编号：

付款人户名：天津市石联化工股份有限公司　　付款人开户行：中国工商银行天津响锣湾支行
付款人账号（卡号）：0302011205146843701　　收款人开户行：中国农业银行北京海淀支行
收款人户名：北京京东世纪信息技术有限公司
收款人账号（卡号）：02150001051270216
金额：叁万叁仟玖佰元整　　小写：¥33900.00
业务（产品）种类：转账　　凭证种类：000000000　　凭证号码：0000000000000000
摘要：支付劳保服装款项　　用途：　　币种：人民币
交易机构：　　记账柜员：00010　　交易代码：　　渠道：中间业务后台方式

本回单为第2次打印，注意重复　　打印日期：20××年04月20日　　打印柜员：9

图 5-3　中国工商银行业务回单

【附件 4】报销凭单如图 5－4 所示。

报销凭单

单位：天津市石联化工股份有限公司　　　　日期：20XX 年 04 月 20 日

部门	采购部		经手人	代聪飞	
报销方式	现金　✓电汇　支票				
	冲借款（借款日期：　，借款：　元，另还现金：　元）				
用　途	购买劳保服装款				
报销金额（大写）：叁万叁仟玖佰元整			报销金额（小写）：¥33900.00		
总经理	于琳	财务经理	王爱鸿	部门经理	刘洪序

核算：徐慧　　会计：徐建华　　领款人：代聪飞

图 5－4　报销凭单

【会计分录】根据相关单据，做会计分录：

借：周转材料　　30 000

　　应交税费——应交增值税——进项税额　　3 900

　贷：银行存款——工行天津响锣湾支行　　33 900

【解析】《企业会计准则应用指南——会计科目和主要账务处理》规定，周转材料核算企业能够多次使用，并可基本保持原来的形态而逐渐转移其价值的各种周转材料的计划成本或实际成本。企业购入、自制、委托外单位加工完成并已验收入库的周转材料等，比照“原材料”科目进行处理。

（二）车间领用劳保服装

【经济业务 43】20××年 4 月 20 日，车间领用劳保服装（聚丙烯车间领用 40 套，气分车间领用 20 套）。

【附件】出库单如图 5－5 所示。

出库单

STOCK IN（记账）　No 01748295

20XX年 04 月 20 日　　对方科目

名称 Product Name	单位 Unit	数量 Quantity	单价 Unit Price	金额 Amount 百	十	万	千	百	十	元	角	分	备注 Remark
服装	套	60	300.00		¥	1	8	0	0	0	0	0	
合计					¥	1	8	0	0	0	0	0	

附件　张

主管 Director 李乐　　会计 Accountant 徐建华　　保管员 Storeman 高山　　经手人 Handler 高山

图 5－5　出库单

【会计分录】根据相关单据，做会计分录：

借：制造费用——劳保费——聚丙烯车间　　12 000

　　制造费用——劳保费——气分车间　　6 000

　贷：周转材料　　18 000

【解析】《企业会计准则应用指南——会计科目和主要账务处理》规定，企业应当根据具体情况对周转材料采用一次转销法、分期摊销法、分次摊销法或者定额摊销法。

(1) 一次转销法，一般应限于易腐、易糟的周转材料，于领用时一次计入成本、费用。

(2) 分期摊销法，根据周转材料的预计使用期限分期摊入成本、费用。

(3) 分次摊销法，根据周转材料的预计使用次数摊入成本、费用。

(4) 定额摊销法，根据实际完成的实物工作量和预算定额规定的周转材料消耗定额，计算确认本期摊入成本、费用的金额。

（三）综合办计提员工活动服装费

【经济业务 44】20××年 4 月 20 日，综合办购置员工活动服装费。

【附件】北京增值税普通发票如图 5－6 所示。

1100782639　　北京增值税普通发票　　No 01533210　1100153320

01533210

全国统一发票监制章　北京　国家税务局监制

发票联

开票日期：20××年04月20日

购买方	名　　称：天津市石联化工股份有限公司 纳税人识别号：911201160115029451 地 址、电 话：天津市滨海新区开发区十三大街 022-59870653 开户行及账号：中国工商银行天津响锣湾支行 0302011205146843701			密码区	-6387*-7513856902654 9>19-776 0/89<+4-19*++1/00*<-521<<1<2 72+3-748*42*<75/0<*0<9-<03+- 35-765*2139-<+526595+40><2>/		
货物或应税劳务、服务名称	规格型号	单位	数量	单价	金额	税率	税额
服装 服装		套	1	1327.4336	1327.43	13%	172.57
合　　计					￥1327.43		￥172.57
价税合计（大写）	⊗壹仟伍佰元整				（小写）￥1500.00		
销售方	名　　称：北京京东世纪信息技术有限公司 纳税人识别号：91110108194608461R 地 址、电 话：北京市海淀区信息路甲28号 010-84189460 开户行及账号：中国农业银行北京海淀支行 02150001051270216			备注	北京京东世纪信息技术有限公司 91110108194608461R 发票专用章		

收款人：郑淑芬　　复核：武鸿　　开票人：艾雪　　销售方：（章）

税总函〔2016〕341号北京印钞有限公司

第二联：发票联　购买方记账凭证

图 5－6　北京增值税普通发票

【会计分录】根据相关单据，做会计分录：

借：应付职工薪酬——职工福利　　1 500

　贷：库存现金　　1 500

【解析】

(1) 参见经济业务 1 的解析。

（2）《企业会计准则第 9 号——职工薪酬》应用指南规定：职工薪酬，是指企业为获得职工提供的服务或解除劳动关系而给予的各种形式的报酬或补偿。职工薪酬包括短期薪酬、离职后福利、辞退福利和其他长期职工福利。

短期薪酬具体包括：职工工资、奖金、津贴和补贴，职工福利费，医疗保险费、工伤保险费和生育保险费等社会保险费，住房公积金，工会经费和职工教育经费，短期带薪缺勤，短期利润分享计划，非货币性福利以及其他短期薪酬。

（四）综合办报销员工活动服装费

【经济业务 45】20××年 4 月 20 日，综合办报销员工活动服装费。

【附件 1】报销凭单如图 5－7 所示。

报销凭单

单位：天津市石联化工股份有限公司　　　　日期：20XX 年 04 月 20 日

部门	采购部		经手人	代骢飞	
报销方式	√现金　　电汇　　支票				
	冲借款（借款日期：　　，借款：　　元，另还现金：　　元）				
用　途	举办活动用服装				
报销金额（大写）：壹仟伍佰元整			报销金额（小写）：¥1500.00		
总经理	于琳	财务经理	王爱鸿	部门经理	刘洪序

核算：徐慧　　　　会计：徐建华　　　　领款人：代骢飞

图 5－7　报销凭单

【附件 2】北京市企业单位往来收据如图 5－8 所示。

北京市企业单位
往来收据

№06107489

20XX 年 04 月 20 日

北京会计用品有限公司

今收到 天津市石联化工股份有限公司

交来 服装费

人民币（大写）壹仟伍佰元整　¥1500.00

收款单位公章 （北京京泰世纪信息技术有限公司 财务专用章）　收款人 郑淑芬　交款人 徐慧

第二联：交缴款人收执

注：本收据只作为一切单位之间的“应收应付”“暂收暂付款”结算往来账款凭证。不得以本收据代替发票使用。

图 5－8　北京市企业单位往来收据

【会计分录】根据相关单据，做会计分录：

借：管理费用——福利费　　1 500

　贷：应付职工薪酬——职工福利　　1 500

【解析】参见经济业务 18 的解析。

二、预缴第一季度所得税

企业应当自月份或者季度终了之日起 15 日内，向税务机关报送预缴企业所得税纳税申报表，预缴税款。

【经济业务 46】4 月 13 日，缴纳企业第一季度所得税 982 426.84 元。

【附件 1】中国工商银行电子缴税付款凭证如图 5－9 所示。

ICBC 中国工商银行　　凭 证

中国工商银行电子缴税付款凭证　　NO. 1200514706

转账日期：20××年04月13日　　凭证字号：07534218

纳税人全称及纳税人识别号：天津市石联化工股份有限公司　　911201160115029451

付款人全称：天津市石联化工股份有限公司

付款人账号：0302011205146843701　　征收机关名称：国家税务总局天津市滨海新区税务局第一税务所

付款人开户银行：中国工商银行天津响锣湾支行　　收款国库（银行）名称：国家金库天津市滨海新区支库

小写（合计）金额：¥982426.84　　缴款书交易流水号：14052638

大写（合计）金额：玖拾捌万贰仟肆佰贰拾陆元捌角肆分　　税票号码：07126390

税（费）种名称	所属日期	实缴金额(单位：元)
企业所得税	20××0101-20××0331	¥982426.84

中国工商银行天津响锣湾支行 自助回单机专用章 (001)

第 1 次打印　　打印时间：20××年04月13日

客户回单联　　复核　　记账

图 5－9　中国工商银行电子缴税付款凭证

【附件 2】付款申请单如图 5－10 所示。

付款申请单

付款单编号：07169234　　　　申请日期：20XX 年 04 月13 日

<table>
<tr><td>款项用途</td><td colspan="4">缴纳企业所得税</td></tr>
<tr><td>付款依据
（合同名称/合同号）</td><td colspan="2"></td><td>开票情况</td><td>☐已开票　☐未开票　☐其他</td></tr>
<tr><td>付款金额</td><td colspan="3">人民币（大写）玖拾捌万贰仟肆佰贰拾陆元捌角肆分</td><td>人民币（小写）　￥982426.84</td></tr>
<tr><td>支付方式</td><td colspan="4">☐ 支票　☐ 现金　☑银行转账　☐其他</td></tr>
<tr><td>收款单位</td><td colspan="2">国家税务总局天津市滨海新区税务局第一税务所</td><td>收款单位开户行</td><td></td></tr>
<tr><td>收款账号</td><td colspan="2"></td><td>联系电话</td><td></td></tr>
</table>

经手人：　徐慧　　　财务经理：　王爱鸿　　　总经理：　于琳

图 5－10　付款申请单

【会计分录】根据相关单据，做会计分录：

借：应交税费——应交企业所得税　　982 426.84

　贷：银行存款——工行天津响锣湾支行　　982 426.84

【解析】参见经济业务 9 的解析。

三、企业所得税月（季）度预缴纳税申报表的填写

企业所得税月（季）度预缴纳税申报表如表 5－1 所示。

表 5－1　中华人民共和国企业所得税月（季）度预缴纳税申报表（A 类）

税款所属时间：20××年 01 月 01 日至 20××年 03 月 31 日

纳税人识别号（统一社会信用代码）：911201160115029451

纳税人名称（公章）：天津市石联化工股份有限公司

<table>
<tr><td colspan="2">跨省总机构行政区划</td><td>120 000 天津市</td><td>金额单位：人民币元（列至角分）</td></tr>
<tr><td>预缴方式</td><td>√按照实际利润额预缴</td><td>按照上一纳税年度应纳税所得额平均额预缴</td><td>按照税务机关确定的其他方法预缴</td></tr>
<tr><td>企业类型</td><td>√一般企业</td><td>跨地区经营汇总纳税企业总机构</td><td>跨地区经营汇总纳税企业分支机构</td></tr>
<tr><td colspan="4">预　缴　税　款　计　算</td></tr>
</table>

行次	项　　目	本年累计金额
1	营业收入	20 175 000.00
2	营业成本	15 063 512.15
3	利润总额	0.00
4	加：特定业务计算的应纳税所得额	0.00
5	减：不征税收入	0.00
6	减：免税收入、减计收入、所得减免等优惠金额（填写 A201010）	0.00
7	减：固定资产加速折旧（扣除）调减额（填写 A201020）	0.00
8	减：弥补以前年度亏损	0.00

续表

<table>
<tr><th>行次</th><th colspan="3">项　　目</th><th colspan="2">本年累计金额</th></tr>
<tr><td>9</td><td colspan="3">实际利润额（3+4−5−6−7−8）＼按照上一纳税年度应纳税所得额平均额确定的应纳税所得额</td><td colspan="2">3 929 707.36</td></tr>
<tr><td>10</td><td colspan="3">税率（25%）</td><td colspan="2">25%</td></tr>
<tr><td>11</td><td colspan="3">应纳所得税额（9×10）</td><td colspan="2">982 426.84</td></tr>
<tr><td>12</td><td colspan="3">减：减免所得税额（填写 A201030）</td><td colspan="2">0.00</td></tr>
<tr><td>13</td><td colspan="3">减：实际已缴纳所得税额</td><td colspan="2">0.00</td></tr>
<tr><td>14</td><td colspan="3">减：特定业务预缴（征）所得税额</td><td colspan="2">0.00</td></tr>
<tr><td>15</td><td colspan="3">本期应补（退）所得税额（11−12−13−14）＼税务机关确定的本期应纳所得税额</td><td colspan="2">982 426.84</td></tr>
<tr><td colspan="6">汇总纳税企业总分机构税款计算</td></tr>
<tr><td>16</td><td rowspan="5">总机构填报</td><td colspan="2">总机构本期分摊应补（退）所得税额（17+18+19）</td><td colspan="2">0.00</td></tr>
<tr><td rowspan="2">17</td><td rowspan="2">其中：总机构分摊应补（退）所得税额（15×总机构分摊比例）</td><td rowspan="2">25.00%</td><td colspan="2">0.00</td></tr>
<tr><td colspan="2">0.00</td></tr>
<tr><td>18</td><td>财政集中分配应补（退）所得税额（15×财政集中分配比例）</td><td>25.00%</td><td colspan="2" rowspan="2">0.00</td></tr>
<tr><td>19</td><td>总机构具有主体生产经营职能的部门分摊所得税额（15×全部分支机构分摊比例×总机构具有主体生产经营职能部门分摊比例）</td><td>50.00%
0.000 000 000 0</td></tr>
<tr><td>20</td><td rowspan="2">分支机构填报</td><td colspan="2">分支机构本期分摊比例</td><td colspan="2">0.000 000 000 0</td></tr>
<tr><td>21</td><td colspan="2">分支机构本期分摊应补（退）所得税额</td><td colspan="2">0.00</td></tr>
<tr><td colspan="6">附　报　信　息</td></tr>
<tr><td colspan="2">高新技术企业</td><td>是　√否</td><td>科技型中小企业</td><td colspan="2">是　√否</td></tr>
<tr><td colspan="2">技术入股递延纳税事项</td><td>是　√否</td><td></td><td colspan="2"></td></tr>
<tr><td colspan="6">按　季　度　填　报　信　息</td></tr>
<tr><td colspan="2">季初从业人数</td><td>83</td><td>季末从业人数</td><td colspan="2">83</td></tr>
<tr><td colspan="2">季初资产总额（万元）</td><td>5 769.08</td><td>季末资产总额（万元）</td><td colspan="2">6 148.47</td></tr>
<tr><td colspan="2">国家限制或禁止行业</td><td>是　√否</td><td>小型微利企业</td><td colspan="2">是　√否</td></tr>
<tr><td colspan="2">办理人员身份证件类型</td><td></td><td>办理人员身份证件号码</td><td colspan="2"></td></tr>
<tr><td colspan="2">是否代理申报</td><td>是　√否</td><td>办理人</td><td colspan="2"></td></tr>
<tr><td colspan="2">代理申报中介机构</td><td></td><td>代理申报日期</td><td colspan="2"></td></tr>
<tr><td colspan="2">经办人</td><td></td><td>经办人执业证件号码</td><td colspan="2"></td></tr>
<tr><td colspan="6">谨声明：此纳税申报表是根据《中华人民共和国企业所得税法》《中华人民共和国企业所得税法实施条例》和国家有关税收规定填报的，是真实的、可靠的、完整的。

法定代表人（签字）：　　　　年　月　日</td></tr>
<tr><td colspan="2">纳税人公章：
会计主管：

填表日期：　　年　月　日</td><td colspan="2">代理申报中介机构公章：
经办人：
经办人执业证件号码：
代理申报日期：　　年　月　日</td><td colspan="2">主管税务机关受理专用章：
受理人：

受理日期：　　年　月　日</td></tr>
</table>

任务二

五月会计业务处理

【经济业务 47】20××年 5 月 30 日，结转本月应交增值税。

【附件】月末增值税结转表如表 5-2 所示。

表 5-2　月末增值税结转表

20××年 05 月 30 日　　单位：元

结转理由	应转出		应转入	
	会计科目	金额	会计科目	金额
增值税结转	22210104 应交税费——应交增值税——转出未交增值税	721 119.79	(222119) 应交税费——未交增值税	721 119.79

会计主管：王爱鸿　　审核：王爱鸿　　制单：徐建华

【会计分录】根据相关单据，做会计分录：

借：应交税费——应交所得税——转出未交增值税　　721 119.79

　贷：应交税费——未交增值税　　721 119.79

【解析】参见经济业务 15 的解析。

【经济业务 48】20××年 5 月 31 日，结转本月收入利得。

【附件】本期损益结转表如表 5-3 所示。

表 5-3　本期损益结转表

20××年 05 月 31 日　　单位：元

结转理由	应转出		应转入	
	会计科目	金额	会计科目	金额
将本期收入、损益结转到本年利润	(6001) 主营业务收入	8 250 000.00	(4103) 本年利润	8 250 000.00
将本期成本、费用结转到本年利润				
本期的本年利润贷方余额			(4103) 本年利润	8 250 000.00

会计主管：王爱鸿　　审核：王爱鸿　　制表：徐建华

【会计分录】根据相关单据，做会计分录：

借：主营业务收入　　8 250 000

　贷：本年利润　　8 250 000

【解析】参见经济业务 16 的解析。

【经济业务 49】20××年 5 月 31 日，结转本月各项成本费用损失。

【附件】本期损益结转表如表 5－4 所示。

表 5－4　本期损益结转表

20××年 05 月 31 日　　单位：元

结转理由	应转出		应转入	
	会计科目	金额	会计科目	金额
将本期收入、损益结转到本年利润				
将本期成本、费用结转到本年利润	（6401）主营业务成本	4 394 861.48	（4103）本年利润	4 917 976.24
	（6403）税金及附加	319 649.87		
	（660224）管理费用——结转	49 300.00		
	（660105）销售费用——结转	154 164.89		
	（6603）财务费用			
本期的本年利润贷方余额			（4103）本年利润	

会计主管：王爱鸿　　审核：王爱鸿　　制表：徐建华

【会计分录】根据相关单据，做会计分录：

借：本年利润　　4 917 976.24

　贷：主营业务成本　　4 394 861.48

　　税金及附加　　319 649.87

　　销售费用——结转　　454 164.89

　　管理费用——结转　　49 300

【解析】参见经济业务 17 的解析。

任务三

六月会计业务处理

一、日常费用核算

（一）计提工资

【经济业务 50】20××年 6 月 25 日，计提本月工资。

【附件】工资表如表 5－5 所示。

表 5-5　工资表

编制单位：天津市石联化工股份有限公司　　　　20××年 06 月　　　　单位：元

部门	岗位工资	月度绩效	其他	应发工资	五险基数	社会统筹保险							工伤（单位）	生育（单位）	大病医疗（个人）	住房公积金		工会会费		6 项专项附加扣除	个税	实发工资
						养老（单位）	养老（个人）	失业（单位）	失业（个人）	医疗（单位）	医疗（个人）	大额救助（个人）				单位	个人	单位	个人			
综合管理部门	16 000.00	9 000.00	504.00	25 504.00	24 400.00	3 904.00	1 952.00	122.00	122.00	2 440.00	488.00		244.00	122.00		2 928.00	2 928.00	510.08	127.52	7 000.00	20.46	19 866.02
财务部	24 000.00	12 000.00	672.00	36 672.00	35 200.00	5 632.00	2 816.00	176.00	176.00	3 520.00	704.00		352.00	176.00		4 224.00	4 224.00	733.44	183.36	8 000.00		28 568.64
销售部	20 000.00	15 000.00	840.00	35 840.00	34 000.00	5 440.00	2 720.00	170.00	170.00	3 400.00	680.00		340.00	170.00		4 080.00	4 080.00	716.80	179.20	10 000.00		28 010.80
采购部	12 000.00	6 000.00	336.00	18 336.00	17 600.00	2 816.00	1 408.00	88.00	88.00	1 760.00	352.00		176.00	88.00		2 112.00	2 112.00	366.72	91.68	4 000.00		14 284.32
质检部	16 000.00	9 000.00	504.00	25 504.00	24 400.00	3 904.00	1 952.00	122.00	122.00	2 440.00	488.00		244.00	122.00		2 928.00	2 928.00	510.08	127.52	6 000.00		19 886.48
生产运营部	27 000.00	15 000.00	840.00	42 840.00	41 000.00	6 560.00	3 280.00	205.00	205.00	4 100.00	820.00		410.00	205.00		4 920.00	4 920.00	856.80	214.20	10 000.00		33 400.80
气分车间——管理	14 000.00	6 000.00	336.00	20 336.00	19 600.00	3 136.00	1 568.00	98.00	98.00	1 960.00	392.00		196.00	98.00		2 352.00	2 352.00	406.72	101.68	4 000.00	54.73	15 769.59
气分车间——生产	63 000.00	54 000.00	3 024.00	120 024.00	113 400.00	18 144.00	9 072.00	567.00	567.00	11 340.00	2 268.00		1 134.00	567.00		13 608.00	13 608.00	2 400.48	600.12	36 000.00		93 908.88
聚丙烯车间——管理	18 000.00	9 000.00	504.00	27 504.00	26 400.00	4 224.00	2 112.00	132.00	132.00	2 640.00	528.00		264.00	132.00		3 168.00	3 168.00	550.08	137.52	6 000.00		21 426.48
聚丙烯车间——生产	129 500.00	111 000.00	6 216.00	246 716.00	233 100.00	37 296.00	18 648.00	1 165.50	1 165.50	23 310.00	4 662.00		2 331.00	1 165.50		27 972.00	27 972.00	4 934.32	1 233.58	74 000.00		193 034.92
合计	339 500.00	246 000.00	13 776.00	599 276.00	569 100.00	91 056.00	45 528.00	2 845.50	2 845.50	56 910.00	11 382.00		5 691.00	2 845.50		68 292.00	68 292.00	11 985.52	2 996.38	165 000.00	75.19	468 156.93

审核：王爱鸿　　　　制表：徐建华

【会计分录】根据相关单据，做记账分录：

借：生产成本——基本生产成本——直接人工——气分车间　　120 024
　　生产成本——基本生产成本——直接人工——聚丙烯车间　　246 716
　　制造费用——人工工资——气分车间　　20 336
　　制造费用——人工工资——聚丙烯车间　　27 504
　　制造费用——人工工资——生产管理　　86 680
　　管理费用——人工工资　　62 176
　　销售费用——人工工资　　35 840
　贷：应付职工薪酬——工资　　599 276

【解析】参见经济业务 1 的解析。

（二）差旅费报销

【经济业务 51】20××年 6 月 1 日，职工报销差旅费。

【附件 1】差旅费报销单如图 5－11 所示。

差旅费报销单

单位：天津市石联化工股份有限公司　　日期：20XX 年 06 月 01 日

部门				经理办公室			报销人		张飞飞		
起讫日期				天数	起讫地点		车船费	补助	住宿费	汽车	其他费用
月	日	月	日								
05	28	06	01	5	天津	北京	130.00	500.00	2120.00		
费用小计							¥130.00	¥500.00	¥2120.00		
报销合计（大写）	贰仟柒佰伍拾元整						报销合计（小写）	¥2750.00			
总经理	于琳						财务经理		王贵鸿		

审核：徐慧　　会计：徐建华　　领款人：张飞飞

图 5－11　差旅费报销单

【附件 2】去程火车票如图 5－12 所示。

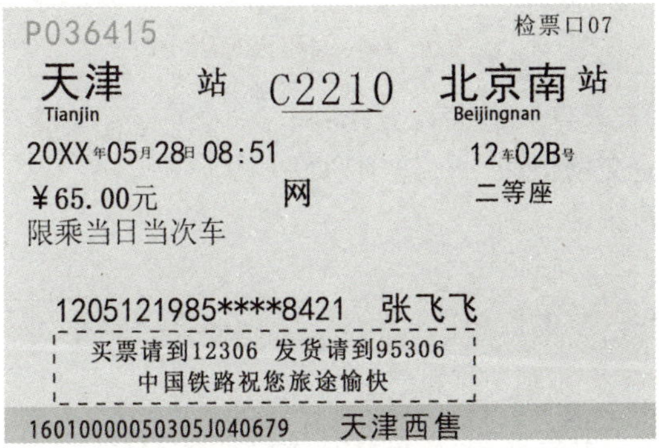

图 5－12　去程火车票

【附件 3】北京增值税专用发票如图 5－13 所示。

1100161320　　北京增值税专用发票　　No 09204278　1100161320 09204278

（印章：全国统一发票监制章 北京 国家税务局监制）

发票联

开票日期：20××年06月01日

购买方	名　　称：天津市石联化工股份有限公司 纳税人识别号：911201160115029451 地址、电话：天津市滨海新区开发区十三大街 022-59870653 开户行及账号：中国工商银行天津响锣湾支行 0302011205146843701				密码区	45<744>+9>+09>534063/71>8551 0/5+38*<85768+92320<>9186>-8 24>+6*287+6*67098*>+736>7-72 +1518*89<8786/>/14994>9<51++		
货物或应税劳务、服务名称	规格型号	单位	数量	单价	金额	税率	税额	
*生活服务*住宿服务			5	400.00	2000.00	6%	120.00	
合　计					¥2000.00		¥120.00	
价税合计（大写）	⊗贰仟壹佰贰拾元整			（小写）¥2120.00				
销售方	名　　称：北京桔子水晶酒店管理咨询有限公司 纳税人识别号：91110101746291086E 地址、电话：北京市东城区崇文门外大街114号 010-65135106 开户行及账号：中国农业银行北京云岗支行 0311010588672465319				备注	（印章：北京桔子水晶酒店管理咨询有限公司 91110101746291086E 发票专用章）		

收款人：张家福　　复核：杨福爱　　开票人：王龙伟　　销售方：（章）

税总函[2016]341号北京印钞有限公司

第三联：发票联　购买方记账凭证

图 5－13　北京增值税专用发票

【附件 4】回程火车票如图 5－14 所示。

U625089　　检票口06

北京南 站　G2211　天津 站

Beijingnan　　Tianjin

20XX年06月01日 10:00　　13车04B号

¥65.00元　　二等座

限乘当日当次车

1205121985****8421 张飞飞

买票请到12306 发货请到95306

中国铁路祝您旅途愉快

16010000050305J040679 天津西售

图 5－14　回程火车票

【会计分录】根据相关单据，做会计分录：

借：应交税费——应交增值税——进项税额　　130.74

　　管理费用——差旅费　　2 619.26

　贷：库存商品　　2 750

【解析】参见经济业务 19 的解析。

（三）银行存款利息

【经济业务 52】20××年 6 月 22 日，收到银行存款利息。

【附件 1】中国工商银行业务回单如图 5－15 所示。

ICBC 中国工商银行 凭证

业务回单（收款）

日期：20××年06月22日

回单编号：17080000006

付款人户名：

付款人开户行：

付款人账号（卡号）：

收款人户名：天津市石联化工股份有限公司

收款人开户行：中国工商银行天津响锣湾支行

收款人账号（卡号）：0302011205146843701

金额：壹仟伍佰元整

小写：¥1500.00

业务（产品）种类：利息入账 凭证种类：

凭证号码：

摘要：20××年06月利息 用途：

币种：人民币

交易机构：0030200108 记账柜员：00001 交易代码：60012

渠道：批量业务

起息日期：20××-03-22 止息日期：20××-06-21

计息账户账号：0302011205146843701

中国工商银行天津响锣湾支行 自助回单机专用章 <001>

本回单为第1次打印，注意重复 打印日期：20××年06月22日 打印柜员：9

图 5－15 中国工商银行业务回单

【附件 2】中国建设银行客户专用回单如图 5－16 所示。

NO.05647038

中国建设银行 China Construction Bank

中国建设银行客户专用回单 津

币别：人民币 20××年06月22日 流水号：

收款人：天津市石联化工股份有限公司			账号：12065691152600413618		
计息项目	起息日	结息日	本息/积数	利率（%）	利息
季度利息	20××0322	20××0621			¥2750.00
合计金额	（大写）人民币贰仟柒佰伍拾元整			¥2750.00	
上列存款利息，已照收你单位账户			打印柜员：10 打印机构：中国建设银行天津新港支行 打印卡号：12065691152600413618		

中国建设银行 电子回单 专用章

打印时间：20××-06-22 交易柜员：10 交易机构：中国建设银行天津新港支行

图 5－16 中国建设银行客户专用回单

【会计分录】根据相关单据，做会计分录：

借：银行存款——工行天津响锣湾支行 1 500

银行存款——建行天津新港支行 2 750

贷：财务费用——利息收入 4 250

【解析】《企业会计准则应用指南——会计科目和主要账务处理》规定，企业发生的应冲减财务费用的利息收入、汇兑损益、现金折扣，借记“银行存款”“应付账款”等科目，贷记“财务费用”科目。

（四）银行手续费

【经济业务 53】20××年 6 月 3 日，支付本月银行手续费。

【附件 1】中国工商银行业务回单如图 5－17 所示。

ICBC 中国工商银行 凭证

业务回单（付款）

日期：20××年06月03日

回单编号：07205948

付款人户名：天津市石联化工股份有限公司　　付款人开户行：中国工商银行天津响锣湾支行
付款人账号（卡号）：0302011205146843701
收款人户名：　　收款人开户行：
收款人账号（卡号）：
金额：肆佰元整　　小写：¥400.00
业务（产品）种类：对公收费　　凭证种类：000000000　　凭证号码：0000000000000000
摘要：对公收费明细入账　　用途：　　币种：人民币
交易机构：　　记账柜员：0001　　交易代码：680006　　渠道：批量业务
产品名称：财智账户卡
费用名称：手续费　　应收金额：¥400.00
实收金额：¥400.00　　收费渠道：
业务发生账户：0302011205146843701

中国工商银行天津响锣湾支行 自助回单机专用章 <001>

本回单为第2次打印，注意重复　　打印日期：20××年06月03日　　打印柜员：9

图 5－17 中国工商银行业务回单

【附件 2】天津增值税专用发票如图 5－18 所示。

天津增值税专用发票

1200173130　　发票联　　№ 02948929　　1200173130 02948929

开票日期：20××年06月20日

购买方	名称：天津市石联化工股份有限公司 纳税人识别号：911201160115029451 地址、电话：天津市滨海新区开发区十三大街 022-59870653 开户行及账号：中国工商银行天津响锣湾支行 0302011205146843701	密码区	47-6>920<+4>94/95998229//7*< 26-268660>1529>5<591-22-94++ 271688*45843//8>-5<873267>25 -5/-713<85555032+8<<8550-+82

货物或应税劳务、服务名称	规格型号	单位	数量	单价	金额	税率	税额
金融服务*直接收费金融服务		批	1	377.36	377.36	6%	22.64
合计					¥377.36		¥22.64
价税合计（大写）	⊗肆佰元整				（小写）¥400.00		

销售方	名称：中国工商银行天津响锣湾支行 纳税人识别号：911201160184277950 地址、电话：天津市滨海新区塘沽迎宾大道2058号 022-59878412 开户行及账号：中国工商银行天津响锣湾支行 0302011205146848427	备注	中国工商银行天津响锣湾支行 911201160184277950 发票专用章

收款人：王钧　　复核：张欢　　开票人：何婷　　销售方：（章）

税总函〔2016〕116号北京东港安全印刷有限公司

第三联：发票联 购买方记账凭证

图 5－18 天津增值税专用发票

【会计分录】根据相关单据，做会计分录：

	借方	贷方
借：财务费用——银行手续费	377.36	
应交税费——应交增值税——进项税额	22.64	
贷：银行存款——工行天津响锣湾支行		400

【解析】《企业会计准则应用指南——会计科目和主要账务处理》规定，财务费用核算企业为筹集生产经营所需资金等而发生的筹资费用，包括利息支出（减利息收入）、汇兑损益以及相关的手续费、企业发生的现金折扣或收到的现金折扣等。企业发生的财务费用，借记“财务费用”科目，贷记“银行存款”科目。

二、专项储备的核算

（一）冲抵专项储备

【经济业务 54】20××年 6 月 6 日，支付生产设备修理费冲减专项储备。

【附件 1】天津增值税专用发票如图 5－19 所示。

1200161320　　**天津增值税专用发票**　　No 00976165　1200161320　00976165

（全国统一发票监制章 天津 国家税务局监制）

发票联

开票日期：20××年06月06日

购买方	名称：天津市石联化工股份有限公司 纳税人识别号：911201160115029451 地址、电话：天津市滨海新区开发区十三大街 022-59870653 开户行及账号：中国工商银行天津响锣湾支行 0302011205146843701	密码区	/+63-2472//761>+8548916>60- ++3>08766*34<53-+2<54*48>--> 046+1102+5<78*/84994-68-0>73 >3>4865*/02+65*>82*<-8<-6*2+

货物或应税劳务、服务名称	规格型号	单位	数量	单价	金额	税率	税额
*劳务*修理费			1	25000.00	25000.00	13%	3250.00
合　计					¥25000.00		¥3250.00
价税合计（大写）	⊗贰万捌仟贰佰伍拾元整				（小写）¥28250.00		

销售方	名称：天津华贸修理修配股份有限公司 纳税人识别号：91120102300496402G 地址、电话：天津市河东区大直沽和进里8号楼 022-84235646 开户行及账号：中国工商银行天津中山路支行 0302011244698887269	备注	（天津华贸修理修配股份有限公司 91120102300496402G 发票专用章）

收款人：佟非凡　　复核：陈静　　开票人：王宝琛　　销售方：（章）

税总函〔2016〕7号北京印钞有限公司

第三联：发票联　购买方记账凭证

图 5－19　天津增值税专用发票

【附件 2】工商银行业务回单如图 5－20 所示。

ICBC 中国工商银行 凭证

业务回单（付款）

日期：20××年06月06日 回单编号：

付款人户名：天津市石联化工股份有限公司 付款人开户行：中国工商银行天津响锣湾支行
付款人账号（卡号）：0302011205146843701
收款人户名：天津华贸修理修配股份有限公司 收款人开户行：中国工商银行天津中山路支行
收款人账号（卡号）：0302011244698872697
金额：贰万捌仟贰佰伍拾元整 小写：¥28250.00
业务（产品）种类：转账 凭证种类：000000000 凭证号码：0000000000000000
摘要：修理费 用途： 币种：人民币
交易机构： 记账柜员：00010 交易代码： 渠道：中间业务后台方式

中国工商银行天津响锣湾支行 自助回单机专用章 (001)

本回单为第2次打印，注意重复 打印日期：20××年06月06日 打印柜员：9

图 5-20 中国工商银行业务回单

【会计分录】根据相关单据，做会计分录：

借：应交税费——应交增值税——进项税额 3 250
　　专项储备 25 000
　贷：银行存款——工行天津响锣湾支行 28 250

【解析】

(1)《企业会计准则解释第 3 号》规定，企业使用提取的安全生产费时，属于费用性支出的，直接冲减专项储备，借记“专项储备”科目，贷记“银行存款”科目。

(2)《中华人民共和国增值税暂行条例》（2016 年修订）规定，纳税人提供加工、修理修配劳务，税率为 17%。自 2018 年 05 月 01 日起，取消 17%税率，17%税率改为 16%税率。2019 年，为进一步下调企业税负，财政部 税务总局 海关总署公告（2019 年第 39 号公告）公布，增值税一般纳税人发生增值税应税销售行为或者进口货物，原适用 16%税率的，税率调整为 13%；原适用 10%税率的，税率调整为 9%。自 2019 年 4 月 1 日起，增值税税率由“16%、10%、6%、0%”调整为“13%、9%、6%、0%”四档税率。

（二）计提安全生产费

【经济业务 55】20××年 6 月 30 日，计提本月安全生产费用。

【附件】安全生产费用计提表如表 5-6 所示。

表 5-6 安全生产费用计提表

编制单位：天津市石联化工股份有限公司 20××年 06 月 30 日 单位：元

当月营业收入	计提标准	计提金额
8 810 000.00	0.50%	44 050.00

审核：王爱鸿 制表人：徐建华

【会计分录】根据相关单据，做会计分录：

借：管理费用——安全生产费用计提　　44 050

　贷：专项储备　　44 050

【解析】《企业会计准则解释第 3 号》规定，高危行业企业按照国家规定提取的安全生产费，应当计入相关产品的成本或当期损益，同时记入“专项储备”科目。提取安全生产费时，借记“生产成本”“制造费用”等科目，贷记“专项储备”科目。

三、计提第二季度企业所得税和结转所得税费用

计提第二季度企业所得税和结转所得税费用会计处理方法同三月，计提第二季度企业所得税和结转所得税费用为 2 288 709.81 元。

项目六

第三季度经济业务的会计处理

实训目的

通过实训，能够处理化工原料制造业副产品的核算、固定资产的核算和产品成本的核算。

实训内容

化工原料制造业副产品的核算、固定资产的核算和产品成本的核算。

实训要求

1. 了解化工原料制造业副产品和产成品的会计处理流程。

2. 掌握化工原料制造业副产品和产成品的会计处理方法。

3. 掌握化工原料制造业固定资产的核算方法。

任务一

七月会计业务处理

一、日常费用核算

（一）报销油料费

【经济业务 56】20××年 7 月 1 日，报销油料费。

【附件 1】天津增值税专用发票如图 6-1 所示。

1200161320　　天津增值税专用发票　　№ 07517165　1200161320

成品油　　　　　　　　　　　　　　　　　　　　　07517165

全国统一发票监制章 天津 国家税务局监制

发　票　联　　　　　　　　　　开票日期：20××年07月01日

购买方	名称：天津市石联化工股份有限公司 纳税人识别号：911201160115029451 地址、电话：天津市滨海新区开发区十三大街　022-59870653 开户行及账号：中国工商银行天津响锣湾支行　0302011205146843701	密码区	/+63-2472//761>+8548916>60- 85**>76>+63*8*8++7237*173814 >748>9*80*975209<96-4177<761 5<1*5<+/1/9-02/7754>0/249<84

货物或应税劳务、服务名称	规格型号	单位	数量	单价	金额	税率	税额
石油制品 汽油	95#	升	500	6.637168	3318.58	13%	431.42
合　　计					¥3318.58		¥431.42
价税合计（大写）	⊗叁仟柒佰伍拾元整				（小写）¥3750.00		

销售方	名称：壳牌华北石油集团有限公司 纳税人识别号：91120101228654707D 地址、电话：天津市和平区西宁道61号增3号　022-56247893 开户行及账号：中国工商银行天津友谊路支行　0302011205987536925	备注	壳牌华北石油集团有限公司 91120101228654707D 发票专用章

收款人：刘越　　复核：王爱鸿　　开票人：王超　　销售方：（章）

税总函[2016]7号北京印钞有限公司

第三联：发票联　购买方记账凭证

图 6-1　天津增值税专用发票

【附件 2】报销凭单如图 6-2 所示。

【会计分录】根据相关单据，做会计分录：

借：应交税费——应交增值税——进项税额　　431.42

　　管理费用——车辆费用　　3 318.58

　贷：库存现金　　3 750

【解析】《企业会计准则应用指南——会计科目和主要账务处理》规定，“管理费用”科目核算企业为组织和管理企业生产经营所发生的管理费用，包括企业在筹建期间内发生

报销凭单

单位：天津市石联化工股份有限公司　　　　日期：20××年07月01日

部门	经理办公室		经手人	张飞飞	
报销方式	√现金　　电汇　　支票				
	冲借款（借款日期：　　，借款：　　元，另还现金：　　元）				
用　途	油料费				
报销金额（大写）：叁仟柒佰伍拾元整			报销金额（小写）：¥3750.00		
总经理	于琳	财务经理	王爱鸿	部门经理	张雅楠

核算：徐慧　　会计：徐建华　　领款人：张飞飞

图 6-2　报销凭单

的开办费、董事会和行政管理部门在企业的经营管理中发生的或者应由企业统一负担的公司经费（包括行政管理部门职工工资及福利费、物料消耗、低值易耗品摊销、办公费和差旅费等）、工会经费、董事会费（包括董事会成员津贴、会议费和差旅费等）、聘请中介机构费、咨询费（含顾问费）、诉讼费、业务招待费、房产税、车船使用税、土地使用税、印花税、技术转让费、矿产资源补偿费、研究费用、排污费等。公司汽车的加油费、停车费、过路费等属于公司经费，可在“管理费用”科目下设明细科目“管理费用——车辆费用”核算。

（二）收到货款

【经济业务 57】20××年 7 月 31 日，收到天津续海高新材料有限公司本月货款。

【附件】中国工商银行业务回单如图 6-3 所示。

ICBC 中国工商银行　　凭证

业务回单（收款）

日期：20××年07月31日　　回单编号：

付款人户名：天津续海高新材料有限公司　　付款人开户行：中国工商银行天津空港第二支行
付款人账号（卡号）：0302011200142065140
收款人户名：天津市石联化工股份有限公司　　收款人开户行：中国工商银行天津响锣湾支行
收款人账号（卡号）：0302011205146843701
金额：壹仟壹佰贰拾捌万捌仟柒佰元整　　小写：¥11288700.00
业务（产品）种类：　　凭证种类：000000000　　凭证号码：000000000000000000
摘要：　　用途：收货款　　币种：人民币
交易机构：　　记账柜员：00023　　交易代码：52093　　渠道：其他
附言：现金折扣 0.001
支付交易序号：　　报文种类：　　委托日期：
业务类型（种类）：

中国工商银行天津响锣湾支行 自助回单机专用章 <001>

本回单为第1次打印，注意重复　　打印日期：20××年07月31日　　打印柜员：9

图 6-3　中国工商银行业务回单

【会计分录】根据相关单据，做会计分录：

借：银行存款——工行天津响锣湾支行　　11 288 700

　　财务费用——现金折扣　　11 300

　贷：应收账款——天津续海高新材料有限公司　　11 300 000

【解析】

（1）参见经济业务 36 的解析。

（2）《企业会计准则第 14 号——收入》（2017 修订）规定，销售商品涉及现金折扣的，现金折扣在实际发生时计入当期损益。

（三）缴纳上一年残疾人就业保障金

【经济业务 58】20××年 07 月 15 日，缴纳上一年残疾人就业保障金。

【附件 1】中国工商银行电子缴税付款凭证如图 6-4 所示。

ICBC 中国工商银行　　凭 证

中国工商银行电子缴税付款凭证　　NO. 1200679302

转账日期：20××年07月15日　　凭证字号：00182764

纳税人全称及纳税人识别号：天津市石联化工股份有限公司　911201160115029451

付款人全称：天津市石联化工股份有限公司

付款人账号：0302011205146843701　　征收机关名称：国家税务总局天津市滨海新区税务局第一税务所

付款人开户银行：中国工商银行天津响锣湾支行　　收款国库（银行）名称：国家金库天津市滨海新区支库

小写（合计）金额：￥102438.00　　缴款书交易流水号：

大写（合计）金额：壹拾万零贰仟肆佰叁拾捌元整　　税票号码：02430751

税（费）种名称	所属日期	实缴金额(单位：元)
残疾人就业保障金	20××0101-20××1231	￥102438.00

中国工商银行天津响锣湾支行 自助回单机专用章 (001)

第 1 次打印　　打印时间：20××年07月15日

客户回单联　　复核　　记账

图 6-4　中国工商银行电子缴税付款凭证

【附件 2】残疾人就业保障金缴费申报表如表 6-1 所示。

表 6-1　残疾人就业保障金缴费申报表

用人单位名称（公章）：天津市石联化工股份有限公司　　纳税人识别号：911201160115029451

通信地址：天津市滨海新区开发区十三大街　　联系电话：022-59870653

<table>
<tr><th>序号</th><th>费款所属期起</th><th>费款所属期止</th><th>上年在职职工工资总额</th><th>上年在职职工人数</th><th>应安排残疾人就业比例</th><th>上年实际安排残疾人就业人数</th><th>上年在职职工年平均工资</th><th>本期应纳费额</th><th>本期减免费额</th><th>本期已缴费额</th><th>本期应补（退）费额</th></tr>
<tr><td>1</td><td>2</td><td>3</td><td>4</td><td>5</td><td>6</td><td>7</td><td>8=4/5</td><td>9=(5×6−7)×8</td><td>10</td><td>11</td><td>12=9−10−11</td></tr>
<tr><td>1</td><td>20××年 01 月 01 日</td><td>20××年 12 月 31 日</td><td>6 829 200.00</td><td>82</td><td>1.50%</td><td></td><td>83 282.93</td><td>102 438.00</td><td></td><td></td><td>102 438.00</td></tr>
<tr><td>合计</td><td></td><td></td><td></td><td></td><td></td><td></td><td></td><td>102 438.00</td><td></td><td></td><td>102 438.00</td></tr>
<tr><td rowspan="3">申报声明</td><td colspan="5" rowspan="3">本单位所申报的残疾人就业保障金相关信息真实、准确并完整，与事实相符。
法定代表人（负责人）签名：</td><td>经办人</td><td></td><td>申报日期</td><td colspan="3"></td></tr>
<tr><td>受理税务机关</td><td>（公章）</td><td rowspan="2">受理日期</td><td colspan="3" rowspan="2"></td></tr>
<tr><td>受理人</td><td></td></tr>
</table>

【附件 3】付款申请单如图 6－5 所示。

付款申请单

付款单编号：09147306　　　　申请日期：20XX 年 07 月 15 日

款项用途	缴纳残疾人就业保障金		
付款依据 （合同名称/合同号）		开票情况	☑ 已开票　☐ 未开票　☐ 其他
付款金额	人民币（大写）壹拾万零贰仟肆佰叁拾捌元整	人民币（小写）	￥102438.00
支付方式	☐ 支票　☐ 现金　☑ 银行转账　☐ 其他		
收款单位	国家税务总局天津市滨海新区税务局第一税务所	收款单位开户行	
收款账号		联系电话	

经手人：徐慧　　财务经理：王爱鸿　　总经理：于琳

图 6－5　付款申请单

【会计分录】根据相关单据，做会计分录：

借：管理费用——残疾人就业保障金　　102 438

　贷：银行存款——工行天津响锣湾支行　　102 438

【解析】《残疾人就业保障金管理暂行规定》规定，企业、城乡集体经济组织缴纳的“保障金”从管理费用中列支。借记“管理费用——残疾人就业保障金”科目，以银行存款支付时，贷记“银行存款”科目。

二、固定资产折旧计提

【经济业务 59】20××年 7 月 30 日，计提固定资产折旧。

【附件】固定资产折旧汇总表如表 6－2 所示。

表 6－2　固定资产折旧汇总表

编制单位：天津市石联化工股份有限公司　　20××年 7 月 30 日　　单位：元

固定资产名称	数量	固定资产原值	残值率	使用年限	月折旧额	使用部门
联想电脑	36	123 710.00	3%	5	2 000.00	综合管理部
海尔柜式空调	7	185 567.00	3%	5	3 000.00	综合管理部
海尔壁挂空调	20	83 195.00	3%	5	1 345.00	综合管理部
打印机	2	81 650.00	3%	5	1 320.00	综合管理部
捷达汽车	1	90 000.00	3%	5	1 455.00	综合管理部
气体分流装置	1	989 691.00	3%	10	8 000.00	气分车间
催化剂进料单元	1	1 237 114.00	3%	10	10 000.00	聚丙烯车间
聚合反应单元	1	1 237 114.00	3%	10	10 000.00	聚丙烯车间

续表

固定资产名称	数量	固定资产原值	残值率	使用年限	月折旧额	使用部门
反应器粉料输送单元	1	269 691.00	3%	10	2 180.00	聚丙烯车间
换热器	1	296 907.00	3%	10	2 400.00	聚丙烯车间
6890N 型气相色谱仪	1	150 000.00	3%	5	2 425.00	生产管理部
HC-4 型丙烯专用微量硫分析仪	1	49 485.00	3%	5	800.00	生产管理部
丙烯聚合评价装置	1	98 969.00	3%	5	1 600.00	生产管理部
合计		4 893 093.00			46 525.00	

【会计分录】根据相关单据，做会计分录：

借：制造费用——累计折旧——气分车间　　8 000
　　制造费用——累计折旧——聚丙烯车间　　24 580
　　制造费用——累计折旧——生产管理　　4 825
　　管理费用——累计折旧　　9 120
　贷：累计折旧　　46 525

【解析】参见经济业务 4 解析。

三、预缴第二季度所得税

会计处理方法同四月。

四、企业所得税月（季）度预缴纳税申报表的填写

填写企业所得税月（季）度预缴纳税申报表的方法同四月份。

任务二
八月会计业务处理

一、固定资产的核算

（一）购入设备

【经济业务 60】20××年 8 月 3 日，购入需安装安全检测系统入账。

【附件 1】天津增值税专用发票如图 6－6 所示。

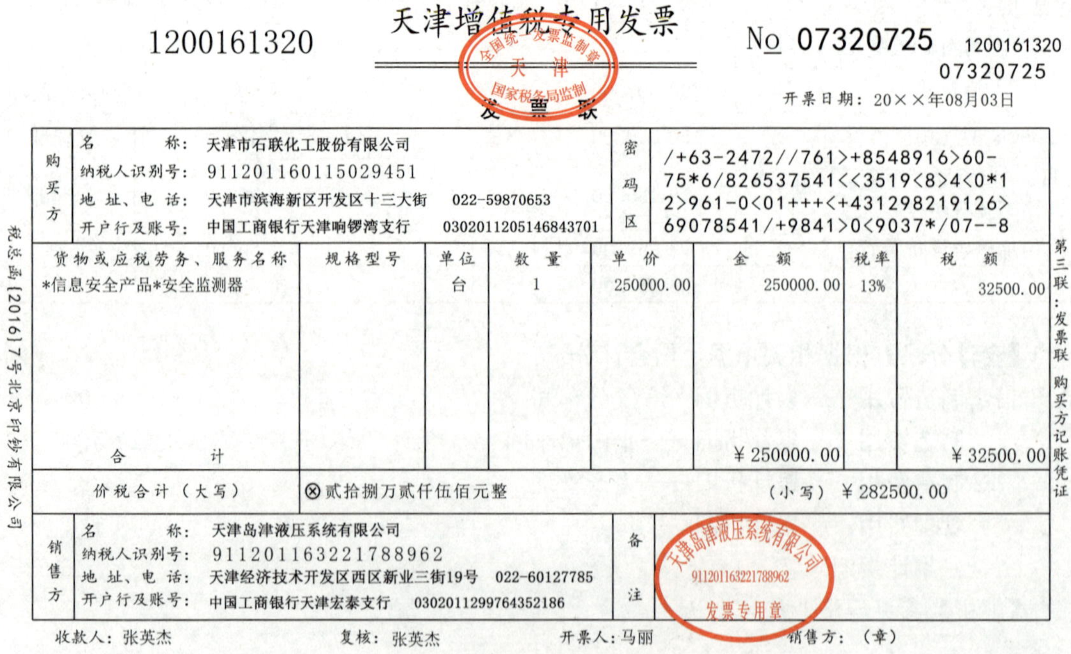

1200161320　　天津增值税专用发票　　№ 07320725　1200161320 07320725

发票联

开票日期：20××年08月03日

购买方	名称：天津市石联化工股份有限公司 纳税人识别号：911201160115029451 地址、电话：天津市滨海新区开发区十三大街 022-59870653 开户行及账号：中国工商银行天津响锣湾支行 0302011205146843701			密码区	/+63-2472//761>+8548916>60-75*6/826537541<<3519<8>4<0*12>961-0<01+++<+431298219126>69078541/+9841>0<9037*/07--8		
货物或应税劳务、服务名称	规格型号	单位	数量	单价	金额	税率	税额
*信息安全产品*安全监测器		台	1	250000.00	250000.00	13%	32500.00
合计					￥250000.00		￥32500.00
价税合计（大写）	⊗贰拾捌万贰仟伍佰元整				（小写）￥282500.00		
销售方	名称：天津岛津液压系统有限公司 纳税人识别号：911201163221788962 地址、电话：天津经济技术开发区西区新业三街19号 022-60127785 开户行及账号：中国工商银行天津宏泰支行 0302011299764352186			备注			

收款人：张英杰　　复核：张英杰　　开票人：马丽　　销售方：（章）

税总函〔2016〕7号北京印钞有限公司

第三联：发票联 购买方记账凭证

图 6－6　天津增值税专用发票

【附件 2】转账支票存根如图 6－7 所示。

中国工商银行
转账支票存根
10501232
01542134
附加信息
出票日期 20XX 年 08 月 03 日
收款人：天津岛津液压系统有限公司
金　额：￥282500.00
用　途：购买安全监测器
单位主管 王爱鸿 会计 徐建华

图 6－7　转账支票存根

【附件 3】报销凭单如图 6－8 所示。

报销凭单

单位：天津市石联化工股份有限公司　　　　　　日期：20XX 年 08 月 03 日

部门	生产运营部	经手人	文武
报销方式	现金　　电汇　　√支票		
	冲借款（借款日期：　　，借款：　　元，另还现金：　　元）		
用　途	购买设备		
报销金额（大写）：贰拾捌万贰仟伍佰元整		报销金额（小写）：¥282500.00	

总经理	于琳	财务经理	王爱鸿	部门经理	房蕾

核算：王爱鸿　　　　会计：徐建华　　　　领款人：文武

图 6-8　报销凭单

【会计分录】根据相关单据，做会计分录：

借：在建工程　　250 000

　　应交税费——应交增值税——进项税额　　32 500

　贷：银行存款——工行天津响锣湾支行　　282 500

【解析】《企业会计准则应用指南——会计科目和主要账务处理》规定，企业在建工程发生的管理费、征地费、可行性研究费、临时设施费、公证费、监理费及应负担的税费等，借记“在建工程”科目，贷记“银行存款”等科目。

（二）固定资产发生费用

【经济业务 61】20××年 08 月 25 日，支付安全检测系统安装费用。

【附件 1】天津增值税专用发票如图 6-9 所示。

天津增值税专用发票

1200161320　　　　发票联　　　　№ 00976813　　1200161320　00976813

（全国统一发票监制章　天津　国家税务局监制）

开票日期：20××年08月25日

购买方	名称：天津市石联化工股份有限公司 纳税人识别号：911201160115029451 地址、电话：天津市滨海新区开发区十三大街　022-59870653 开户行及账号：中国工商银行天津响锣湾支行　0302011205146843701	密码区	/+63-2472//761>+8548916>60- 6<3-+512>46-<*7/6/5044048171 +-16*861/*354363<<30+>944/<9 <--35/247<3-6348*>8-5417+147

货物或应税劳务、服务名称	规格型号	单位	数量	单价	金额	税率	税额
*建筑服务*安装服务		次	1	50000.00	50000.00	9%	4500.00
合　计					¥50000.00		¥4500.00
价税合计（大写）	⊗伍万肆仟伍佰元整				（小写）¥54500.00		

销售方	名称：天津华贸修理修配股份有限公司 纳税人识别号：91120102300496402G 地址、电话：天津市河东区大直沽和进里8号楼　022-84235646 开户行及账号：中国工商银行天津中山路支行　0302011244698872697	备注	（天津华贸修理修配股份有限公司　91120102300496402G　发票专用章）

收款人：佟非凡　　复核：陈静　　开票人：王宝琛　　销售方：（章）

税总函〔2016〕7号北京印钞有限公司

第三联：发票联　购买方记账凭证

图 6-9　天津增值税专用发票

【附件 2】转账支票存根如图 6－10 所示。

中国工商银行
转账支票存根
10501232
01542135
附加信息
出票日期 20XX 年 08 月 25 日
收款人：天津华贸修理修配股份有限公司
金 额：¥54500.00元
用 途：付安装费用
单位主管 王爱鸿 会计 徐建华
西安西正印制有限公司·2017年印制

图 6－10 转账支票存根

【附件 3】报销凭单如图 6－11 所示。

报销凭单

单位：天津市石联化工股份有限公司　　　　日期：20XX 年 08 月 25 日

部门	采购部		经手人	刘洪序	
报销方式	现金　电汇　✓支票				
	冲借款（借款日期：　　，借款：　　元，另还现金：　　元）				
用　途	系统安装费				
报销金额（大写）：伍万肆仟伍佰元整			报销金额（小写）：¥54500.00		
总经理	于琳	财务经理	王爱鸿	部门经理	刘洪序

核算：王爱鸿　　会计：徐建华　　领款人：刘洪序

图 6－11 报销凭单

【会计分录】根据相关单据，做会计分录：

借：在建工程　　50 000

　　应交税费——应交增值税——进项税额　　4 500

　贷：银行存款——工行天津响锣湾支行　　54 500

【解析】参见经济业务 60 的解析。

（三）固定资产安装完成

【经济业务 62】20××年 8 月 30 日，在建工程转固定资产。

【附件】固定资产验收单如表 6－3 所示。

表 6－3　固定资产验收单

20××年 08 月 30 日　　单位：元

固定资产名称	规格型号	单位	数量	单位价格	实际成本			
					价款	运费	安装费	合计
安全检测系统			1	250 000.00	250 000.00		50 000.00	300 000.00
取得方式	购买			生产单位		天津岛津液压系统有限公司		
使用部门	生产运营部			预计使用年限		5		
验收日期	8 月 30 日			使用日期		8 月 30 日		

第二联　会计凭证

设备主管：齐梦　　管理员：高立平　　经办人：高山

【会计分录】根据相关单据，做会计分录：

借：固定资产——安全生产设备——安全检测系统　　300 000

　贷：在建工程　　300 000

【解析】《企业会计准则应用指南——会计科目和主要账务处理》规定，购入需要安装的固定资产，先记入“在建工程”科目，达到预定可使用状态时再转入“固定资产”科目。

（四）新购入安全生产设备计提累计折旧

【经济业务 63】20××年 8 月 30 日，新购入安全生产设备计提累计折旧。

【附件】固定资产折旧分配表如表 6－4 所示。

表 6－4　固定资产折旧分配表

编制单位：天津市石联化工股份有限公司 20××年 08 月 30 日　　单位：元

固定资产类别	月折旧额	对应科目						
		管理费用	销售费用	研发支出	制造费用	主营业务成本	开发成本	（4003）专项储备
安全检测系统	300 000.00							300 000.00
合计	300 000.00							300 000.00

审核：王爱鸿　　制表：徐建华

【会计分录】根据相关单据，做会计分录：

借：专项储备　　300 000

　贷：累计折旧　　300 000

【解析】《企业会计准则解释第 3 号》规定，企业使用提取的安全生产费形成固定资产的，应当通过“在建工程”科目归集所发生的支出，待安全项目完工达到预定可使用状态时确认为固定资产；同时，按照形成固定资产的成本冲减专项储备，并确认相同金额的累计折旧，即借记“专项储备”科目，贷记“累计折旧”科目。该固定资产在以后期间不再计提折旧。

二、更改票据结算方式

【经济业务 64】20××年 8 月 23 日，收到天津续海高新材料有限公司银行承兑汇票。

【附件 1】银行承兑汇票如图 6-12 所示。

银行承兑汇票　　2　10250 72809456

出票日期（大写）　贰零××年 零捌 月 贰拾叁日

出票人全称	天津续海高新材料有限公司	收款人	全　称	天津市石联化工股份有限公司
出票人账号	030201120142065140		账　号	030201120514684370 1
付款行全称	中国工商银行天津空港第二支行		开户银行	中国工商银行天津响锣湾支行
出票金额	人民币（大写）柒拾万元整		亿千百十万千百十元角分	¥70000000
汇票到期日（大写）	贰零××年壹拾壹月贰拾叁日	付款行	行号	102110001403
承税协议编号	79285410365806219 3		地址	天津空港经济区东七道2号3号楼5号
本汇票请你行承兑，到期无条件付款。（天津续海高新材料有限公司 财务专用章）（印 刘丹）出票人签章		本汇票已经承兑 到期日本行付款 承兑行签章（中国工商银行天津空港第二支行 102110001403）承兑日期20××年08月23日 备注：		密押 27162052001 复核 唐杰 记账 孙小萌

此联收款人开户行随托收凭证寄付款行作借方凭证附件

图 6-12　银行承兑汇票

【附件 2】天津市企业单位往来收据如图 6-13 所示。

天津市企业单位往来收据　　№06508324

20XX 年 08 月 23 日

今收到	天津续海高新材料有限公司
交来	银行承兑汇票
人民币（大写）	柒拾万元整　¥700000.00
收款单位公章	（天津市石联化工股份有限公司 财务专用章）　收款人 徐慧　交款人 何诗

天津会计用品有限公司

第三联：收款人留存

注：本收据只作为一切单位之间的“应收应付”“暂收暂付款”结算往来账款凭证。不得以本收据代替发票使用。

图 6-13　天津市企业单位往来收据

【会计分录】根据相关单据，做会计分录：

借：应收票据——天津续海高新材料有限公司　　700 000

　贷：应收账款——天津续海高新材料有限公司　　700 000

【解析】《企业会计准则应用指南——会计科目和主要账务处理》规定：应收票据核算企业因销售商品、产品、提供劳务等而收到的商业汇票，包括银行承兑汇票和商业承兑汇票。

应收账款核算企业因销售商品、产品、提供劳务等经营活动应收取的款项。

企业应收账款改用应收票据结算，在收到承兑的商业汇票时，借记“应收票据”科目，贷记“应收账款”科目。

任务三 九月会计业务处理

一、差旅费报销

【经济业务 65】20××年 9 月 1 日，经理办公室人员报销差旅费。

【附件 1】天津增值税专用发票如图 6－14 所示。

1200161320　　天津增值税专用发票　　No 09204725　1200161320　09204725

发票联

开票日期：20××年09月01日

购买方	名　称：天津市石联化工股份有限公司 纳税人识别号：911201160115029451 地址、电话：天津市滨海新区开发区十三大街 022-59870653 开户行及账号：中国工商银行天津响锣湾支行　0302011205146843701	密码区	/+63-2472//761>+8548916>60- <73*><49>3-5</47390*-9<++/85 *33<549*-*35+6796162-6><95/< *>8+331937-56+192//73>7<-1/0

货物或应税劳务、服务名称	规格型号	单位	数量	单价	金额	税率	税额
*生活服务*住宿服务		天	5	300.00	1500.00	6%	90.00
合　计					¥1500.00		¥90.00
价税合计（大写）	⊗壹仟伍佰玖拾元整				（小写）¥1590.00		

销售方	名　称：北京桔子水晶酒店管理咨询有限公司 纳税人识别号：91110101746291086E 地址、电话：北京市东城区崇文门外大街114号　010-65135106 开户行及账号：中国农业银行股份有限公司北京云岗支行0311010588672465319	备注	北京桔子水晶酒店管理咨询有限公司 91110101746291086E 发票专用章

收款人：张家维　　复核：杨福爱　　开票人：王龙伟　　销售方：（章）

税总函〔2016〕7号北京印钞有限公司

第三联：发票联　购买方记账凭证

图 6－14　天津增值税专用发票

【附件 2】去程火车票如图 6－15 所示。

1921504　　检票口1C

天津 站 TIANJIN　　C2030　　北京南 站 BEIJINNAN

20XX年08月28日11:14 开　　08车14A号

¥65.00元　　二等座

限乘当日当次车

1205121985****8421 张飞飞

买票请到12306 发货请到95306
中国铁路祝您旅途愉快

16010000050305J040679 天津西售

图 6－15　去程火车票

【附件 3】回程火车票如图 6－16 所示。

G706485　　检票口1C

北京南 站 Beijingnan　　G2030　　天津 站 Tianjin

20XX年09月01日11:14 开　　09车15B号

¥65.00元　　二等座

限乘当日当次车

1205121985****8421 张飞飞

买票请到12306 发货请到95306
中国铁路祝您旅途愉快

0060307J040679 北京

图 6－16　回程火车票

【附件 4】差旅费报销单如图 6－17 所示。

差旅费报销单

单位：天津市石联化工股份有限公司　　日期：20XX年09月01日

部门				经理办公室			报销人		张飞飞		
起讫日期				天数	起讫地点		车船费	补助	住宿费	汽车	其他费用
月	日	月	日		起	止					
08	28	09	01	5	天津	北京	130.00	500.00	1590.00		
费用小计							¥130.00	¥500.00	¥1590.00		
报销合计（大写）贰仟贰佰贰拾元整							报销合计（小写）	¥2220.00			
总经理		于琳					财务经理		王爱鸿		

审核：徐慧　　会计：徐建华　　领款人：张飞飞

图 6－17　差旅费报销单

【会计分录】根据相关单据，做会计分录：

借：管理费用——差旅费　　2 119.26

　　应交税费——应交增值税——进项税额　　100.74

　贷：库存现金　　2 220

【解析】参见经济业务 19 的解析。

二、支付银行手续费

【经济业务 66】20××年 9 月 21 日，支付本月银行手续费。

【附件 1】天津增值税专用发票如图 6－18 所示。

1200173130　　天津增值税专用发票　　№ 02948929　　1200173130 02948929

全国统一发票监制章 天津 国家税务局监制

发 票 联

开票日期：20××年09月20日

购买方	名　称：天津市石联化工股份有限公司 纳税人识别号：911201160115029451 地址、电话：天津市滨海新区开发区十三大街 022-59870653 开户行及账号：中国工商银行天津响锣湾支行 0302011205146843701			密码区	47-6>920<+4>94/95998229//7*< 26-268660>1529>5<591-22-94++ 271688*45843//8>-5<873267>25 -5/-713<85555032+8<<8550-+82		
货物或应税劳务、服务名称	规格型号	单位	数量	单价	金额	税率	税额
*金融服务*直接收费金融服务		项	1	424.53	424.53	6%	25.47
合　计					¥424.53		¥25.47
价税合计（大写）	⊗肆佰伍拾元整				（小写）¥450.00		
销售方	名　称：中国建设银行天津新港支行 纳税人识别号：91120116679447860P 地址、电话：天津市滨海新区新港三号路2892号 022-25784107 开户行及账号：中国建设银行天津新港支行 12065691152600413618			备注	中国建设银行天津新港支行 91120116679447860P 发票专用章		

收款人：毕豫津　　复核：白佳艳　　开票人：孙春英　　销售方：（章）

税总函〔2016〕116号北京东港安全印制有限公司

第三联：发票联　购买方记账凭证

图 6－18　天津增值税专用发票

【附件 2】中国建设银行单位客户专用回单如图 6－19 所示。

【会计分录】根据相关单据，做会计分录：

借：财务费用——银行手续费　　424.53

　　应交税费——应交增值税——进项税额　　25.47

　贷：银行存款——建行天津新港支行　　450

【解析】参见经济业务 53 的解析。

中国建设银行 China Construction Bank

NO. 76809142

中国建设银行单位客户专用回单

流水号：320170683502791401

收款人：天津市石联化工股份有限公司	账号：0302011205146843701	
项目名称	工本费、转账汇款手续费、手续费	金额
银行手续费	450.00	¥450.00
合计金额 （大写）肆佰伍拾元整		¥450.00
付款方式：转账 业务类型：银行手续费 摘要：银行手续费	打印柜员：001 打印机构： 打印卡号：	

（印章：中国建设银行 电子回单 专用章）

打印时间：20××年09月21日　　交易柜员：002　　交易机构：10292

图 6-19　中国建设银行单位客户专用回单

三、收到银行存款利息

【经济业务 67】20××年 09 月 22 日，收到银行存款利息。

【附件 1】中国工商银行业务回单如图 6-20 所示。

ICBC 中国工商银行

凭证

业务回单（收款）

日期：20××年09月22日

回单编号：17080000006

付款人户名：

付款人账号（卡号）：

收款人户名：天津市石联化工股份有限公司

收款人账号（卡号）：0302011205146843701

金额：壹仟贰佰元整

业务（产品）种类：利息入账　　凭证种类：

摘要：20××年09月利息　　用途：

交易机构：0030200108　　记账柜员：00001　　交易代码：60012

起息日期：20××-06-22　　止息日期：20××-09-21

计息账户账号：0302011205146843701

付款人开户行：

收款人开户行：中国工商银行天津响锣湾支行

小写：¥1200.00

凭证号码：

币种：人民币

渠道：批量业务

（印章：中国工商银行天津响锣湾支行 自助回单机专用章 (001)）

本回单为第1次打印，注意重复　　打印日期：20××年09月22日　　打印柜员：9

图 6-20　中国工商银行业务回单

【附件 2】中国建设银行客户专用回单如图 6-21 所示。

NO. 05647038

中国建设银行 China Construction Bank

中国建设银行客户专用回单　津

币别：人民币　　　　流水号：

收款人：天津市石联化工股份有限公司			账号：0302011205146843701		
计息项目	起息日	结息日	本息/积数	利率（%）	利息
季度利息	20××-06-22	20××-09-21			2750.00
合计金额	（大写）贰仟柒佰伍拾元整				¥2750.00

上列存款利息，已照收你单位账户

打印柜员：10
打印机构：中国建设银行天津新港支行
打印卡号：12065691152600413618

（印章：中国建设银行 电子回单 专用章）

打印时间：20××-09-22　　交易柜员：10　　交易机构：中国建设银行天津新港支行

图 6-21　中国建设银行客户专用回单

【会计分录】根据相关单据，做会计分录：

借：银行存款——工行天津响锣湾支行　　1 200

　　银行存款——建行天津新港支行　　2 750

　贷：财务费用——利息收入　　3 950

【解析】参见经济业务 52 的解析。

四、计提第三季度企业所得税和结转所得税费用

计提第三季度企业所得税和结转所得税费用会计处理方法同三月份，计提第三季度企业所得税和结转所得税费用为 3 681 299.46 元。

项目七

第四季度经济业务的会计处理

实训目的

通过实训，能够处理废品损失、停工损失等业务，能够掌握销售收入和年终奖业务的处理。

实训内容

废品损失、停工损失的会计处理；销售收入的会计处理；年终奖业务的会计处理；预缴季度所得税。

实训要求

1. 了解化工原料制造业废品损失和停工损失的会计处理流程。

2. 掌握化工原料制造业废品损失和停工损失的会计处理方法。

3. 掌握销售收入和年终奖业务的处理。

任务一

十月会计业务处理

一、报销 ETC 充值费用

【经济业务 68】20××年 10 月 8 日，支付综合办报销 ETC 充值费用。

【附件 1】报销凭单如图 7－1 所示。

报销凭单

单位：天津市石联化工股份有限公司　　　　日期：20XX 年 10 月 08 日

<table>
<tr><td>部门</td><td colspan="2">经理办公室</td><td>经手人</td><td colspan="2">张飞飞</td></tr>
<tr><td rowspan="2">报销方式</td><td colspan="5">✓现金　　电汇　　支票</td></tr>
<tr><td colspan="5">冲借款（借款日期：　　，借款：　　元，另还现金：　　元）</td></tr>
<tr><td>用　途</td><td colspan="5">ETC充值费用</td></tr>
<tr><td colspan="3">报销金额（大写）：贰仟元整</td><td colspan="3">报销金额（小写）：¥2000.00</td></tr>
<tr><td>总经理</td><td>于琳</td><td>财务经理</td><td>王爱鸿</td><td>部门经理</td><td>张雅楠</td></tr>
</table>

核算：王爱鸿　　　　会计：徐建华　　　　领款人：张飞飞

图 7－1　报销凭单

【附件 2】天津增值税电子普通发票如图 7－2 所示。

【会计分录】根据相关单据，做会计分录：

借：管理费用——车辆费用　　　　2 000

　贷：库存现金　　　　2 000

【解析】参见经济业务 56 的解析。

二、预缴第三季度所得税

会计处理方法同四月。

三、企业所得税月（季）度预缴纳税申报表的填写

企业所得税月（季）度预缴纳税申报表的填写方法同四月。

天津增值税电子普通发票

全国统一发票监制章 天津 国家税务局监制

发票联

机器编号：015421358

发票代码：1200746130
发票号码：04571068
开票日期：20××年10月08日
校 验 码：42680 54091 31268 96413

购买方	名　　称：天津市石联化工股份有限公司 纳税人识别号：911201160115029451 地 址、电 话：天津市滨海新区开发区十三大街　022-59870653 开户行及账号：中国工商银行天津响锣湾支行　0302011205146843701				密码区	+6>1345-9*1--5>0139*49-52470 81/449*8/-4>5709-/4<695+7+2+ 4+2155394969028>3>>9<*754005 >/<5985+222860++39*19058+4/7		
货物或应税劳务、服务名称		规格型号	单位	数量	单价	金额	税率	税额
*预付卡销售*ETC卡充值费				1	2000.00	2000.00	不征税	***
合　计						¥2000.00		***
价税合计（大写）		⊗贰仟元整			（小写）¥2000.00			
销售方	名　　称：天津市高速公路联网收费管理中心 纳税人识别号：91120101559464378K 地 址、电 话：天津市和平区新华路39号　022-60541520 开户行及账号：中国工商银行天津营口道支行　0302011225779316511				备注	天津市高速公路联网收费管理中心 91120101559464378K 发票专用章		

收款人：刘页　　复核：王明　　开票人：王玥　　销售方：（章）

图 7-2　天津增值税电子普通发票

任务二

十一月会计业务处理

【经济业务 69】20××年 11 月 23 日，70 万元承兑汇票到期解付，开票日期为 20××年 8 月 23 日，到期日为 11 月 23 日。

【附件 1】中国工商银行业务回单如图 7-3 所示。

【附件 2】银行承兑汇票复印件如图 7-4 所示。

【会计分录】根据相关单据，做会计分录：

借：银行存款——工行天津响锣湾支行　　　　700 000

　贷：应收票据——天津续海高新材料有限公司　　　　700 000

【解析】《企业会计准则应用指南——会计科目和主要账务处理》规定：应收票据核算企业因销售商品、产品、提供劳务等而收到的商业汇票，包括银行承兑汇票和商业承兑汇票。

商业汇票到期，应按实际收到的金额，借记“银行存款”科目，按商业汇票的票面金额，贷记“应收票据”科目。

ICBC 中国工商银行 凭证

业务回单（收款）

日期：20××年11月23日 回单编号：04153276

付款人户名：天津续海高新材料有限公司 付款人开户行：中国工商银行天津空港第二支行
付款人账号（卡号）：0302011200142065140 收款人开户行：中国工商银行天津响锣湾支行
收款人户名：天津市石联化工股份有限公司
收款人账号（卡号）：0302011205146843701
金额：柒拾万元整 小写：¥700000.00
业务（产品）种类：跨行收报 凭证种类：000000000 凭证号码：00000000000000000
摘要：续海高新70万票据到期解付 用途：货款 币种：人民币
交易机构：111222 记账柜员：00023 交易代码：52093 渠道：其他
附言：
支付交易序号： 报文种类： 委托日期：20××-11-23
业务类型（种类）：跨行收报

中国工商银行天津响锣湾支行 自助回单机专用章 （001）

本回单为第1次打印，注意重复 打印日期：20××年11月23日 打印柜员：9

图7-3 中国工商银行业务回单

银行承兑汇票 2 10250 34975801

出票日期（大写） 贰零×× 年 零捌 月 贰拾叁日

出票人全称	天津续海高新材料有限公司	收款人	全称	天津市石联化工股份有限公司
出票人账号	0302011200142065140		账号	0302011205146843701
付款行全称	中国工商银行天津空港第二支行		开户银行	中国工商银行天津响锣湾支行
出票金额	人民币（大写） 柒拾万元整		亿千百十万千百十元角分	¥70000000
汇票到期日（大写）	贰零××年壹拾壹月贰拾叁日	付款行	行号	102110001403
承税协议编号	702386495107629518		地址	天津空港经济区东七道2号3号楼5号
本汇票请你行承兑，到期无条件付款。（天津续海高新材料有限公司 财务专用章）（刘丹印）出票人签章		本汇票已经承兑，到期日本行付款。（中国工商银行天津空港第二支行 102110001403 汇票专用章）承兑行签章 承兑日期20××年08月23日 备注：		密押 复核 唐杰 记账 孙小萌

此联收款人开户行随托收凭证寄付款行作借方凭证附件

图7-4 银行承兑汇票复印件

【经济业务70】20××年11月25日计提取暖费。

【附件】取暖费分配表如表7-1所示。

表7-1 取暖费分配表

序号	部门	姓名	取暖费	领取人签字
1	综合管理部	于琳	520.00	于琳
2		张雅楠	520.00	张雅楠
3		张飞飞	520.00	张飞飞

续表

序号	部门	姓名	取暖费	领取人签字
4	财务部	徐建华	520.00	徐建华
5		徐慧	520.00	徐慧
6		戴倩	520.00	戴倩
7		王爱鸿	520.00	王爱鸿
8	销售部	王彦杰	520.00	王彦杰
9		李青	520.00	李青
10		刘浩	520.00	刘浩
11		李波	520.00	李波
12		辛智磊	520.00	辛智磊
13	采购部	刘洪序	520.00	刘洪序
14		代聪飞	520.00	代聪飞
15	质检部	杜财富	520.00	杜财富
16		唐震宇	520.00	唐震宇
17		陈鹏	520.00	陈鹏
18	生产运营部	房蕾	520.00	房蕾
19		文武	520.00	文武
20		朱文亚	520.00	朱文亚
21		朱林凤	520.00	朱林凤
22		朱爱琴	520.00	朱爱琴
23	气分车间——管理	李丽	520.00	李丽
24		李乐	520.00	李乐
25	气分车间——生产	朱睿	520.00	朱睿
26		张耀辉	520.00	张耀辉
27		张钰	520.00	张钰
28		齐梦	520.00	齐梦
29		黎伟	520.00	黎伟
30		黄瑞	520.00	黄瑞
31		黄俊浩	520.00	黄俊浩
32		高妍	520.00	高妍
33		高远	520.00	高远
34		魏晓	520.00	魏晓
35		魏烨	520.00	魏烨
36		高立平	520.00	高立平
37		高山	520.00	高山
38		马生德	520.00	马生德
39		马丽	520.00	马丽
40		颜彪	520.00	颜彪
41		项久远	520.00	项久远
42		韩青华	520.00	韩青华
43	聚丙烯车间——管理	顿若英	520.00	顿若英
44		马华强	520.00	马华强
45		马国民	520.00	马国民

续表

序号	部门	姓名	取暖费	领取人签字
46	聚丙烯车间——生产	马坤	520.00	马坤
47		马璐	520.00	马璐
48		陈茹	520.00	陈茹
49		陈荣	520.00	陈荣
50		雷淑芳	520.00	雷淑芳
51		韦芝	520.00	韦芝
52		韩振	520.00	韩振
53		韩杰	520.00	韩杰
54		雷婉锋	520.00	雷婉锋
55		陈艳丽	520.00	陈艳丽
56		陈明	520.00	陈明
57		陈树	520.00	陈树
58		闫成	520.00	闫成
59		郭明	520.00	郭明
60		郝宗正	520.00	郝宗正
61		陈媛媛	520.00	陈媛媛
62		闫清风	520.00	闫清风
63		郭泉	520.00	郭泉
64		郝娟	520.00	郝娟
65		郑硕	520.00	郑硕
66		郑燕芳	520.00	郑燕芳
67		邓合	520.00	邓合
68		赵雪	520.00	赵雪
69		连帅杰	520.00	连帅杰
70		郑爱国	520.00	郑爱国
71		邢涛	520.00	邢涛
72		邢军	520.00	邢军
73		邓宾	520.00	邓宾
74		赵景	520.00	赵景
75		赵月辉	520.00	赵月辉
76		谷涛	520.00	谷涛
77		谭春	520.00	谭春
78		贾国	520.00	贾国
79		赵云凯	520.00	赵云凯
80		赵倩	520.00	赵倩
81		蔡雨	520.00	蔡雨
82		董林森	520.00	董林森
合计			42 640.00	

【会计分录】根据相关单据，做会计分录：

借：管理费用——福利费　　3 640

　　销售费用——福利费　　2 600

　　　生产成本——基本生产成本——福利费——气分车间　　9 360
　　　生产成本——基本生产成本——福利费——聚丙烯车间　　19 240
　　　制造费用——福利费——气分车间　　1 040
　　　制造费用——福利费——聚丙烯车间　　1 560
　　　制造费用——福利费——生产管理　　5 200
　　贷：应付职工薪酬——职工福利　　42 640

【解析】《企业会计准则第 9 号——职工薪酬》应用指南规定，职工薪酬包括企业为职工在职期间和离职后提供的全部货币性薪酬和非货币性福利。提供给职工配偶、子女或其他被赡养人的福利等，也属于职工薪酬。所以取暖供热补助是企业保证职工在劳动生产过程中的安全和身体健康，为其任职和受雇的员工发放的，应该在“应付职工薪酬——职工福利”科目核算。

【经济业务 71】20××年 11 月 25 日发放取暖费。

【附件 1】取暖费分配表参见表 7-1。

【附件 2】转账支票存根如图 7-5 所示。

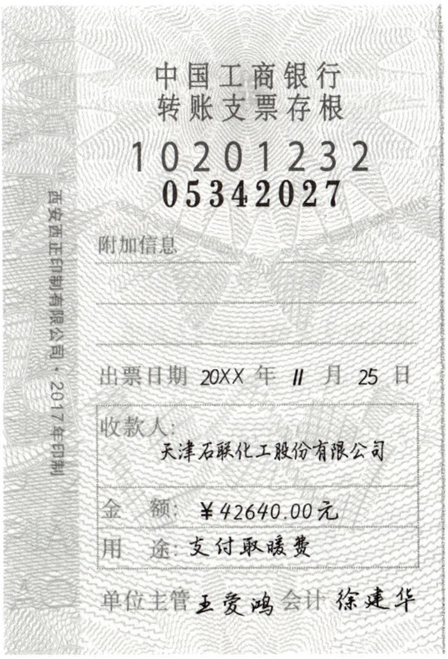

中国工商银行
转账支票存根
10201232
05342027
附加信息
出票日期 20XX 年 11 月 25 日
收款人：天津石联化工股份有限公司
金　额：￥42640.00元
用　途：支付取暖费
单位主管 王爱鸿 会计 徐建华
西安西正印制有限公司·2017年印制

图 7-5　转账支票存根

【附件 3】报销凭单如图 7-6 所示。

【会计分录】根据相关单据，做会计分录：

借：应付职工薪酬——职工福利　　42 640
　　贷：银行存款——工行天津响锣湾支行　　42 640

【解析】参见经济业务 18 的解析。

报销凭单

单位：天津市石联化工股份有限公司　　　　日期：20XX年11月25日

<table>
<tr><td>部门</td><td colspan="2">生产运营部</td><td>经手人</td><td colspan="2">房蕾</td></tr>
<tr><td rowspan="2">报销方式</td><td colspan="5">现金　　√电汇　　支票</td></tr>
<tr><td colspan="5">冲借款（借款日期：　　，借款：　　元，另还现金：　　元）</td></tr>
<tr><td>用　途</td><td colspan="5">发放取暖费</td></tr>
<tr><td colspan="3">报销金额（大写）：肆万贰仟陆佰肆拾元整</td><td colspan="3">报销金额（小写）：¥42640.00</td></tr>
<tr><td>总经理</td><td>于琳</td><td>财务经理</td><td>王爱鸿</td><td>部门经理</td><td>房蕾</td></tr>
</table>

核算：王爱鸿　　　　会计：徐建华　　　　领款人：房蕾

图7-6　报销凭单

任务三

十二月会计业务处理

一、计提工资、奖金

【经济业务72】20××年12月25日，计提本月工资。

【附件1】工资表如表7-2所示。

【附件2】年终奖计提表如表7-3所示。

【会计分录】根据相关单据，做会计分录：

借：生产成本——基本生产成本——直接人工——气分车间　　234 000

　　生产成本——基本生产成本——直接人工——聚丙烯车间　　481 000

　　制造费用——人工工资——气分车间　　40 000

　　制造费用——人工工资——聚丙烯车间　　54 000

　　制造费用——人工工资——生产管理　　170 000

　　管理费用——人工工资　　122 000

　　销售费用——人工工资　　70 000

　贷：应付职工薪酬——工资　　1 171 000

【解析】参见经济业务1的解析。

表 7-2　20××年 12 月工资表

编制单位：天津市石联化工股份有限公司　　20××年 12 月　　单位：元

部门	岗位工资	月度绩效	其他	应发工资	五险基数	社会统筹保险							工伤（单位）	生育（单位）	住房公积金		工会经费		6项专项附加扣除	个税	实发工资
						养老（单位）	养老（个人）	失业（单位）	失业（个人）	医疗（单位）	医疗（个人）	大额救助（个人）			单位	个人	单位	个人			
综合管理部门	16 000.00	9 000.00		25 000.00	24 400.00	3 904.00	1 952.00	122.00	122.00	2 440.00	488.00		244.00	122.00	2 928.00	2 928.00	1 000.00	250.00	7 000.00	13.80	19 246.20
财务部	24 000.00	12 000.00		36 000.00	35 200.00	5 632.00	2 816.00	176.00	176.00	3 520.00	704.00		352.00	176.00	4 224.00	4 224.00	1 440.00	360.00	8 000.00		27 720.00
销售部	20 000.00	15 000.00		35 000.00	34 000.00	5 440.00	2 720.00	170.00	170.00	3 400.00	680.00		340.00	170.00	4 080.00	4 080.00	1 400.00	350.00	10 000.00		27 000.00
采购部	12 000.00	6 000.00		18 000.00	17 600.00	2 816.00	1 408.00	88.00	88.00	1 760.00	352.00		176.00	88.00	2 112.00	2 112.00	720.00	180.00	4 000.00		13 860.00
质检部	16 000.00	9 000.00		25 000.00	24 400.00	3 904.00	1 952.00	122.00	122.00	2 440.00	488.00		244.00	122.00	2 928.00	2 928.00	1 000.00	250.00	6 000.00		19 260.00
生产运营部	27 000.00	15 000.00		42 000.00	41 000.00	6 560.00	3 280.00	205.00	205.00	4 100.00	820.00		410.00	205.00	4 920.00	4 920.00	1 680.00	420.00	10 000.00		32 355.00
气分车间——管理	14 000.00	6 000.00		20 000.00	19 600.00	3 136.00	1 568.00	98.00	98.00	1 960.00	392.00		196.00	98.00	2 352.00	2 352.00	800.00	200.00	4 000.00	41.70	15 348.30
气分车间——生产	63 000.00	54 000.00		117 000.00	113 400.00	18 144.00	9 072.00	567.00	567.00	11 340.00	2 268.00		1 134.00	567.00	13 608.00	13 608.00	4 680.00	1 170.00	36 000.00		90 315.00
聚丙烯车间——管理	18 000.00	9 000.00		27 000.00	26 400.00	4 224.00	2 112.00	132.00	132.00	2 640.00	528.00		264.00	132.00	3 168.00	3 168.00	1 080.00	270.00	6 000.00		20 790.00
聚丙烯车间——生产	129 500.00	111 000.00		240 500.00	233 100.00	37 296.00	18 648.00	1 165.50	1 165.50	23 310.00	4 662.00		2 331.00	1 165.50	27 972.00	27 972.00	9 620.00	2 405.00	74 000.00		185 647.50
合计	339 500.00	246 000.00		585 500.00	569 100.00	91 056.00	45 528.00	2 845.50	2 845.50	56 910.00	11 382.00		5 691.00	2 845.50	68 292.00	68 292.00	23 420.00	5 855.00	165 000.00	55.50	451 542.00

审核：王爱鸿　　制表：徐建华

表 7－3　20××年年终奖计提表

编制单位：天津市石联化工股份有限公司　　　　单位：元

部门	岗位工资	月度绩效	其他	应发工资	五险基数	社会保险（单位）							工伤（单位）	生育（单位）	住房公积金		个税	实发工资
						养老（单位）	养老（个人）	失业（单位）	失业（个人）	医疗（单位）	医疗（个人）	大额救助（个人）			单位	个人		
综合管理部门			25 000.00	25 000.00													750.00	24 250.00
财务部			36 000.00	36 000.00													1 080.00	34 920.00
销售部			35 000.00	35 000.00													1 050.00	33 950.00
生产运营部			42 000.00	42 000.00													1 260.00	40 740.00
采购部			18 000.00	18 000.00													540.00	17 460.00
质检部			25 000.00	25 000.00													750.00	24 250.00
气分车间——管理			20 000.00	20 000.00													600.00	19 400.00
气分车间——生产			117 000.00	117 000.00													3 510.00	113 490.00
聚丙烯车间——管理			27 000.00	27 000.00													810.00	26 190.00
聚丙烯车间——生产			240 500.00	240 500.00													7 215.00	233 285.00
合计			585 500.00	585 500.00													17 565.00	567 935.00

审核：王爱鸿　　　　制表：徐建华

二、计提五险一金

【经济业务 73】20××年 12 月 25 日，计提本月五险一金。

【附件】公司保险和公积金计提表如表 7-4 所示。

表 7-4　公司保险和公积金计提表

部门	五险基数	养老	医疗	失业	工伤	生育	公积金	合计
综合管理部	24 400.00	3 904.00	2 440.00	122.00	244.00	122.00	2 928.00	9 760.00
财务部	35 200.00	5 632.00	3 520.00	176.00	352.00	176.00	4 224.00	14 080.00
销售部	34 000.00	5 440.00	3 400.00	170.00	340.00	170.00	4 080.00	13 600.00
采购部	17 600.00	2 816.00	1 760.00	88.00	176.00	88.00	2 112.00	7 040.00
质检部	24 400.00	3 904.00	2 440.00	122.00	244.00	122.00	2 928.00	9 760.00
生产运营部	41 000.00	6 560.00	4 100.00	205.00	410.00	205.00	4 920.00	16 400.00
气分车间——管理	19 600.00	3 136.00	1 960.00	98.00	196.00	98.00	2 352.00	7 840.00
气分车间——生产	113 400.00	18 144.00	11 340.00	567.00	1 134.00	567.00	13 608.00	45 360.00
聚丙烯车间——管理	26 400.00	4 224.00	2 640.00	132.00	264.00	132.00	3 168.00	10 560.00
聚丙烯车间——生产	233 100.00	37 296.00	23 310.00	1 165.50	2 331.00	1 165.50	27 972.00	93 240.00
合计	569 100.00	91 056.00	56 910.00	2 845.50	5 691.00	2 845.50	68 292.00	227 640.00

【会计分录】根据相关单据，做会计分录：

借：生产成本——基本生产成本——社会保险——气分车间	31 752
生产成本——基本生产成本——社会保险——聚丙烯车间	65 268
生产成本——基本生产成本——住房公积金——气分车间	13 608
生产成本——基本生产成本——住房公积金——聚丙烯车间	27 972
制造费用——社会保险——气分车间	5 488
制造费用——社会保险——聚丙烯车间	7 392
制造费用——社会保险——生产管理	23 240
制造费用——住房公积金——气分车间	2 352
制造费用——住房公积金——聚丙烯车间	3 168
制造费用——住房公积金——生产管理	9 960
管理费用——社会保险	16 688
管理费用——住房公积金	7 152

销售费用——社会保险　9 520
销售费用——住房公积金　4 080
贷：应付职工薪酬——社会保险费　159 348
应付职工薪酬——住房公积金　68 292

【解析】参见经济业务 2 的解析。

三、计提工会经费

【经济业务 74】20××年 12 月 25 日，计提本月工会经费。

【附件】工会经费计提明细表如表 7-5 所示。

表 7-5　工会经费计提明细表

编制单位：天津市石联化工股份有限公司　　20××年 12 月 25 日　　单位：元

计提期间	工会经费						
	管理费用	销售费用	制造费用			生产成本	
			气分车间	聚丙烯车间	生产管理	气分车间	聚丙烯车间
20××年 12 月	2 440.00	1 400.00	800.00	1 080.00	3 400.00	4 680.00	9 620.00

【会计分录】根据相关单据，做会计分录：

借：生产成本——基本生产成本——工会经费——气分车间　4 680
生产成本——基本生产成本——工会经费——聚丙烯车间　9 620
制造费用——工会经费——气分车间　800
制造费用——工会经费——聚丙烯车间　1 080
制造费用——工会经费——生产管理　3 400
管理费用——工会经费　2 440
销售费用——工会经费　1 400
贷：应付职工薪酬——工会经费　23 420

【解析】参见经济业务 3 的解析。

四、计提第四季度企业所得税和结转所得税费用

计提第四季度企业所得税和结转所得税费用会计处理方法同三月，计提第四季度企业所得税和结转所得税费用为 3 846 702.02 元。

项目八

企业所得税汇算清缴

实训目的

通过实训，能够处理制造业企业所得税汇算清缴。

实训内容

年度汇算清缴报表及相关附表的填写。

实训要求

学会年度汇算清缴报表及相关附表的填写。

任务一

填写企业所得税年度纳税申报表

企业所得税年度纳税申报表封面如图 8-1 所示。

中华人民共和国企业所得税年度纳税申报表

（A类，20××年版）

税款所属时间：20××年1月1日至20××年12月31日

纳税人识别号（统一社会信用代码）：911201160115029451

纳税人名称（公章）：天津市石联化工股份有限公司

金额单位：人民币元（列至角分）

谨声明：本纳税申报表是根据国家税收法律法规及相关规定填报的，是真实的、可靠的、完整的。

纳税人（签章）： 20××年5月15日

经办人：	受理人：
经办人身份证号：	受理税务机关（章）：
代理机构签章：	受理日期： 年 月 日

国家税务总局监制

图8-1 企业所得税年度纳税申报表封面

一、企业所得税年度纳税申报表填报表单

企业所得税年度纳税申报表填报表单（部分）如表8-1所示。

表8-1 企业所得税年度纳税申报表填报表单（部分）

表单编号	表单名称	选择填报情况	
		填报	不填报
A000000	企业基础信息表	√	×
A100000	中华人民共和国企业所得税年度纳税申报表（A类）	√	×
A101010	一般企业收入明细表	√	×
A101020	金融企业收入明细表	□	□
A102010	一般企业成本支出明细表	√	×
A102020	金融企业支出明细表	□	□
A103000	事业单位、民间非营利组织收入、支出明细表	□	□
A104000	期间费用明细表	√	×
A105000	纳税调整项目明细表	√	×
A105010	视同销售和房地产开发企业特定业务纳税调整明细表	□	□
A105020	未按权责发生制确认收入纳税调整明细表	□	□
A105030	投资收益纳税调整明细表	□	□
A105040	专项用途财政性资金纳税调整明细表	□	□

续表

表单编号	表单名称	选择填报情况	
		填报	不填报
A105050	职工薪酬支出及纳税调整明细表	√	×
A105060	广告费和业务宣传费跨年度纳税调整明细表	□	□
A105070	捐赠支出及纳税调整明细表	□	□
A105080	资产折旧、摊销情况及纳税调整明细表	√	×
A105090	资产损失税前扣除及纳税调整明细表	□	□
A105100	企业重组及递延纳税事项纳税调整明细表	□	□
A105110	政策性搬迁纳税调整明细表	□	□
A105120	特殊行业准备金及纳税调整明细表	□	□
A106000	企业所得税弥补亏损明细表	√	×
A107010	免税、减计收入及加计扣除优惠明细表	□	□
A107011	符合条件的居民企业之间的股息、红利等权益性投资收益优惠明细表	□	□
A107014	研发费用加计扣除优惠明细表	□	□
A107020	所得减免优惠明细表	□	□
A107030	抵扣应纳税所得额明细表	□	□
A107040	减免所得税优惠明细表	□	□
A107041	高新技术企业优惠情况及明细表	□	□
A107042	软件、集成电路企业优惠情况及明细表	□	□
A107050	税额抵免优惠明细表	□	□
A108000	境外所得税收抵免明细表	□	□
A108010	境外所得纳税调整后所得明细表	□	□
A108020	境外分支机构弥补亏损明细表	□	□
A108030	跨年度结转抵免境外所得税明细表	□	□
A109000	跨地区经营汇总纳税企业年度分摊企业所得税明细表	□	□
A109010	企业所得税汇总纳税分支机构所得税分配表	□	□

说明：企业应当根据实际情况选择需要填报的表单。

二、企业所得税年度纳税申报基础信息表

企业所得税年度纳税申报基础信息表如表 8-2 所示。

表 8-2　企业所得税年度纳税申报基础信息表

基本经营情况（必填项目）						
101 纳税申报企业类型（填写代码）	000 非跨地区经营企业		102 分支机构就地纳税比例（%）	0.000 000%		
103 资产总额（填写平均值，单位：万元）	7 345.37		104 从业人数（填写平均值，单位：人）	83		
105 所属国民经济行业（填写代码）	2 829　工业		106 从事国家限制或禁止行业	□是		☑否
107 适用会计准则或会计制度（填写代码）	110 企业会计准则		108 采用一般企业财务报表格式（20××年版）	☑是		□否
109 小型微利企业	☑是	□否	110 上市公司	□境内	□境外	☑否

续表

<table>
<tr><td colspan="6">有关涉税事项情况（存在或者发生下列事项时必填）</td></tr>
<tr><td colspan="2">201 从事股权投资业务</td><td>□是</td><td>202 存在境外关联交易</td><td colspan="2">□是</td></tr>
<tr><td colspan="2">203 选择采用的境外所得抵免方式</td><td>□分国（地区）不分项</td><td colspan="3">□不分国（地区）不分项</td></tr>
<tr><td colspan="2">204 有限合伙制创业投资企业的法人合伙人</td><td>□是</td><td>205 创业投资企业</td><td colspan="2">□是</td></tr>
<tr><td colspan="2">206 技术先进型服务企业类型（填写代码）</td><td></td><td>207 非营利组织</td><td colspan="2">□是</td></tr>
<tr><td colspan="2">208 软件、集成电路企业类型（填写代码）</td><td></td><td>209 集成电路生产项目类型</td><td colspan="2">□130 纳米
□65 纳米</td></tr>
<tr><td rowspan="2">210 科技型中小企业</td><td>210-1</td><td>20××年（申报所属期年度）入库编号 1</td><td></td><td>210-2 入库时间 1</td><td></td></tr>
<tr><td>210-3</td><td>20××年（所属期下一年度）入库编号 2</td><td></td><td>210-4 入库时间 2</td><td></td></tr>
<tr><td colspan="2" rowspan="2">211 高新技术企业申报所属期年度有效的高新技术企业证书</td><td>211-1 证书编号 1</td><td></td><td>211-2 发证时间 1</td><td></td></tr>
<tr><td>211-3 证书编号 2</td><td></td><td>211-4 发证时间 2</td><td></td></tr>
<tr><td colspan="2">212 重组事项税务处理方式</td><td>□一般性 □特殊性</td><td>213 重组交易类型（填写代码）</td><td colspan="2"></td></tr>
<tr><td colspan="2">214 重组当事方类型（填写代码）</td><td></td><td>215 政策性搬迁开始时间</td><td colspan="2"></td></tr>
<tr><td colspan="2">216 发生政策性搬迁且停止生产经营无所得年度</td><td>□是</td><td>217 政策性搬迁损失分期扣除年度</td><td colspan="2">□是</td></tr>
<tr><td colspan="2">218 发生非货币性资产对外投资递延纳税事项</td><td>□是</td><td>219 非货币性资产对外投资转让所得递延纳税年度</td><td colspan="2">□是</td></tr>
<tr><td colspan="2">220 发生技术成果投资入股递延纳税事项</td><td>□是</td><td>221 技术成果投资入股递延纳税年度</td><td colspan="2">□是</td></tr>
<tr><td colspan="2">222 发生资产（股权）划转特殊性税务处理事项</td><td>□是</td><td>223 债务重组所得递延纳税年度</td><td colspan="2">□是</td></tr>
<tr><td colspan="6">主要股东及分红情况（必填项目）</td></tr>
<tr><td>股东名称</td><td>证件种类</td><td>证件号码</td><td>投资比例（%）</td><td>当年（决议日）分配的股息、红利等权益性投资收益金额</td><td>国籍（注册地址）</td></tr>
<tr><td>壳牌华北石油集团有限公司</td><td>税务登记证</td><td>91120101228654707D</td><td>100.00%</td><td>0.00</td><td></td></tr>
<tr><td></td><td></td><td></td><td></td><td></td><td></td></tr>
<tr><td>其余股东合计</td><td>——</td><td>——</td><td>100.00%</td><td>0.00</td><td>——</td></tr>
</table>

三、中华人民共和国企业所得税年度纳税申报表（A类）

中华人民共和国企业所得税年度纳税申报表（A类）如表8-3所示。

表8-3　中华人民共和国企业所得税年度纳税申报表（A类）

行次	类别	项　　目	金　　额
1	利润总额计算	一、营业收入（填写A101010\101020\103000）	104 880 000.00
2		减：营业成本（填写A102010\102020\103000）	53 646 997.45
3		减：税金及附加	3 616 087.21
4		减：销售费用（填写A104000）	630 727.20
5		减：管理费用（填写A104000）	2 155 870.91
6		减：财务费用（填写A104000）	−3 966.97
7		减：资产减值损失	0.00
8		加：公允价值变动收益	0.00
9		加：投资收益	0.00
10		二、营业利润（1−2−3−4−5−6−7+8+9）	44 834 284.20
11		加：营业外收入（填写A101010\101020\103000）	0.00
12		减：营业外支出（填写A102010\102020\103000）	0.00
13		三、利润总额（10+11−12）	44 834 284.20
14	应纳税所得额计算	减：境外所得（填写A108010）	0.00
15		加：纳税调整增加额（填写A105000）	7 491.20
16		减：纳税调整减少额（填写A105000）	0.00
17		减：免税、减计收入及加计扣除（填写A107010）	0.00
18		加：境外应税所得抵减境内亏损（填写A108000）	0.00
19		四、纳税调整后所得（13−14+15−16−17+18）	44 841 775.40
20		减：所得减免（填写A107020）	0.00
21		减：弥补以前年度亏损（填写A106000）	0.00
22		减：抵扣应纳税所得额（填写A107030）	0.00
23		五、应纳税所得额（19−20−21−22）	44 841 775.40
24	应纳税额计算	税率（25%）	0.25
25		六、应纳所得税额（23×24）	11 210 443.85
26		减：减免所得税额（填写A107040）	0.00
27		减：抵免所得税额（填写A107050）	0.00
28		七、应纳税额（25−26−27）	11 210 443.85
29		加：境外所得应纳所得税额（填写A108000）	0.00
30		减：境外所得抵免所得税额（填写A108000）	0.00
31		八、实际应纳所得税额（28+29−30）	11 210 443.85
32		减：本年累计实际已缴纳的所得税额	11 208 571.05
33		九、本年应补（退）所得税额（31−32）	1 872.80
34		其中：总机构分摊本年应补（退）所得税额（填写A109000）	0.00
35		财政集中分配本年应补（退）所得税额（填写A109000）	0.00
36		总机构主体生产经营部门分摊本年应补（退）所得税额（填写A109000）	0.00

任务二

填写企业所得税年度纳税申报明细表

一、一般企业收入明细表

一般企业收入明细表如表 8-4 所示。

表 8-4　一般企业收入明细表

行次	项　　目	金　额
1	一、营业收入（2+9）	104 880 000.00
2	（一）主营业务收入（3+5+6+7+8）	0.00
3	1. 销售商品收入	104 880 000.00
4	其中：非货币性资产交换收入	0.00
5	2. 提供劳务收入	0.00
6	3. 建造合同收入	0.00
7	4. 让渡资产使用权收入	0.00
8	5. 其他	0.00
9	（二）其他业务收入（10+12+13+14+15）	0.00
10	1. 销售材料收入	0.00
11	其中：非货币性资产交换收入	0.00
12	2. 出租固定资产收入	0.00
13	3. 出租无形资产收入	0.00
14	4. 出租包装物和商品收入	0.00
15	5. 其他	0.00
16	二、营业外收入（17+18+19+20+21+22+23+24+25+26）	0.00
17	（一）非流动资产处置利得	0.00
18	（二）非货币性资产交换利得	0.00
19	（三）债务重组利得	0.00
20	（四）政府补助利得	0.00
21	（五）盘盈利得	0.00
22	（六）捐赠利得	0.00
23	（七）罚没利得	0.00
24	（八）确实无法偿付的应付款项	0.00
25	（九）汇兑收益	0.00
26	（十）其他	0.00

二、一般企业成本支出明细表

一般企业成本支出明细表如表 8 - 5 所示。

表 8 - 5　一般企业成本支出明细表

行次	项　　目	金　额
1	一、营业成本（2+9）	53 646 997.45
2	（一）主营业务成本（3+5+6+7+8）	0.00
3	1. 销售商品成本	53 646 997.45
4	其中：非货币性资产交换成本	0.00
5	2. 提供劳务成本	0.00
6	3. 建造合同成本	0.00
7	4. 让渡资产使用权成本	0.00
8	5. 其他	0.00
9	（二）其他业务成本（10+12+13+14+15）	0.00
10	1. 销售材料成本	0.00
11	其中：非货币性资产交换成本	0.00
12	2. 出租固定资产成本	0.00
13	3. 出租无形资产成本	0.00
14	4. 包装物出租成本	0.00
15	5. 其他	0.00
16	二、营业外支出（17+18+19+20+21+22+23+24+25+26）	0.00
17	（一）非流动资产处置损失	0.00
18	（二）非货币性资产交换损失	0.00
19	（三）债务重组损失	0.00
20	（四）非常损失	0.00
21	（五）捐赠支出	0.00
22	（六）赞助支出	0.00
23	（七）罚没支出	0.00
24	（八）坏账损失	0.00
25	（九）无法收回的债券股权投资损失	0.00
26	（十）其他	0.00

三、期间费用明细表

期间费用明细表如表 8－6 所示。

表 8－6　期间费用明细表

行次	项　　目	销售费用	其中：境外支付	管理费用	其中：境外支付	财务费用	其中：境外支付
		1	2	3	4	5	6
1	一、职工薪酬	630 727.20	*	1 161 078.08	*	*	*
2	二、劳务费	0.00	0.00	0.00	0.00	*	*
3	三、咨询顾问费	0.00	0.00	0.00	0.00	*	*
4	四、业务招待费	0.00	*	18 728.00	*	*	*
5	五、广告费和业务宣传费	0.00	*	0.00	*	*	*
6	六、佣金和手续费	0.00	0.00	0.00	0.00	0.00	0.00
7	七、资产折旧摊销费	0.00	*	109 440.00	*	*	*
8	八、财产损耗、盘亏及毁损损失	0.00	*	0.00	*	*	*
9	九、办公费	0.00	*	8 013.27	*	*	*
10	十、董事会费	0.00	*	0.00	*	*	*
11	十一、租赁费	0.00	0.00	75 600.00	0.00	*	*
12	十二、诉讼费	0.00	*	0.00	*	*	*
13	十三、差旅费	0.00	*	11 896.30	*	*	*
14	十四、保险费	0.00	*	0.00	*	*	*
15	十五、运输、仓储费	0.00	0.00	0.00	0.00	*	*
16	十六、修理费	0.00	0.00	0.00	0.00	*	*
17	十七、包装费	0.00	*	0.00	*	*	*
18	十八、技术转让费	0.00	0.00	0.00	0.00	*	*
19	十九、研究费用	0.00	0.00	0.00	0.00	*	*
20	二十、各项税费	0.00	*	0.00	*	*	*
21	二十一、利息收支	*	*	*	*	－22 050.00	0.00
22	二十二、汇兑差额	*	*	*	*	0.00	0.00
23	二十三、现金折扣	*	*	*	*	11 300.00	*
24	二十四、党组织工作经费	*	*	0.00	*	*	*
25	二十五、其他	0.00	0.00	771 115.26	0.00	6 783.03	0.00
26	合计（1＋2＋3＋…25）	630 727.20	0.00	2 155 870.91	0.00	－3 966.97	0.00

四、纳税调整项目明细表

纳税调整项目明细表如表 8－7 所示。

表 8-7 纳税调整项目明细表

行次	项目	账载金额	税收金额	调增金额	调减金额
		1	2	3	4
1	一、收入类调整项目（2+3+…8+10+11）	*	*	0.00	0.00
2	（一）视同销售收入（填写 A105010）	*	0.00	0.00	*
3	（二）未按权责发生制原则确认的收入（填写 A105020）	0.00	0.00	0.00	0.00
4	（三）投资收益（填写 A105030）	0.00	0.00	0.00	0.00
5	（四）按权益法核算长期股权投资对初始投资成本调整确认收益	*	*	*	0.00
6	（五）交易性金融资产初始投资调整	*	*	0.00	*
7	（六）公允价值变动净损益	0.00	*	0.00	0.00
8	（七）不征税收入	*	*	0.00	0.00
9	其中：专项用途财政性资金（填写 A105040）	*	*	0.00	0.00
10	（八）销售折扣、折让和退回	0.00	0.00	0.00	0.00
11	（九）其他	0.00	0.00	0.00	0.00
12	二、扣除类调整项目（13+14+…24+26+27+28+29+30）	*	*	7 491.20	0.00
13	（一）视同销售成本（填写 A105010）	*	0.00	*	0.00
14	（二）职工薪酬（填写 A105050）	10 671 660.08	10 671 660.08	0.00	0.00
15	（三）业务招待费支出	18 728.00	11 236.80	7 491.20	*
16	（四）广告费和业务宣传费支出（填写 A105060）	*	*	0.00	0.00
17	（五）捐赠支出（填写 A105070）	0.00	0.00	0.00	0.00
18	（六）利息支出	0.00	0.00	0.00	0.00
19	（七）罚金、罚款和被没收财物的损失	0.00	*	0.00	*
20	（八）税收滞纳金、加收利息	0.00	*	0.00	*
21	（九）赞助支出	0.00	*	0.00	*
22	（十）与未实现融资收益相关在当期确认的财务费用	0.00	0.00	0.00	0.00
23	（十一）佣金和手续费支出	0.00	0.00	0.00	*
24	（十二）不征税收入用于支出所形成的费用	*	*	0.00	*
25	其中：专项用途财政性资金用于支出所形成的费用（填写 A105040）	*	*	0.00	*
26	（十三）跨期扣除项目	0.00	0.00	0.00	0.00
27	（十四）与取得收入无关的支出	0.00	*	0.00	*
28	（十五）境外所得分摊的共同支出	*	*	0.00	*
29	（十六）党组织工作经费	0.00	0.00	0.00	0.00
30	（十七）其他	0.00	0.00	0.00	0.00
31	三、资产类调整项目（32+33+34+35）	*	*	0.00	0.00
32	（一）资产折旧、摊销（填写 A105080）	843 900.00	843 900.00	7 491.20	0.00
33	（二）资产减值准备金	0.00	*	0.00	0.00

续表

行次	项　　目	账载金额	税收金额	调增金额	调减金额
		1	2	3	4
34	（三）资产损失（填写A105090）	0.00	0.00	0.00	0.00
35	（四）其他	0.00	0.00	0.00	0.00
36	四、特殊事项调整项目（37+38+…+42）	*	*	0.00	0.00
37	（一）企业重组及递延纳税事项（填写A105100）	0.00	0.00	0.00	0.00
38	（二）政策性搬迁（填写A105110）	*	*	0.00	0.00
39	（三）特殊行业准备金（填写A105120）	0.00	0.00	0.00	0.00
40	（四）房地产开发企业特定业务计算的纳税调整额（填写A105010）	*	0.00	0.00	0.00
41	（五）合伙企业法人合伙人应分得的应纳税所得额	0.00	0.00	0.00	0.00
42	（六）其他	*	*	0.00	0.00
43	五、特别纳税调整应税所得	*	*	0.00	0.00
44	六、其他	*	*	0.00	0.00
45	合计（1+12+31+36+43+44）	*	*	7 491.20	0.00

五、职工薪酬纳税调整明细表

职工薪酬纳税调整明细表如表8-8所示。

表8-8　职工薪酬纳税调整明细表

行次	项　目	账载金额	实际发生额	税收规定扣除率	以前年度累计结转扣除额	税收金额	纳税调整金额	累计结转以后年度扣除额
		1	2	3	4	5	6(1−5)	7(2+4−5)
1	一、工资薪金支出	7 666 604.00	7 666 604.00	*	*	7 666 604.00	0.00	*
2	其中：股权激励	0.00	0.00	*	*	0.00	0.00	*
3	二、职工福利费支出	44 140.00	44 140.00	14.00%	*	44 140.00	0.00	*
4	三、职工教育经费支出	6 572.00	6 572.00	*	0.00	6 572.00	0.00	0.00
5	其中：按税收规定比例扣除的职工教育经费	0.00	0.00	8.00%	0.00	0.00	0.00	0.00
6	按税收规定全额扣除的职工培训费用	0.00	0.00	100.00%	*	0.00	0.00	*
7	四、工会经费支出	153 332.08	153 332.08	2.00%	*	153 332.08	0.00	*
8	五、各类基本社会保障性缴款	1 912 176.00	1 912 176.00	*	*	1 912 176.00	0.00	*
9	六、住房公积金	819 504.00	819 504.00	*	*	819 504.00	0.00	*
10	七、补充养老保险	0.00	0.00	5.00%	*	0.00	0.00	*
11	八、补充医疗保险	0.00	0.00	5.00%	*	0.00	0.00	*

续表

行次	项 目	账载金额	实际发生额	税收规定扣除率	以前年度累计结转扣除额	税收金额	纳税调整金额	累计结转以后年度扣除额
		1	2	3	4	5	6(1−5)	7(2+4−5)
12	九、其他	0.00	0.00	*	*	0.00	0.00	*
13	合计（1+3+4+7+8+9+10+11+12）	10 602 328.08	10 602 328.08	*	0.00	10 602 328.08	0.00	0.00

六、企业所得税弥补亏损明细表

企业所得税弥补亏损明细表如表 8－9 所示。

表 8－9 企业所得税弥补亏损明细表

行次	项目	年度	当年境内所得额	分立转出的亏损额	合并、分立转入的亏损额		弥补亏损企业类型	当年亏损额	当年待弥补的亏损额	用本年度所得额弥补的以前年度亏损额		当年可结转以后年度弥补的亏损额
					可弥补年限5年	可弥补年限10年				使用境内所得弥补	使用境外所得弥补	
		1	2	3	4	5	6	7	8	9	10	11
1	前十年度		0.00	0.00	0.00	0.00		0.00	0.00	0.00	0.00	0.00
2	前九年度		0.00	0.00	0.00	0.00		0.00	0.00	0.00	0.00	0.00
3	前八年度		0.00	0.00	0.00	0.00		0.00	0.00	0.00	0.00	0.00
4	前七年度		0.00	0.00	0.00	0.00		0.00	0.00	0.00	0.00	0.00
5	前六年度		0.00	0.00	0.00	0.00		0.00	0.00	0.00	0.00	0.00
6	前五年度		0.00	0.00	0.00	0.00		0.00	0.00	0.00	0.00	0.00
7	前四年度		0.00	0.00	0.00	0.00		0.00	0.00	0.00	0.00	0.00
8	前三年度		0.00	0.00	0.00	0.00		0.00	0.00	0.00	0.00	0.00
9	前二年度		0.00	0.00	0.00	0.00		0.00	0.00	0.00	0.00	0.00
10	前一年度		0.00	0.00	0.00	0.00		0.00	0.00	0.00	0.00	0.00
11	本年度	至	44 841 775.40	0.00	0.00	0.00		0.00	0.00	0.00	0.00	0.00
12	可结转以后年度弥补的亏损额合计											0.00

七、资产折旧、摊销情况及纳税调整明细表

资产折旧、摊销情况及纳税调整明细表如表 8－10 所示。

表 8-10　资产折旧、摊销情况及纳税调整明细表

行次	项目		账载金额			税收金额					纳税调整金额
			资产原值	本年折旧、摊销额	累计折旧、摊销额	资产计税基础	税收折旧、摊销额	享受加速折旧政策的资产按税收一般规定计算的折旧、摊销额	加速折旧、摊销统计额	累计折旧、摊销额	
			1	2	3	4	5	6	7=5−6	8	9(2−5)
1	一、固定资产（2+3+4+5+6+7）		5 193 093.00	843 900.00	1 330 680.00	5 193 093.00	843 900.00	*	*	1 330 680.00	0.00
2	所有固定资产	（一）房屋、建筑物	0.00	0.00	0.00	0.00	0.00	*	*	0.00	0.00
3		（二）飞机、火车、轮船、机器、机械和其他生产设备	4 628 969.30	734 460.00	1 154 520.00	4 628 969.30	734 460.00	*	*	1 154 520.00	0.00
4		（三）与生产经营活动有关的器具、工具、家具等	268 762.88	52 140.00	78 210.00	268 762.88	52 140.00	*	*	78 210.00	0.00
5		（四）飞机、火车、轮船以外的运输工具	90 000.00	17 460.00	26 190.00	90 000.00	17 460.00	*	*	26 190.00	0.00
6		（五）电子设备	205 360.82	39 840.00	71 760.00	205 360.82	39 840.00	*	*	71 760.00	0.00
7		（六）其他		0.00	0.00	0.00	0.00	*	*	0.00	0.00

续表

行次	项目		账载金额			税收金额					纳税调整金额
			资产原值	本年折旧、摊销额	累计折旧、摊销额	资产计税基础	税收折旧、摊销额	享受加速折旧政策的资产按税收一般规定计算的折旧、摊销额	加速折旧、摊销统计额	累计折旧、摊销额	
			1	2	3	4	5	6	7=5−6	8	9(2−5)
8	其中：享受固定资产加速折旧及一次性扣除政策的资产加速折旧额大于一般折旧额的部分	（一）重要行业固定资产加速折旧（不含一次性扣除）	0.00	0.00	0.00	0.00	0.00	0.00	0.00	0.00	*
9		（二）其他行业研发设备加速折旧	0.00	0.00	0.00	0.00	0.00	0.00	0.00	0.00	*
10		（三）固定资产一次性扣除	0.00	0.00	0.00	0.00	0.00	0.00	0.00	0.00	*
11		（四）技术进步、更新换代固定资产	0.00	0.00	0.00	0.00	0.00	0.00	0.00	0.00	*
12		（五）常年强震动、高腐蚀固定资产	0.00	0.00	0.00	0.00	0.00	0.00	0.00	0.00	*
13		（六）外购软件折旧	0.00	0.00	0.00	0.00	0.00	0.00	0.00	0.00	*
14		（七）集成电路企业生产设备	0.00	0.00	0.00	0.00	0.00	0.00	0.00	0.00	*
15	二、生产性生物资产（16+17）		0.00	0.00	0.00	0.00	0.00	*	*	0.00	0.00

续表

行次	项目	账载金额			税收金额					纳税调整金额
		资产原值	本年折旧、摊销额	累计折旧、摊销额	资产计税基础	税收折旧、摊销额	享受加速折旧政策的资产按税收一般规定计算的折旧、摊销额	加速折旧、摊销统计额	累计折旧、摊销额	
		1	2	3	4	5	6	7=5−6	8	9(2−5)
16	（一）林木类	0.00	0.00	0.00	0.00	0.00	*	*	0.00	0.00
17	（二）畜类	0.00	0.00	0.00	0.00	0.00	*	*	0.00	0.00
18	三、无形资产（19＋20＋21＋22＋23＋24＋25＋27）	0.00	0.00	0.00	0.00	0.00	*	*	0.00	0.00
19	（一）专利权	0.00	0.00	0.00	0.00	0.00	*	*	0.00	0.00
20	（二）商标权	0.00	0.00	0.00	0.00	0.00	*	*	0.00	0.00
21	（三）著作权	0.00	0.00	0.00	0.00	0.00	*	*	0.00	0.00
22	（四）土地使用权	0.00	0.00	0.00	0.00	0.00	*	*	0.00	0.00
23	（五）非专利技术	0.00	0.00	0.00	0.00	0.00	*	*	0.00	0.00
24	（六）特许权使用费	0.00	0.00	0.00	0.00	0.00	*	*	0.00	0.00
25	（七）软件	0.00	0.00	0.00	0.00	0.00	*	*	0.00	0.00
26	其中：享受企业外购软件加速摊销政策	0.00	0.00	0.00	0.00	0.00	0.00	0.00	0.00	*
27	（八）其他	0.00	0.00	0.00	0.00	0.00	*	*	0.00	0.00
28	四、长期待摊费用（29＋30＋31＋32＋33）	0.00	0.00	0.00	0.00	0.00	*	*	0.00	0.00

续表

行次	项目	账载金额			税收金额					纳税调整金额
		资产原值	本年折旧、摊销额	累计折旧、摊销额	资产计税基础	税收折旧、摊销额	享受加速折旧政策的资产按税收一般规定计算的折旧、摊销额	加速折旧、摊销统计额	累计折旧、摊销额	
		1	2	3	4	5	6	7=5−6	8	9(2−5)
29	（一）已足额提取折旧的固定资产的改建支出	0.00	0.00	0.00	0.00	0.00	*	*	0.00	0.00
30	（二）租入固定资产的改建支出	0.00	0.00	0.00	0.00	0.00	*	*	0.00	0.00
31	（三）固定资产的大修理支出	0.00	0.00	0.00	0.00	0.00	*	*	0.00	0.00
32	（四）开办费	0.00	0.00	0.00	0.00	0.00	*	*	0.00	0.00
33	（五）其他	0.00	0.00	0.00	0.00	0.00	*	*	0.00	0.00
34	五、油气勘探投资	0.00	0.00	0.00	0.00	0.00	*	*	0.00	0.00
35	六、油气开发投资	0.00	0.00	0.00	0.00	0.00	*	*	0.00	0.00
36	合计（1+15+18+28+34+35）	5 193 093.00	843 900.00	1 330 680.00	5 193 093.00	843 900.00	0.00	0.00	1 330 680.00	0.00
附列资料	全民所有制企业公司制改制资产评估增值政策资产	0.00	0.00	0.00	0.00	0.00	*	*	0.00	0.00

八、减免所得税优惠明细表

减免所得税优惠明细表如表 8－11 所示。

表 8－11　减免所得税优惠明细表

税款所属时间：至 20××年 12 月 31 日

纳税人统一社会信用代码（纳税人识别号）：911201160115029451

纳税人名称（公章）：天津市石联化工股份有限公司　　金额单位：元（列至角分）

行次	项　　目	金　额
1	一、符合条件的小型微利企业减免企业所得税	0.00
2	二、国家需要重点扶持的高新技术企业减按 15%的税率征收企业所得税（填写 A107041）	0.00
3	三、经济特区和上海浦东新区新设立的高新技术企业在区内取得的所得定期减免企业所得税（填写 A107041）	0.00
4	四、受灾地区农村信用社免征企业所得税	0.00
5	五、动漫企业自主开发、生产动漫产品定期减免企业所得税	0.00
6	六、线宽小于 0.8 微米（含）的集成电路生产企业减免企业所得税（填写 A107042）	0.00
7	七、线宽小于 0.25 微米的集成电路生产企业减按 15%税率征收企业所得税（填写 A107042）	0.00
8	八、投资额超过 80 亿元的集成电路生产企业减按 15%税率征收企业所得税（填写 A107042）	0.00
9	九、线宽小于 0.25 微米的集成电路生产企业减免企业所得税（填写 A107042）	0.00
10	十、投资额超过 80 亿元的集成电路生产企业减免企业所得税（填写 A107042）	0.00
11	十一、新办集成电路设计企业减免企业所得税（填写 A107042）	0.00
12	十二、国家规划布局内集成电路设计企业可减按 10%的税率征收企业所得税（填写 A107042）	0.00
13	十三、符合条件的软件企业减免企业所得税（填写 A107042）	0.00
14	十四、国家规划布局内重点软件企业可减按 10%的税率征收企业所得税（填写 A107042）	0.00
15	十五、符合条件的集成电路封装、测试企业定期减免企业所得税（填写 A107042）	0.00
16	十六、符合条件的集成电路关键专用材料生产企业、集成电路专用设备生产企业定期减免企业所得税（填写 A107042）	0.00
17	十七、经营性文化事业单位转制为企业的免征企业所得税	0.00
18	十八、符合条件的生产和装配伤残人员专门用品企业免征企业所得税	0.00
19	十九、技术先进型服务企业减按 15%的税率征收企业所得税	0.00
20	二十、服务贸易类技术先进型服务企业减按 15%的税率征收企业所得税	0.00
21	二十一、设在西部地区的鼓励类产业企业减按 15%的税率征收企业所得税	0.00
22	二十二、新疆困难地区新办企业定期减免企业所得税	0.00
23	二十三、新疆喀什、霍尔果斯特殊经济开发区新办企业定期免征企业所得税	0.00
24	二十四、广东横琴、福建平潭、深圳前海等地区的鼓励类产业企业减按 15%税率征收企业所得税	0.00
25	二十五、北京冬奥组委、北京冬奥会测试赛赛事组委会免征企业所得税	0.00
26	二十六、线宽小于 130 纳米的集成电路生产企业减免企业所得税（填写 A107042）	0.00

续表

行次	项　　　目	金　额
27	二十七、线宽小于 65 纳米或投资额超过 150 亿元的集成电路生产企业减免企业所得税（填写 A107042）	0.00
28	二十八、其他	0.00
29	二十九、减：项目所得额按法定税率减半征收企业所得税叠加享受减免税优惠	0.00
30	三十、支持和促进重点群体创业就业企业限额减征企业所得税（30.1+30.2）	0.00
30.1	（一）下岗失业人员再就业	0.00
30.2	（二）高校毕业生就业	0.00
31	三十一、扶持自主就业退役士兵创业就业企业限额减征企业所得税	0.00
32	三十二、民族自治地方的自治机关对本民族自治地方的企业应缴纳的企业所得税中属于地方分享的部分减征或免征（□免征　□减征：减征幅度）	0.00
33	合计（1+2+…+28−29+30+31+32）	0.00

参考文献

[1]《中华人民共和国现行会计法律法规汇编》组委会.

[2] 企业会计准则编审委员会. 企业会计准则案例讲解. 上海：立信会计出版社，2020.

[3] 于桂莉. 企业会计仿真实训. 北京：清华大学出版社，2016.

[4] 龚艺. "营改增"环境下企业税务筹划的要点分析. 财经界，2016 (5)：325-326

[5] 辜子芮. "营改增"下企业所得税的税收筹划. 行政事业资产与财务，2016 (16)：34-35.

[6] 平静. 关于企业日常税务管理措施之再思考. 财税审计，2016 (5)：95-96.

[7] 白玮，白玉，葛宝疆. 化工企业成本核算与控制. 当代化工，2012 (9)：981-989.

[8] 李晓兰. 基于营改增的制造企业纳税筹划. 行政事业资产与财务，2014 (5)：48-49.

[9] 李海燕，梁海云. 建立油气企业环境会计制度. 国际石油经济，2004 (10)：61-63.

[10] 卿清光. 企业的会计税务筹划问题研究. 现代经济信息，2014 (2)：126-127.

[11] 曹慧，朱俊莹，王燕. 企业的物流成本会计核算问题研究. 企业经济，2012 (1)：179-181.

[12] 石楠. 浅谈煤化工企业财务管理之全面成本管理. 财经界，2016 (3)：258-259.

[13] 张留生. 浅析"营改增"的实施给企业会计工作带来的影响及应对措施. 纳税，2017 (25)：10-12.

[14] 项继云. 浅析化工企业成本财务核算问题. 前沿，2013 (12)：93-94.

[15] 姚洁，万文静. 浅议精细化工生产企业成本控制. 商，2016 (34)：46.

[16] 刘燕. 如何做好企业税收管理和筹划工作. 经营管理者，2014 (1)：43.

[17] 邝健斌. 石油化工行业的成本管理. 辽宁化工，2006 (7)：432-434.

[18] 张晶. 税务筹划在企业会计处理中的应用探讨. 时代金融，2016 (10)：173-174.

[19] 韩谦. 我国精细化工发展现状和趋势. 江西化工，2010 (1)：25-27.

[20] 孙腾良. 我国石油和化工装备制造业面临的问题及发展方向. 化工机械，2011 (1)：1-10.

[21] 曾益冲，张根旺. 我国油脂化工、精细化工生产现状与发展建议. 中国油脂，2005 (5)：5-10.

[22] 冷秋利. 新材料化工企业成本核算方法的研究与探讨——以唐山中浩化工有限公司为例. 河北能源职业技术学院学报，2017 (9)：53-55.

[23] 赵丹．营改增后化工出口企业税务筹划．财经界，2015 (6)：266.

[24] 王新然．制造业企业税收筹划研究．时代金融，2017 (7)：171 - 172.

[25] 王桃桃．制造业如何合理纳税筹划．中国外资，2017 (11)：54 - 55.

[26] 王栋．浅谈化工企业成本核算的管理．大众投资指南，2017 (9).

[27] 彭涛，许晨，安晋军．塑料制造业的涉税风险及审计方法．商业会计，2013 (23).

[28] 许珂．制造业企业纳税筹划研究．财会学习，2016 (13).

[29] 李小强，李留刚，关民普．中国精细化工的现状和发展前景展望．科技信息，2011 (23).

[30] 孙红梅，王林霄，尤龙飞．中国石油化工股份有限公司财务分析．财会通讯，2011 (32).

[31] 刘锡山．营业税改增值税后货运代理企业的优劣势比较和调价系数．交通财会，2013 (11)：20 - 25.

[32] 蒋泽生，基础会计模拟实训．5 版．北京：中国人民大学出版社，2019.

附录　制造业（化工）行业税务问题汇编

附录 1　制造业（化工）行业增值税问题汇编

一、化工制造企业为其他企业提供加工制造服务，以美元结算销售额是否需要换算为人民币？

答：销售额需要折合成人民币计算。

依据：《财政部 国家税务总局关于全面推开营业税改征增值税试点的通知》（财税〔2016〕36 号）附件 1《营业税改征增值税试点实施办法》第三十八条规定，销售额以人民币计算。纳税人按照人民币以外的货币结算销售额的，应当折合成人民币计算，折合率可以选择销售额发生的当天或者当月 1 日的人民币汇率中间价。纳税人应当在事先确定采用何种折合率，确定后 12 个月内不得变更。

二、化工制造企业属于增值税一般纳税人，向其他企业提供加工制造服务，2019 年 4 月 1 日以后适用的税率是多少？

答：增值税一般纳税人发生增值税应税销售行为或者进口货物，原适用 16%税率的，税率调整为 13%。

依据：《财政部 税务总局 海关总署关于深化增值税改革有关政策的公告》（财政部 税务总局 海关总署公告 2019 年第 39 号）第一条规定，增值税一般纳税人（以下称纳税人）发生增值税应税销售行为或者进口货物，原适用 16%税率的，税率调整为 13%；原适用 10%税率的，税率调整为 9%。

三、化工制造企业购进国内旅客运输服务，取得增值税电子普通发票，能否抵扣进项税额？

答：自 2019 年 4 月 1 日起，纳税人购进国内旅客运输服务符合抵扣条件，其进项税额允许从销项税额中抵扣。纳税人未取得增值税专用发票的，暂按照以下规定确定进项税额：取得增值税电子普通发票的，为发票上注明的税额。

依据：《财政部 税务总局 海关总署关于深化增值税改革有关政策的公告》（财政部 税务总局 海关总署公告 2019 年第 39 号）第六条第（一）款第 1 项规定，纳税人购进国内旅客运输服务，其进项税额允许从销项税额中抵扣。纳税人未取得增值税专用发票的，暂按照以下规定确定进项税额：取得增值税电子普通发票的，为发票上注明的税额。

第六条第（二）款规定，《营业税改征增值税试点实施办法》（财税〔2016〕36 号印发）第二十七条第（六）项和《营业税改征增值税试点有关事项的规定》（财税〔2016〕36 号印发）第二条第（一）项第 5 点中“购进的旅客运输服务、贷款服务、餐饮服务、居民日常服务和娱乐服务”修改为“购进的贷款服务、餐饮服务、居民日常服务和娱乐服务”。

《营业税改征增值税试点实施办法》（财税〔2016〕36号印发）第二十七条规定，下列项目的进项税额不得从销项税额中抵扣：

（一）用于简易计税方法计税项目、免征增值税项目、集体福利或者个人消费的购进货物、加工修理修配劳务、服务、无形资产和不动产。其中涉及的固定资产、无形资产、不动产，仅指专用于上述项目的固定资产、无形资产（不包括其他权益性无形资产）、不动产。

纳税人的交际应酬消费属于个人消费。

（二）非正常损失的购进货物，以及相关的加工修理修配劳务和交通运输业服务。

（三）非正常损失的在产品、产成品所耗用的购进货物（不包括固定资产）、加工修理修配劳务和交通运输业服务。

（四）非正常损失的不动产，以及该不动产所耗用的购进货物、设计服务和建筑服务。

（五）非正常损失的不动产在建工程所耗用的购进货物、设计服务和建筑服务。

纳税人新建、改建、扩建、修缮、装饰不动产，均属于不动产在建工程。

（六）购进的贷款服务、餐饮服务、居民日常服务和娱乐服务。

（七）财政部和国家税务总局规定的其他情形。

四、化工制造企业属于小规模纳税人，转为一般纳税人的标准是否还为年应税销售额超过50万元？

答：化工制造企业的小规模纳税人转为一般纳税人的标准为年应税销售额500万元。

依据：《财政部 税务总局关于统一增值税小规模纳税人标准的通知》（财税〔2018〕33号）第一条规定，增值税小规模纳税人标准为年应征增值税销售额500万元及以下。

五、化工制造企业的增值税小规模纳税人转为一般纳税人是按照自然年计算年应税销售额吗？

答：不是，年应税销售额是指纳税人在连续不超过12个月或四个季度的经营期内累计应征增值税销售额。

依据：《增值税一般纳税人登记管理办法》（国家税务总局令第43号）第二条第（二）款规定，本办法所称年应税销售额，是指纳税人在连续不超过12个月或四个季度的经营期内累计应征增值税销售额，包括纳税申报销售额、稽查查补销售额、纳税评估调整销售额。

六、化工制造企业的小规模纳税人超过500万元标准，但不经常发生应税行为，能否不办理一般纳税人登记手续？

答：年应税销售额超过规定标准但不经常发生应税行为的单位和个体工商户可选择按照小规模纳税人纳税。

依据：《增值税一般纳税人登记管理办法》（国家税务总局令第43号）第四条第（一）款规定，下列纳税人不办理一般纳税人登记：按照政策规定，选择按照小规模纳税人纳税的。

《财政部 国家税务总局关于全面推开营业税改征增值税试点的通知》（财税〔2016〕36号）附件1《营业税改征增值税试点实施办法》第三条规定，年应税销售额超过规定标准的其他个人不属于一般纳税人。年应税销售额超过规定标准但不经常发生应税行为的单位和个体工商户可选择按照小规模纳税人纳税。

七、化工制造企业的一般纳税人，证明其为一般纳税人的凭据是什么？

答：经税务机关核对后退还纳税人留存的《增值税一般纳税人登记表》，可以作为证明纳税人成为增值税一般纳税人的凭据。

依据：《国家税务总局关于增值税一般纳税人登记管理若干事项的公告》（国家税务总局公告2018年第6号）第八条规定，经税务机关核对后退还纳税人留存的《增值税一般纳税人登记表》，可以作为证明纳税人成为增值税一般纳税人的凭据。

八、化工制造企业销售自己使用过的固定资产，适用简易征收的优惠政策，是否可以放弃减税，开具增值税专用发票？

答：纳税人销售自己使用过的固定资产，适用简易办法依照3%征收率减按2%征收增值税政策的，可以放弃减税，按照简易办法依照3%征收率缴纳增值税，并可以开具增值税专用发票。

依据：《国家税务总局关于营业税改征增值税试点期间有关增值税问题的公告》（国家税务总局公告2015年第90号）第二条规定，纳税人销售自己使用过的固定资产，适用简易办法依照3%征收率减按2%征收增值税政策的，可以放弃减税，按照简易办法依照3%征收率缴纳增值税，并可以开具增值税专用发票。

九、化工制造企业购买非保本理财产品取得的收益是否征收增值税？

答：金融商品持有期间（含到期）取得的非保本的收益，不属于利息或利息性质的收入，不征收增值税。

依据：《财政部 国家税务总局关于明确金融 房地产开发 教育辅助服务等增值税政策的通知》（财税〔2016〕140号）第一条规定，《销售服务、无形资产、不动产注释》（财税〔2016〕36号）第一条第（五）项第1点所称“保本收益、报酬、资金占用费、补偿金”，是指合同中明确承诺到期本金可全部收回的投资收益。金融商品持有期间（含到期）取得的非保本的上述收益，不属于利息或利息性质的收入，不征收增值税。

十、化工制造企业的一般纳税人，员工因公出差，发生的餐饮费能否抵扣进项税额？

答：“营改增”一般纳税人，员工因公出差，发生的餐饮费不得抵扣进项税额。

依据：《财政部 国家税务总局关于全面推开营业税改征增值税试点的通知》（财税〔2016〕36号）附件1《营业税改征增值税试点实施办法》第二十五条第（一）款及第二十七条第（六）款规定，下列进项税额准予从销项税额中抵扣：

（一）从销售方取得的增值税专用发票（含税控机动车销售统一发票，下同）上注明的增值税额。

下列项目的进项税额不得从销项税额中抵扣：

（六）购进的旅客运输服务、贷款服务、餐饮服务、居民日常服务和娱乐服务。

十一、化工制造企业的小规模纳税人按季申报增值税，既有销售货物业务又有提供服务业务，若当季度应税货物销售额超过30万元，但应税服务销售额未达30万元，企业能否享受小微企业增值税免税政策？

答：纳税人以所有增值税应税销售行为（包括销售货物、劳务、服务、无形资产和不动产）合并计算销售额，判断是否达到免税标准。所以，上述小规模纳税人当季度增值税应税销售额超过 30 万元，无法享受小微企业增值税免税政策。

依据：《国家税务总局关于小规模纳税人免征增值税政策有关征管问题的公告》（国家税务总局公告 2019 年第 4 号）第一条第（一）款规定，小规模纳税人发生增值税应税销售行为，合计月销售额未超过 10 万元（以 1 个季度为 1 个纳税期的，季度销售额未超过 30 万元）的，免征增值税。

《关于〈国家税务总局关于小规模纳税人免征增值税政策有关征管问题的公告〉的解读》第一条规定，明确纳税人以所有增值税应税销售行为（包括销售货物、劳务、服务、无形资产和不动产）合并计算销售额，判断是否达到免税标准。

十二、化工制造企业的一般纳税人，2019 年能否转为小规模纳税人？

答：转登记日前连续 12 个月（以 1 个月为 1 个纳税期）或者连续 4 个季度（以 1 个季度为 1 个纳税期）累计销售额未超过 500 万元的一般纳税人，在 2019 年 12 月 31 日前，可选择转登记为小规模纳税人。

一般纳税人转登记为小规模纳税人的其他事宜，按照《国家税务总局关于统一小规模纳税人标准等若干增值税问题的公告》（国家税务总局公告 2018 年第 18 号）、《国家税务总局关于统一小规模纳税人标准有关出口退（免）税问题的公告》（国家税务总局公告 2018 年第 20 号）的相关规定执行。

依据：《国家税务总局关于小规模纳税人免征增值税政策有关征管问题的公告》（国家税务总局公告 2019 年第 4 号）第五条规定，转登记日前连续 12 个月（以 1 个月为 1 个纳税期）或者连续 4 个季度（以 1 个季度为 1 个纳税期）累计销售额未超过 500 万元的一般纳税人，在 2019 年 12 月 31 日前，可选择转登记为小规模纳税人。

一般纳税人转登记为小规模纳税人的其他事宜，按照《国家税务总局关于统一小规模纳税人标准等若干增值税问题的公告》（国家税务总局公告 2018 年第 18 号）、《国家税务总局关于统一小规模纳税人标准有关出口退（免）税问题的公告》（国家税务总局公告 2018 年第 20 号）的相关规定执行。

十三、化工制造企业的小规模纳税人，能否自开增值税专用发票？

答：化工制造企业的小规模纳税人发生增值税应税行为，需要开具增值税专用发票的，可以自愿使用增值税发票管理系统自行开具。

依据：《国家税务总局关于扩大小规模纳税人自行开具增值税专用发票试点范围等事项的公告》（国家税务总局公告 2019 年第 8 号）第一条规定，扩大小规模纳税人自行开具增值税专用发票试点范围。将小规模纳税人自行开具增值税专用发票试点范围由住宿业，鉴证咨询业，建筑业，工业，信息传输、软件和信息技术服务业，扩大至租赁和商务服务业，科学研究和技术服务业，居民服务、修理和其他服务业。上述 8 个行业小规模纳税人发生增值税应税行为，需要开具增值税专用发票的，可以自愿使用增值税发票管理系统自行开具。

十四、化工制造企业之间的无息借款，需要缴纳增值税吗？

答：企业无偿提供贷款服务除用于公益事业或者以社会公众为对象的外，需要视同销售服务缴纳增值税。

依据：《财政部 国家税务总局关于全面推开营业税改征增值税试点的通知》（财税

〔2016〕36 号）附件 1《营业税改征增值税试点实施办法》第十四条第（一）款规定，下列情形视同销售服务、无形资产或者不动产：单位或者个体工商户向其他单位或者个人无偿提供服务，但用于公益事业或者以社会公众为对象的除外。

十五、化工制造企业的一般纳税人将单位工装拿到洗衣店进行清洗，取得了增值税专用发票，进项税额可以抵扣吗？

答：洗衣服务属于居民日常服务，一般纳税人购进居民日常服务的进项税额不得抵扣。

依据：参见经济业务 20 的解析（2）。

《财政部 国家税务总局关于全面推开营业税改征增值税试点的通知》（财税〔2016〕36 号）附件《销售服务、无形资产、不动产注释》第一条第（七）款第 5 项规定，居民日常服务，是指主要为满足居民个人及其家庭日常生活需求提供的服务，包括市容市政管理、家政、婚庆、养老、殡葬、照料和护理、救助救济、美容美发、按摩、桑拿、氧吧、足疗、沐浴、洗染、摄影扩印等服务。

十六、化工制造企业的一般纳税人对外提供加工制造服务开具增值税专用发票后，购买方取得并已经进行认证抵扣，现在因增值税专用发票开具信息有误需要开具红字增值税专用发票，应如何处理？

答：购买方取得专用发票已用于申报抵扣的，购买方可在增值税发票管理新系统中填开并上传《开具红字增值税专用发票信息表》（以下简称《信息表》），在填开《信息表》时不填写相对应的蓝字专用发票信息，应暂依《信息表》所列增值税税额从当期进项税额中转出，待取得销售方开具的红字专用发票后，与《信息表》一并作为记账凭证。主管税务机关通过网络接收纳税人上传的《信息表》，系统自动校验通过后，生成带有“红字发票信息表编号”的《信息表》，并将信息同步至纳税人端系统中。销售方凭税务机关系统校验通过的《信息表》开具红字专用发票，在新系统中以销项负数开具。红字专用发票应与《信息表》一一对应。

依据：《国家税务总局关于红字增值税发票开具有关问题的公告》（国家税务总局公告 2016 年第 47 号）第一条规定，增值税一般纳税人开具增值税专用发票（以下简称“专用发票”）后，发生销货退回、开票有误、应税服务中止等情形但不符合发票作废条件，或者因销货部分退回及发生销售折让，需要开具红字专用发票的，按以下方法处理：

（一）购买方取得专用发票已用于申报抵扣的，购买方可在增值税发票管理新系统（以下简称“新系统”）中填开并上传《开具红字增值税专用发票信息表》（以下简称《信息表》），在填开《信息表》时不填写相对应的蓝字专用发票信息，应暂依《信息表》所列增值税税额从当期进项税额中转出，待取得销售方开具的红字专用发票后，与《信息表》一并作为记账凭证。

（二）主管税务机关通过网络接收纳税人上传的《信息表》，系统自动校验通过后，生成带有“红字发票信息表编号”的《信息表》，并将信息同步至纳税人端系统中。

（三）销售方凭税务机关系统校验通过的《信息表》开具红字专用发票，在新系统中以销项负数开具。红字专用发票应与《信息表》一一对应。

十七、化工制造企业从事广告服务适用一般计税方法，于 2019 年 1 月租入一栋办公大楼，其中第一层用于职工食堂，第二至三层作为加工制造业务的办公楼，企业支付的租赁费取得增值税专用发票能否从销项税额中全额抵扣？

答：一般纳税人企业租入不动产既用于一般计税项目，又用于集体福利的，其进项税额准予从销项税额中全额抵扣。

依据：《财政部 国家税务总局关于租入固定资产进项税额抵扣等增值税政策的通知》（财税〔2017〕90 号）第一条规定，自 2018 年 1 月 1 日起，纳税人租入固定资产、不动产，既用于一般计税方法计税项目，又用于简易计税方法计税项目、免征增值税项目、集体福利或者个人消费的，其进项税额准予从销项税额中全额抵扣。

十八、化工制造企业的一般纳税人购进不动产作为办公楼，取得的进项税额是否需要分两年进行抵扣？

答：自 2019 年 4 月 1 日起，《营业税改征增值税试点有关事项的规定》（财税〔2016〕36 号印发）第一条第（四）项第 1 点、第二条第（一）项第 1 点停止执行，纳税人取得不动产或者不动产在建工程的进项税额不再分 2 年抵扣。此前按照上述规定尚未抵扣完毕的待抵扣进项税额，可自 2019 年 4 月税款所属期起从销项税额中抵扣。

依据：《财政部 税务总局 海关总署关于深化增值税改革有关政策的公告》（财政部 税务总局 海关总署公告 2019 年第 39 号）第五条规定，自 2019 年 4 月 1 日起，《营业税改征增值税试点有关事项的规定》（财税〔2016〕36 号印发）第一条第（四）项第 1 点、第二条第（一）项第 1 点停止执行，纳税人取得不动产或者不动产在建工程的进项税额不再分 2 年抵扣。此前按照上述规定尚未抵扣完毕的待抵扣进项税额，可自 2019 年 4 月税款所属期起从销项税额中抵扣。

十九、化工制造企业的一般纳税人取得的银行存款利息收入需要缴纳增值税吗？

答：对于企业取得的银行存款利息不征收增值税。

依据：《财政部 国家税务总局关于全面推开营业税改征增值税试点的通知》（财税〔2016〕36 号）附件 2《营业税改征增值税试点有关事项的规定》第一条第（二）款第 2 项规定，存款利息属于不征收增值税项目。

二十、化工制造企业对外提供加工制造业务，定期会给客户一定的折扣优惠，开票时已将全部价款与折扣额开在同一张发票上，那么计算缴纳增值税时，是以折扣之前的价款计算还是以折扣之后的价款计算销售额？

答：纳税人发生应税行为，将价款和折扣额在同一张发票上分别注明的，以折扣后的价款为销售额。

销售额和折扣额在同一张发票上分别注明是指销售额和折扣额在同一张发票上的“金额”栏分别注明的，可按折扣后的销售额征收增值税。未在同一张发票“金额”栏注明折扣额，而仅在发票的“备注”栏注明折扣额的，折扣额不得从销售额中减除。

依据：《财政部 国家税务总局关于全面推开营业税改征增值税试点的通知》（财税〔2016〕36 号）附件 1《营业税改征增值税试点实施办法》第四十三条规定，纳税人发生应税行为，将价款和折扣额在同一张发票上分别注明的，以折扣后的价款为销售额；未在同一张发票上分别注明的，以价款为销售额，不得扣减折扣额。

《国家税务总局关于折扣额抵减增值税应税销售额问题通知》（国税函〔2010〕56 号）

的规定，纳税人采取折扣方式销售货物，销售额和折扣额在同一张发票上分别注明是指销售额和折扣额在同一张发票上的“金额”栏分别注明的，可按折扣后的销售额征收增值税。未在同一张发票“金额”栏注明折扣额，而仅在发票的“备注”栏注明折扣额的，折扣额不得从销售额中减除。

二十一、化工制造企业的一般纳税人，从银行贷款支付的贷款利息能否抵扣进项税额？支付的贷款手续费能否抵扣进项税额？

答：从事广告服务的一般纳税人从银行贷款，支付的贷款利息及手续费不允许抵扣进项税额。

依据：参见经济业务 20 的解析（2）。

纳税人接受贷款服务向贷款方支付的与该笔贷款直接相关的投融资顾问费、手续费、咨询费等费用，其进项税额不得从销项税额中抵扣。

附录 2　制造业（化工）行业企业所得税问题汇编

一、化工制造企业发生违约金支出，进行企业所得税税前扣除时对扣除凭证该如何准备？

答：违约金是合同一方当事人不履行合同或者履行合同不符合约定时，由违约的一方对另一方当事人支付的用于赔偿损失的金额。属于增值税应税范围的违约金可凭发票、当事双方签订的合同协议在税前扣除，对方为依法无须办理税务登记的单位或者从事小额零星经营业务的个人，其支出以税务机关代开的发票或者收款凭证及内部凭证作为税前扣除凭证，收款凭证应载明收款单位名称、个人姓名及身份证号、支出项目、收款金额等相关信息。不属于增值税应税范围的违约金可凭当事双方签订的合同协议、非现金支付凭证、收款方开具的收款凭证在税前扣除，对方为个人的，以内部凭证作为税前扣除凭证。

依据：《国家税务总局关于发布〈企业所得税税前扣除凭证管理办法〉的公告》（国家税务总局公告 2018 年第 28 号）第八条规定，税前扣除凭证按照来源分为内部凭证和外部凭证。

内部凭证是指企业自制用于成本、费用、损失和其他支出核算的会计原始凭证。内部凭证的填制和使用应当符合国家会计法律、法规等相关规定。

外部凭证是指企业发生经营活动和其他事项时，从其他单位、个人取得的用于证明其支出发生的凭证，包括但不限于发票（包括纸质发票和电子发票）、财政票据、完税凭证、收款凭证、分割单等。

第九条规定，企业在境内发生的支出项目属于增值税应税项目（以下简称“应税项目”）的，对方为已办理税务登记的增值税纳税人，其支出以发票（包括按照规定由税务机关代开的发票）作为税前扣除凭证；对方为依法无须办理税务登记的单位或者从事小额零星经营业务的个人，其支出以税务机关代开的发票或者收款凭证及内部凭证作为税前扣除凭证，收款凭证应载明收款单位名称、个人姓名及身份证号、支出项目、收款金额等相关信息。小额零星经营业务的判断标准是个人从事应税项目经营业务的销售额不超过增值税相关政策规定的起征点。税务总局对应税项目开具发票另有规定的，以规定的发票或者票据作为税前扣除凭证。

第十条规定，企业在境内发生的支出项目不属于应税项目的，对方为单位的，以对方开具的发票以外的其他外部凭证作为税前扣除凭证；对方为个人的，以内部凭证作为税前扣除凭证。

企业在境内发生的支出项目虽不属于应税项目，但按税务总局规定可以开具发票的，可以发票作为税前扣除凭证。

二、化工制造企业为新员工入职体检发生的费用能否在所得税税前扣除？

答：企业为员工进行体检（含新员工入职体检）实际发生的费用作为企业职工福利费在税前扣除。

依据：《国家税务总局关于企业工资薪金及职工福利费扣除问题的通知》（国税函〔2009〕3号）第三条第（二）款规定，《实施条例》第四十条规定的企业职工福利费，包括以下内容：为职工卫生保健、生活、住房、交通等所发放的各项补贴和非货币性福利，包括企业向职工发放的因公外地就医费用、未实行医疗统筹企业职工医疗费用、职工供养直系亲属医疗补贴、供暖费补贴、职工防暑降温费、职工困难补贴、救济费、职工食堂经费补贴、职工交通补贴等。

三、化工制造企业，认定为小型微利企业的确认标准和其他企业的标准一样吗？享受哪些企业所得税优惠？

答：目前化工制造企业和其他行业的小型微利企业标准是一样的，即小型微利企业是指从事国家非限制和禁止行业，且同时符合年度应纳税所得额不超过300万元、从业人数不超过300人、资产总额不超过5 000万元等三个条件的企业。

自2019年1月1日至2021年12月31日，对小型微利企业年应纳税所得额不超过100万元的部分，减按25%计入应纳税所得额，按20%的税率缴纳企业所得税；对年应纳税所得额超过100万元但不超过300万元的部分，减按50%计入应纳税所得额，按20%的税率缴纳企业所得税。

依据：《国家税务总局关于实施小型微利企业普惠性所得税减免政策有关问题的公告》（国家税务总局公告2019年第2号）第一条规定，自2019年1月1日至2021年12月31日，对小型微利企业年应纳税所得额不超过100万元的部分，减按25%计入应纳税所得额，按20%的税率缴纳企业所得税；对年应纳税所得额超过100万元但不超过300万元的部分，减按50%计入应纳税所得额，按20%的税率缴纳企业所得税。

小型微利企业无论按查账征收方式或核定征收方式缴纳企业所得税，均可享受上述优惠政策。

第二条规定，本公告所称小型微利企业是指从事国家非限制和禁止行业，且同时符合年度应纳税所得额不超过300万元、从业人数不超过300人、资产总额不超过5 000万元等三个条件的企业。

四、化工制造企业发生的通信费、职工交通补贴如何进行税前扣除？

答：企业为职工提供的通信、交通待遇，实行货币化改革的，按月按标准发放或支付的通信、交通补贴，应纳入职工工资总额准予扣除；尚未实行货币化改革的，企业发生的相关支出作为职工福利费管理。

依据：《2018年度企业所得税汇算清缴问题解答》第八条规定，企业为职工提供的通信、交通待遇，实行货币化改革的，按月按标准发放或支付的通信、交通补贴，应纳入职工工资总额准予扣除；尚未实行货币化改革的，企业发生的相关支出作为职工福利费管理。

五、化工制造企业发生工伤、意外伤害等支付的一次性补偿如何进行税前扣除？

答：企业员工发生工伤、意外伤害等事故，由企业通过银行转账方式向其支付的经济补偿，凭生效的法律文书和银行划款凭证、收款人收款凭证，可在税前扣除。

依据：《2018 年度企业所得税汇算清缴问题解答》第七条规定，企业员工发生工伤、意外伤害等事故，由企业通过银行转账方式向其支付的经济补偿，凭生效的法律文书和银行划款凭证、收款人收款凭证，可在税前扣除。

六、化工制造企业发生的取暖费、防暑降温费如何进行税前扣除？

答：企业发放的冬季取暖补贴、集中供热采暖补助费、防暑降温费，在职工福利费中列支。按职务或职称发放的集中供热采暖补贴应纳入职工工资总额，准予扣除。

依据：《2018 年度企业所得税汇算清缴问题解答》第九条规定，企业发放的冬季取暖补贴、集中供热采暖补助费、防暑降温费，在职工福利费中列支。按职务或职称发放的集中供热采暖补贴应纳入职工工资总额，准予扣除。

七、化工制造企业发生的房屋装修费如何进行税前扣除？

答：企业对房屋、建筑物进行装修发生的支出，应作为长期待摊费用，自支出发生月份的次月起，分期摊销，摊销年限不得低于 3 年。若实际使用年限少于 3 年的，依据相关凭证，将剩余尚未摊销的装修费余额在停止使用当年一次性扣除。

依据：《2018 年度企业所得税汇算清缴问题解答》第二十一条规定，企业对房屋、建筑物进行装修发生的支出，应作为长期待摊费用，自支出发生月份的次月起，分期摊销，摊销年限不得低于 3 年。若实际使用年限少于 3 年的，依据相关凭证，将剩余尚未摊销的装修费余额在停止使用当年一次性扣除。

八、化工制造企业丢失增值税发票如何进行税前扣除？

答：一是企业丢失增值税专用发票，可按照《国家税务总局关于简化增值税发票领用和使用程序有关问题的公告》（2014 年第 19 号）的有关规定执行。

二是企业丢失增值税普通发票、通用机打发票，购买方企业暂凭加盖销货方公章或财务专用章的增值税普通发票存根联复印件及通过税务部门网站“发票查验系统”查询的增值税普通发票票面信息结果在税前扣除。

依据：《2018 年度企业所得税汇算清缴问题解答》第三十条规定，一是企业丢失增值税专用发票，可按照《国家税务总局关于简化增值税发票领用和使用程序有关问题的公告》（2014 年第 19 号）的有关规定执行。

二是企业丢失增值税普通发票、通用机打发票，购买方企业暂凭加盖销货方公章或财务专用章的增值税普通发票存根联复印件及通过税务部门网站“发票查验系统”查询的增值税普通发票票面信息结果在税前扣除。

九、化工制造企业购置 5 000 元以下的固定资产是否可以一次性扣除？如果一次性扣除，是否需要去税务机关办理备案手续？

答：对所有行业企业持有的单位价值不超过 5 000 元的固定资产，允许一次性计入当期成本费用在计算应纳税所得额时扣除，不再分年度计算折旧。

企业享受优惠事项采取“自行判别、申报享受、相关资料留存备查”的办理方式。企业应当根据经营情况以及相关税收规定自行判断是否符合优惠事项规定的条件，符合条件的可以按照《企业所得税优惠事项管理目录（2017 年版）》列示的时间自行计算减免税额，并通过填报企业所得税纳税申报表享受税收优惠。同时，按照本办法的规定归集和留存相关资料备查。

依据：《财政部 国家税务总局关于完善固定资产加速折旧企业所得税政策的通知》（财税〔2014〕75 号）第三条规定，对所有行业企业持有的单位价值不超过 5 000 元的固定资产，允许一次性计入当期成本费用在计算应纳税所得额时扣除，不再分年度计算折旧。

《国家税务总局关于发布修订后的〈企业所得税优惠政策事项办理办法〉的公告》（国家税务总局公告 2018 年第 23 号）第四条规定，企业享受优惠事项采取“自行判别、申报享受、相关资料留存备查”的办理方式。企业应当根据经营情况以及相关税收规定自行判断是否符合优惠事项规定的条件，符合条件的可以按照《企业所得税优惠事项管理目录（2017 年版）》列示的时间自行计算减免税额，并通过填报企业所得税纳税申报表享受税收优惠。同时，按照本办法的规定归集和留存相关资料备查。

十、化工制造企业发生的差旅费支出如何税前扣除？

答：一是纳税人可根据企业生产经营实际情况，自行制定本企业的差旅费报销制度，其发生的与其经营活动相关的、合理的差旅费支出允许在税前扣除。

二是纳税人发生的与其经营活动有关的合理的差旅费，应能够提供证明其真实性的有效凭证和相关证明材料，否则，不得在税前扣除。差旅费的证明材料应包括：出差人员姓名、地点、时间、工作任务、支付凭证等。

依据：《2018 年度企业所得税汇算清缴问题解答》第十五条规定，一是纳税人可根据企业生产经营实际情况，自行制定本企业的差旅费报销制度，其发生的与其经营活动相关的、合理的差旅费支出允许在税前扣除。

二是纳税人发生的与其经营活动有关的合理的差旅费，应能够提供证明其真实性的有效凭证和相关证明材料，否则，不得在税前扣除。差旅费的证明材料应包括：出差人员姓名、地点、时间、工作任务、支付凭证等。

十一、化工制造企业职工食堂经费的税前扣除问题？

答：企业自办职工食堂经费补贴或未办职工食堂统一供应午餐支出，在职工福利费中列支。未统一供餐而按月发放的午餐费补贴，应纳入职工工资总额，准予扣除。

依据：《2018 年度企业所得税汇算清缴问题解答》第十四条规定，企业自办职工食堂经费补贴或未办职工食堂统一供应午餐支出，在职工福利费中列支。未统一供餐而按月发放的午餐费补贴，应纳入职工工资总额，准予扣除。

十二、化工制造企业持有 2019—2023 年发行的铁路债券取得的利息收入如何缴纳企业所得税？

答：对企业投资者持有 2019—2023 年发行的铁路债券取得的利息收入，减半征收企业所得税。

铁路债券是指以中国铁路总公司为发行和偿还主体的债券，包括中国铁路建设债券、中期票据、短期融资券等债务融资工具。

依据：《财政部 税务总局关于铁路债券利息收入所得税政策的公告》（财政部 税务总局公告 2019 年第 57 号）第一条规定，对企业投资者持有 2019—2023 年发行的铁路债券取得的利息收入，减半征收企业所得税。

第三条规定，铁路债券是指以中国铁路总公司为发行和偿还主体的债券，包括中国铁路建设债券、中期票据、短期融资券等债务融资工具。

十三、化工制造企业将外购的货物用于职工福利，是否需要视同销售处理？

答：企业将外购的货物用于职工福利，在企业所得税上应当视同销售进行处理。

依据：《中华人民共和国企业所得税法实施条例》（中华人民共和国国务院令第 512 号）第二十五条规定，企业发生非货币性资产交换，以及将货物、财产、劳务用于捐赠、偿债、赞助、集资、广告、样品、职工福利或者利润分配等用途的，应当视同销售货物、转让财产或者提供劳务，但国务院财政、税务主管部门另有规定的除外。

《关于企业处置资产所得税处理问题的通知》（国税函〔2008〕828 号）第二条规定，企业将资产移送他人的下列情形，因资产所有权属已发生改变而不属于内部处置资产，应按规定视同销售确定收入。

（一）用于市场推广或销售；

（二）用于交际应酬；

（三）用于职工奖励或福利；

（四）用于股息分配；

（五）用于对外捐赠；

（六）其他改变资产所有权属的用途。

十四、化工制造企业按照合同约定收取的违约金，是否需要确认收入？

答：企业按照合同约定收取的违约金需要缴纳企业所得税。

依据：《中华人民共和国企业所得税法》（中华人民共和国主席令第 63 号）第六条第（九）款规定，企业以货币形式和非货币形式从各种来源取得的收入，为收入总额。包括：其他收入。

《中华人民共和国企业所得税法实施条例》（中华人民共和国国务院令第 512 号）第二十二条规定，企业所得税法第六条第九项所称其他收入，是指企业取得的除企业所得税法第六条第（一）项至第（八）项规定的收入外的其他收入，包括企业资产溢余收入、逾期未退包装物押金收入、确实无法偿付的应付款项、已作坏账损失处理后又收回的应收款项、债务重组收入、补贴收入、违约金收入、汇兑收益等。

十五、化工制造企业的小规模纳税人按季不超过 30 万元免征的增值税税款是否需要确认收入？

答：小规模纳税人按季不超过 30 万元免征的增值税税款应计入企业当年收入总额按规定缴纳企业所得税。

依据：《财政部 国家税务总局关于财政性资金 行政事业性收费 政府性基金有关企业所得税政策问题的通知》（财税〔2008〕151 号）第一条第（一）款规定，企业取得的各类财政性资金，除属于国家投资和资金使用后要求归还本金的以外，均应计入企业当年收入总额。

本条所称财政性资金，是指企业取得的来源于政府及其有关部门的财政补助、补贴、贷款贴息，以及其他各类财政专项资金，包括直接减免的增值税和即征即退、先征后退、先征后返的各种税收，但不包括企业按规定取得的出口退税款。

十六、化工制造企业给员工定制的工作服，发生的费用能否扣除？

答：给员工定制的工作服，发生的费用是可以扣除的。

依据：《国家税务总局关于企业所得税若干问题的公告》（国家税务总局公告 2011 年第 34 号）第二条规定，企业根据其工作性质和特点，由企业统一制作并要求员工工作时统一着装所发生的工作服饰费用，根据《实施条例》第二十七条的规定，可以作为企业合理的支出给予税前扣除。

十七、化工制造企业间支付的管理费能否扣除？

答：企业间的管理费不允许税前扣除。

依据：《中华人民共和国企业所得税法实施条例》（中华人民共和国国务院令第 512 号）第四十九条规定，企业之间支付的管理费、企业内营业机构之间支付的租金和特许权使用费，以及非银行企业内营业机构之间支付的利息，不得扣除。

十八、化工制造企业年底聚餐，计入福利费还是招待费，如何扣除？

答：公司聚餐的支出可以作为福利费按比例扣除。

依据：《国家税务总局关于企业工资薪金及职工福利费扣除问题的通知》（国税函〔2009〕3 号）第三条规定，关于职工福利费扣除问题：《实施条例》第四十条规定的企业职工福利费，包括以下内容：

（一）尚未实行分离办社会职能的企业，其内设福利部门所发生的设备、设施和人员费用，包括职工食堂、职工浴室、理发室、医务所、托儿所、疗养院等集体福利部门的设备、设施及维修保养费用和福利部门工作人员的工资薪金、社会保险费、住房公积金、劳务费等。

（二）为职工卫生保健、生活、住房、交通等所发放的各项补贴和非货币性福利，包括企业向职工发放的因公外地就医费用、未实行医疗统筹企业职工医疗费用、职工供养直系亲属医疗补贴、供暖费补贴、职工防暑降温费、职工困难补贴、救济费、职工食堂经费补贴、职工交通补贴等。

（三）按照其他规定发生的其他职工福利费，包括丧葬补助费、抚恤费、安家费、探亲假路费等。

同时，《中华人民共和国企业所得税法实施条例》（中华人民共和国国务院令第 512 号）第四十条规定，企业发生的职工福利费支出，不超过工资薪金总额 14%的部分，准予扣除。

十九、化工制造企业外购符合无形资产确认条件的财务软件，折旧或摊销年限是否可以缩短？

答：企业外购的软件，凡符合固定资产或无形资产确认条件的，可以按照固定资产或无形资产进行核算，其折旧或摊销年限可以适当缩短，最短可为 2 年（含）。

依据：《财政部 国家税务总局关于进一步鼓励软件产业和集成电路产业发展企业所得税政策的通知》（财税〔2012〕27号）第七条规定，企业外购的软件，凡符合固定资产或无形资产确认条件的，可以按照固定资产或无形资产进行核算，其折旧或摊销年限可以适当缩短，最短可为2年（含）。

二十、化工制造企业员工因出差乘坐交通工具发生的人身意外保险支出，是否可以扣除？

答：员工出差乘坐交通工具发生的人身意外保险支出，准予扣除。

依据：《国家税务总局关于企业所得税有关问题的公告》（国家税务总局公告2016年第80号）第一条规定，关于企业差旅费中人身意外保险费支出税前扣除问题：企业职工因公出差乘坐交通工具发生的人身意外保险支出，准予企业在计算应纳税所得额时扣除。

二十一、化工制造企业将旧的机动车交由政府部门处理，取得政府部门给予的一定补贴，该补贴收入是否需要缴纳所企业所得税？

答：企业将旧的机动车交由政府部门处理，取得政府部门给予的一定补贴，该补贴收入如果符合不征税收入条件，可在计算应纳税所得额时从收入总额中减除。不符合不征税收入条件的，应作为应税收入处理，按规定缴纳企业所得税。

依据：《财政部 国家税务总局关于财政性资金 行政事业性收费 政府性基金有关企业所得税政策问题的通知》（财税〔2008〕151号）第一条第（三）款规定，本条所称财政性资金是指企业取得的来源于政府及其有关部门的财政补助、补贴、贷款贴息，以及其他各类财政专项资金，包括直接减免的增值税和即征即退、先征后退、先征后返的各种税收，但不包括企业按规定取得的出口退税款。

《财政部 国家税务总局关于专项用途财政性资金企业所得税处理问题的通知》（财税〔2011〕70号）第一条规定，企业从县级以上各级人民政府财政部门及其他部门取得的应计入收入总额的财政性资金，凡同时符合以下条件的，可以作为不征税收入，在计算应纳税所得额时从收入总额中减除：

（一）企业能够提供规定资金专项用途的资金拨付文件；

（二）财政部门或其他拨付资金的政府部门对该资金有专门的资金管理办法或具体管理要求；

（三）企业对该资金以及以该资金发生的支出单独进行核算。

二十二、化工制造企业持有的固定资产评估增值是否需要缴纳企业所得税？

答：企业持有的固定资产评估增值不需要缴纳企业所得税。

依据：《国家税务总局关于确认企业所得税收入若干问题的通知》（国税函（2008）875号）第一条第（一）款规定，除企业所得税法及实施条例另有规定外，企业销售收入的确认，必须遵循权责发生制原则和实质重于形式原则。

企业销售商品同时满足下列条件的，应确认收入的实现：

（1）商品销售合同已经签订，企业已将商品所有权相关的主要风险和报酬转移给购货方；

（2）企业对已售出的商品既没有保留通常与所有权相联系的继续管理权，也没有实施有效控制；

（3）收入的金额能够可靠地计量；

（4）已发生或将发生的销售方的成本能够可靠地核算。

二十三、化工制造企业发生政策性搬迁情形，取得的土地补偿款收入，是否属于搬迁收入？

答：企业取得的土地补偿款属于搬迁收入。

依据：《国家税务总局关于发布企业政策性搬迁所得税管理办法的公告》（国家税务总局公告2012年第40号）第六条规定，企业取得的搬迁补偿收入，是指企业由于搬迁取得的货币性和非货币性补偿收入。具体包括：

（一）对被征用资产价值的补偿；

（二）因搬迁、安置而给予的补偿；

（三）对停产停业形成的损失而给予的补偿；

（四）资产搬迁过程中遭到毁损而取得的保险赔款；

（五）其他补偿收入。

二十四、化工制造企业接受股东赠予的资产，作为企业注册资金，是否需要确认收入？

答：企业接收股东划入资产（包括股东赠予资产、上市公司在股权分置改革过程中接收原非流通股股东和新非流通股股东赠予的资产、股东放弃本企业的股权，下同），凡合同、协议约定作为资本金（包括资本公积）且在会计上已做实际处理的，不计入企业的收入总额，企业应按公允价值确定该项资产的计税基础。

依据：《国家税务总局关于企业所得税应纳税所得额若干问题的公告》（国家税务总局公告2014年第29号）第二条第（一）款规定，企业接收股东划入资产（包括股东赠予资产、上市公司在股权分置改革过程中接收原非流通股股东和新非流通股股东赠予的资产、股东放弃本企业的股权，下同），凡合同、协议约定作为资本金（包括资本公积）且在会计上已做实际处理的，不计入企业的收入总额，企业应按公允价值确定该项资产的计税基础。

附录3　制造业（化工）行业征收管理问题汇编

一、新设立的化工制造企业，是没有纳税信用等级吗？

答：增设M级纳税信用级别，纳税信用级别由A、B、C、D四级变更为A、B、M、C、D五级。未发生《纳税信用管理办法》第二十条所列失信行为的下列企业适用M级纳税信用：新设立企业。

依据：《国家税务总局关于纳税信用评价有关事项的公告》（国家税务总局公告2018年第8号）第三条第（一）款规定，增设M级纳税信用级别，纳税信用级别由A、B、C、D四级变更为A、B、M、C、D五级。未发生《信用管理办法》第二十条所列失信行为的下列企业适用M级纳税信用：新设立企业。

《国家税务总局关于发布〈纳税信用管理办法（试行）〉的公告》（国家税务总局公告2014年第40号）第二十条规定，有下列情形之一的纳税人，本评价年度直接判为D级：

（一）存在逃避缴纳税款、逃避追缴欠税、骗取出口退税、虚开增值税专用发票等行为，经判决构成涉税犯罪的；

（二）存在前项所列行为，未构成犯罪，但偷税（逃避缴纳税款）金额10万元以上且占各税种应纳税总额10%以上，或者存在逃避追缴欠税、骗取出口退税、虚开增值税专用发票等税收违法行为，已缴纳税款、滞纳金、罚款的；

（三）在规定期限内未按税务机关处理结论缴纳或者足额缴纳税款、滞纳金和罚款的；

（四）以暴力、威胁方法拒不缴纳税款或者拒绝、阻挠税务机关依法实施税务稽查执法行为的；

（五）存在违反增值税发票管理规定或者违反其他发票管理规定的行为，导致其他单位或者个人未缴、少缴或者骗取税款的；

（六）提供虚假申报材料享受税收优惠政策的；

（七）骗取国家出口退税款，被停止出口退（免）税资格未到期的；

（八）有非正常户记录或者由非正常户直接责任人员注册登记或者负责经营的；

（九）由D级纳税人的直接责任人员注册登记或者负责经营的；

（十）存在税务机关依法认定的其他严重失信情形的。

二、化工制造企业开立了新的银行账号，未向税务机关报告是否有相关的处罚？

答：企业开立了新的银行账号，未向税务机关报告，由税务机关责令限期改正，逾期不改正的，按以下标准予以处罚：

（一）对单位处2 000元的罚款；

（二）对个体工商户处500元的罚款。

依据：《国家税务总局天津市税务局关于发布〈天津税务行政处罚裁量权实施办法（试行）〉的公告》（2018年第15号）附件《天津税务行政处罚裁量基准（试行）》的规定。

三、化工制造企业是否可以申请办理停业登记？

答：企业不可以办理停业登记。

依据：《国家税务总局关于修改〈税务登记管理办法〉的决定》（国家税务总局令第36号）第二十三条规定，实行定期定额征收方式的个体工商户需要停业的，应当在停业前向税务机关申报办理停业登记。纳税人的停业期限不得超过一年。

四、化工制造企业的小规模纳税人，财务报表是否可以选择按季度申报？

答：自2019年4月1日起，实行按季申报的增值税小规模纳税人，财务会计报表的报送期间改为按季申报，即季度终了后15日之内报送季度财务会计报表。

依据：《国家税务总局天津市税务局关于进一步简化小规模纳税人财务会计报表报送的公告》（国家税务总局天津市税务局公告2019年第4号）文件规定，实行按季申报的增值税小规模纳税人，财务会计报表的报送期间改为按季申报，即季度终了后15日之内报送季度财务会计报表。本公告自2019年4月1日起施行。

五、化工制造企业存在欠缴税款情形，是否影响其法定代表人出境？

答：欠缴税款的纳税人或者他的法定代表人需要出境的，应当在出境前向税务机关结清应纳税款、滞纳金或者提供担保。未结清税款、滞纳金，又不提供担保的，税务机关可以通知出境管理机关阻止其出境。

依据：《中华人民共和国税收征收管理法》（中华人民共和国主席令第 49 号）第四十四条规定，欠缴税款的纳税人或者他的法定代表人需要出境的，应当在出境前向税务机关结清应纳税款、滞纳金或者提供担保。未结清税款、滞纳金，又不提供担保的，税务机关可以通知出境管理机关阻止其出境。

附录 4　制造业（化工）行业个人所得税问题汇编

一、化工制造企业给员工发放的 2019 年全年一次性奖金，如何为其代扣代缴个人所得税？

答：居民个人取得全年一次性奖金，符合《国家税务总局关于调整个人取得全年一次性奖金等计算征收个人所得税方法问题的通知》（国税发〔2005〕9 号）规定的，在 2021 年 12 月 31 日前，不并入当年综合所得，以全年一次性奖金收入除以 12 个月得到的数额，按照本通知所附按月换算后的综合所得税率表，确定适用税率和速算扣除数，单独计算纳税。计算公式为：

应纳税额＝全年一次性奖金收入×适用税率－速算扣除数

居民个人取得全年一次性奖金，也可以选择并入当年综合所得计算纳税。

自 2022 年 1 月 1 日起，居民个人取得全年一次性奖金，应并入当年综合所得计算缴纳个人所得税。

依据：《财政部 税务总局关于个人所得税法修改后有关优惠政策衔接问题的通知》（财税〔2018〕164 号）第一条第（一）款规定，关于全年一次性奖金、中央企业负责人年度绩效薪金延期兑现收入和任期奖励的政策：

居民个人取得全年一次性奖金，符合《国家税务总局关于调整个人取得全年一次性奖金等计算征收个人所得税方法问题的通知》（国税发〔2005〕9 号）规定的，在 2021 年 12 月 31 日前，不并入当年综合所得，以全年一次性奖金收入除以 12 个月得到的数额，按照本通知所附按月换算后的综合所得税率表（以下简称月度税率表），确定适用税率和速算扣除数，单独计算纳税。计算公式为：

应纳税额＝全年一次性奖金收入×适用税率－速算扣除数

居民个人取得全年一次性奖金，也可以选择并入当年综合所得计算纳税。

自 2022 年 1 月 1 日起，居民个人取得全年一次性奖金，应并入当年综合所得计算缴纳个人所得税。

二、化工制造企业是否需要对员工提供的专项附加扣除信息的真实性、准确性、完整性负责？

答：纳税人首次享受专项附加扣除，应当将专项附加扣除相关信息提交扣缴义务人或者税务机关，扣缴义务人应当及时将相关信息报送税务机关，纳税人对所提交信息的真实性、准确性、完整性负责。

依据：《国务院关于印发个人所得税专项附加扣除暂行办法的通知》（国发〔2018〕41 号）第二十五条规定，纳税人首次享受专项附加扣除，应当将专项附加扣除相关信息提交扣缴义务人或者税务机关，扣缴义务人应当及时将相关信息报送税务机关，纳税人对所提交信息的真实性、准确性、完整性负责。专项附加扣除信息发生变化的，纳税人应当及时向扣缴义务人或者税务机关提供相关信息。

三、化工制造企业是否需要将员工报送的《扣除信息表》留存备查?

答：纳税人报送给扣缴义务人的《扣除信息表》，扣缴义务人应当自预扣预缴年度的次年起留存五年。

依据：《国家税务总局关于发布〈个人所得税专项附加扣除操作办法（试行）〉的公告》（国家税务总局公告2018年第60号）第二十三条规定，纳税人应当将《扣除信息表》及相关留存备查资料，自法定汇算清缴期结束后保存五年。

纳税人报送给扣缴义务人的《扣除信息表》，扣缴义务人应当自预扣预缴年度的次年起留存五年。